高等学校经济管理类专业
实验教学系列教材
东北财经大学本科教材建设资助项目

孙玉环 主编　王雪妮 副主编

U0674741

TONGJIXUE SHIYAN
统计学实验

（第五版）

东北财经大学出版社
Dongbei University of Finance & Economics Press
大连

图书在版编目（CIP）数据

统计学实验 / 孙玉环主编 . —5 版 . —大连 ：东北财经大学出版社，
2024.1（2024.11 重印）
（高等学校经济管理类专业实验教学系列教材）
ISBN 978-7-5654-5062-4

Ⅰ.统⋯　Ⅱ.孙⋯　Ⅲ.统计学-实验-高等学校-教材　Ⅳ.C8-33

中国国家版本馆 CIP 数据核字（2023）第 255803 号

东北财经大学出版社出版
（大连市黑石礁尖山街 217 号　邮政编码　116025）
网　　址:http://www.dufep.cn
读者信箱:dufep@dufe.edu.cn
大连东泰彩印技术开发有限公司印刷　东北财经大学出版社发行
幅面尺寸：170mm×240mm　　　字数：442 千字　　　印张：21.5
2024 年 1 月第 5 版　　　　　　　　　　　2024 年 11 月第 2 次印刷
责任编辑：李　彬　王　斌　　　　　　　　责任校对：一　心
封面设计：张智波　　　　　　　　　　　　版式设计：原　皓

定价：49.00 元

第五版重印说明

与《统计学实验》（第五版）首次印刷版相比，本次重印除对书中个别公式符号错误和统计图错位等情况进行了勘误之外，为了方便读者更好地学习和掌握每一项实验案例的 SPSS 实现过程，我们补充了实验步骤录屏的视频资源，读者只需使用手机扫描例题实验步骤旁边的二维码链接，即可直接观看视频进行学习。

编　者
2024 年 11 月

第五版前言

在大数据时代，统计学作为指导数据收集、整理、分析和解释的方法论科学，在各专业领域的应用不断拓宽和加深。SPSS 作为使用最广泛的统计分析软件，其软件功能不断优化，版本也在不断升级。本书是编者在《统计学实验（第四版）》的基础上，根据统计学应用的最新需要，在融入多年教学案例和教学经验的基础上修订编写完成的。本书主要面向具有一定统计学基础的经济管理类本科生、研究生以及实际从事数据分析工作的人员，可作为《统计学（第二版）》（中国统计出版社出版，魏瑾瑞主编）的配套教材。为了充分发挥教材在课程思政建设中的关键作用，顺应统计学科的发展变化，不断满足学生日益增长的学习需要，本书尝试在如下几个方面进行了更新和完善：

第一，突出课程思政设计。推进课程思政建设是落实立德树人根本任务的战略举措，是全面提高人才培养质量的重要任务。本教材案例设计突出思政元素，提升了案例的思想性和协同性，引导学生在学习和实证研究中坚定中国特色社会主义道路自信、理论自信、制度自信、文化自信。实验案例的课程思政设计请见附录1。

第二，丰富理论方法体系。随着数据规模急剧扩大、数据形式更加多样化，现代统计科学蓬勃发展。统计学科体系不断壮大，统计学方法的分析精度也不断提高。本教材在第四版基础上增加了非参数检验、Logistic 回归分析和神经网络分析等较为前沿的统计方法，并设计了相应的实验案例。

第三，强调学以致用。统计学作为认识和探索社会经济现象数量规律的重要方法和工具，其学习应更强调方法的应用性和实践性，更注重操作能力和解决实际问题的能力。本教材将第四版案例尽量更换为有实际应用背景的数据分析案例，使学生"身临其境"，对开展实际研究具有较好的启发效果。

另外，本教材更新了第四版所使用的 SPSS 软件版本，全部案例的数据整理和计算过程均基于 IBM SPSS Statistics 27 版本实现。

全部实验内容可以在 25~34 个课时内完成。为了方便教师合理安排教学进度，编者设计了一套实验教学方案作为参考，授课教师可以结合自己课程情况，在此基础上进行一些取舍。

实验内容		课时
基础实验	实验一　建立数据集	2
	实验二　数据集的预处理	2
	实验三　品质型数据的图表描述	1
	实验四　数值型数据的图表描述	1
	实验五　统计量描述	1
	实验六　单样本 t 检验	1
	实验七　两个独立样本 t 检验	1
	实验八　两个配对样本 t 检验	1
	实验九　列联分析	2
	实验十　单因素方差分析	1
	实验十一　多因素方差分析	1
	实验十二　协方差分析	1
	实验十三　相关分析	1
	实验十四　简单线性回归分析	1
	实验十五　多元线性回归分析	1
	实验十六　曲线估计	1
	实验十七　时间序列分析	2
	实验十八　层次聚类	1
	实验十九　K-Means 聚类	1
	实验二十　因子分析	2
	小　计	25
高级实验	实验一　非参数检验	1
	实验二　Logistic 回归分析	1
	实验三　神经网络分析	1
	小　计	3
综合实验	综合实验一	2
	综合实验二	2
	综合实验三	2
	小　计	6
合　计		34

　　修订工作具体分工如下：万璐负责基础实验篇中实验一到实验五的编写，孙媛媛负责基础实验篇中实验六到实验八以及高级实验篇的编写，李凯丽负责基础实验篇中实验九到实验十四的编写，王琳负责基础实验篇中实验十五到实验二十的编写，王雪妮负责基础工具篇和综合实验篇的编写，孙玉环负责全稿总纂。

　　虽然编者竭尽全力，但由于水平有限，疏漏与不当之处仍在所难免，敬请老师和同学批评指正，编者将不胜感激。

编　者

2023 年 12 月

第一版前言

《统计学实验》是面向高等学校经济管理类专业本科生的一本统计学教材，是东北财经大学校级精品课程"统计学（含 SPSS）"的配套教材。本书核心内容为以 SPSS 为工具的统计方法应用。全书分为基础工具篇、基础实验篇和综合应用篇三部分。

基础工具篇中包括统计方法概览和 SPSS 工具简介两部分基础性内容，系统梳理了统计学中的基本概念和基本方法，并对接下来将在课内实验中用作数据处理工具的 SPSS 统计软件做了简明扼要的介绍。

基础实验篇是本书的主体，由对应于描述统计和推断统计中各种主要方法的 20 个实验项目组成。每一个实验项目包含实验目的、准备知识、实验内容、实验步骤、问题思考和实验总结 6 个要点，内容涉及数据集的建立、数据集的预处理、数据的图表描述、数据的统计量描述、假设检验、参数估计、列联分析、方差分析、相关分析、回归分析等基础统计方法，以及时间序列分析、聚类分析和因子分析等部分高级统计方法，同时还涉及相关的 SPSS 操作方法。

综合应用篇中提供了两个比较典型的综合性实验项目，力图营造一种接近于实际数据处理工作的氛围，使学生在掌握了各种统计方法的基础上，能够融会贯通、灵活运用，提高分析问题和解决问题的能力。

统计是一门应用性很强的方法论科学。本书的编写积极贯彻行为指导型的教学理念，理论与实践并重，紧密配合理论教学，以学生主动学习和动手操作为主，教师指导和答疑解惑为辅，力求摒弃知识灌输型的传统教学方式，摆脱理论学习与实际操作两层皮的不利倾向。我们期待这本教材能够得到广大师生的欢迎和使用，能够对统计教学改革起到积极的促进作用，并共同为繁荣我国的统计事业贡献一份力量。

本书由东北财经大学统计学院教师集体编写，具体分工如下：基础工具篇由冯力编写；基础实验篇中实验一、实验二由冯力编写，实验三、实验四由刘沈忠编写，实验五由冯叔民编写，实验六、实验七、实验八由孙玉环编写，实验九由庄连平编写，实验十、实验十一、实验十二由马晓君编写，实验十三由屈超编写，实验十四、实验十五、实验十六由尚红云编写，实验十七由田成诗编写，实验十八、实验十九由孙旭编写，实验二十由金钰编写；综合应用篇由冯力编写。全书由冯力总纂定稿，徐建邦教授主审。

　　本书在编写过程中，汲取了近年来出版的相关书籍的精华，并承蒙许多专家、教授给予的大量的、极为有益的指导，在此一并致以诚挚的谢意。限于编者的经验和水平，本书不妥之处在所难免，恳请有关专家及广大读者批评指正。

编　者

2008 年 1 月

目 录

基础工具篇

统计方法概览

【统计的基本概念】

统计是收集、分析、表述和解释数据的艺术和科学。它是对千百年来人们在从数量方面认识事物的过程中所获得的实践经验的概括和总结。迄今统计已经形成了一套庞大而完整的概念和方法体系，是一门方法论科学。统计方法在科学实验和社会经济实践的各个领域中都有着非常广泛的应用。统计的应用强调方法的选择，每涉及一个具体的认识对象，常会有多种统计方法可供选择，这些方法从理论上讲可能都能达到预期的认识目的，但不同的统计方法会形成不同的认识路径，如果方法选择准确，就会以最短的路径和最简洁的形式得出可靠的分析结论。分析方法的最佳选择及分析结果的完美表述，往往依赖于统计分析人员建立在深厚的统计素养基础上的灵感。所以说，统计又是一门艺术。

统计方法的一个显著特点是大量性。它将大量的个别事物以整体来看待，从整体上把握其某一个方面的数量特征。这种由大量的个别事物所构成的整体，在统计中称为总体。总体在某一方面的数量特征，称为总体参数。

统计方法的另一个显著特点是迂回性。获取总体参数的具体取值，是统计认识的直接目的，但这个取值往往是无法直接获取的，需要先从总体中抽取一些个体，再根据这些个体的有关方面的属性来收集数据、加工计算，进而推断或估计出总体参数的具体取值。为了达到认识目的而从总体中抽取出来的这些个体，在统计中称为样本。由样本数据加工计算出来的用以推断总体参数的数，称为统计量。与所要获取的总体参数的取值相关联的，总体中众多个体在某一个方面的属性，称为变量。

对总体、样本、变量、总体参数、统计量这些概念要联系起来理解和把握，总体在其中处于核心地位，统计的整体概念体系是围绕总体概念构建起来的。

【统计的基本程序】

作为从数量方面认识事物的一种专门方法，统计有其固有的操作程序。从事具体的统计工作，需要严格遵守这一程序。统计的基本程序可用图1来概括。

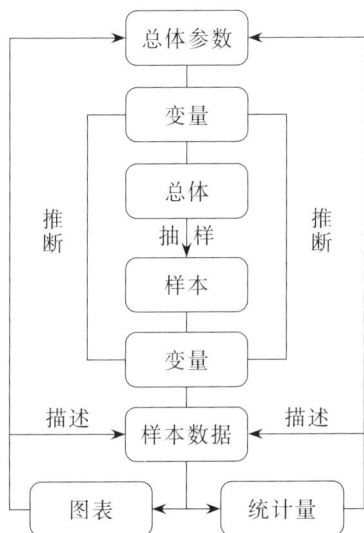

图1　统计的基本程序

准确把握统计的基本程序，有助于我们对统计方法体系内在结构的深入理解和全面掌握。

总体参数是统计认识的直接目的，在实际操作程序中却绕了一个圈子，走的是一条迂回路线，即：由总体抽取样本，就变量测量得到样本数据，由样本数据计算统计量的值，再由统计量的值估计总体参数的具体数值。

【统计的基本内容】

统计的方法体系可大体分为三个基本类别：抽样方法、描述方法和推断方法。

1.抽样方法

抽样方法的主要构成内容如图2所示。

```
          ┌──────────┐
          │   抽样   │
          └──────────┘
               │
      ┌────────┴────────┐
 ┌─────────┐       ┌───────────┐
 │ 随机抽样 │       │ 非随机抽样 │
 └─────────┘       └───────────┘
      │
 ┌────┴──────────────┐
┌─────────┐      ┌─────────┐
│ 简单抽样 │      │ 复杂抽样 │
└─────────┘      └─────────┘
```

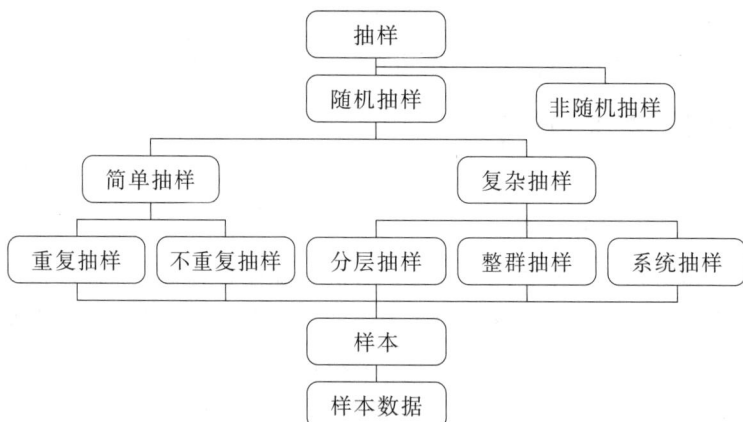

图2　抽样方法的主要构成内容

为保证推断结果的准确性和可靠性，样本的抽取需要专门的方法。样本的抽取大体分为两类方法：随机抽样和非随机抽样。建立在概率论与数理统计基础上的样本获取方法是随机抽样，这类方法可以保证最终推断的结果具备确定的把握程度和准确程度。

针对构成内容比较简单的总体进行小规模的抽样，可采用简单随机抽样。简单随机抽样具体分为重复抽样与不重复抽样两种方式。对于规模比较大、构成内容比较复杂的总体，应当结合统计研究的目的以及相关的限制条件，选用分层抽样、整群抽样或系统抽样等较为复杂的抽样方法。

非随机抽样也是一类常用的抽样方法，它操作简便，易于掌握，但其推断结果不具备确定的把握程度和准确程度。

2.描述方法

原始的样本数据是大量的，而且往往是杂乱无章的，需要对其进行专门的整理和加工才可用于推断总体参数。对样本数据的整理和加工以及接下来的统计量的计算过程，同时也是对样本数据的概括和描述过程。统计描述方法分为图表描述与统计量描述两类，其具体内容如图3所示。

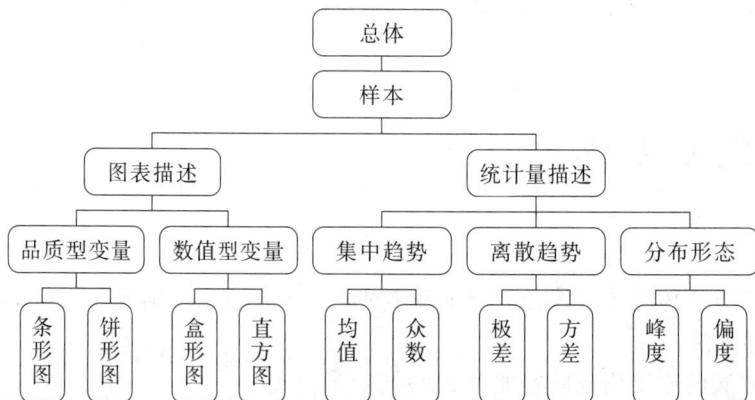

图3　描述方法的基本构成内容

样本中所包含的众多个体在给定变量的各个取值上的分布状况可通过频数分布表来描述。更为直观生动的描述方法是在频数分布表的基础上制作频数分布图。

统计中所涉及的变量可分为定类变量、定序变量、定距变量和定比变量四种类型。定类变量和定序变量，统称为品质型变量；定距变量和定比变量，统称为数值型变量。

适用于品质型变量的频数分布图形主要有条形图和饼形图；适用于数值型变量的频数分布图形主要有直方图和箱图，此外还有茎叶图、点线图等。

频数分布有钟形分布、U形分布和J形分布三种主要类型。确定一个给定数据所属的频数分布类型，是统计工作的一项重要内容。各种类型频数分布的具体细节，特别是钟形分布，可通过计算统计量进行数量上的刻画。

用于描述集中趋势的统计量主要有三种，即均值、众数和中位数；描述离散趋势的统计量，包括极差、方差、标准差等；描述分布形态的统计量，包括峰度、偏度等。此外，分位数，特别是上、下四分位数，也经常被用于描述数据的集中趋势和离散趋势。

3.推断方法

统计推断就是在给定的准确程度和把握程度下，用样本统计量的值来估计对应的总体参数。推断方法是统计方法体系的主体。针对单个变量或两个变量之间的关系进行推断的方法，属于基础统计方法，其主要构成内容如图4所示。

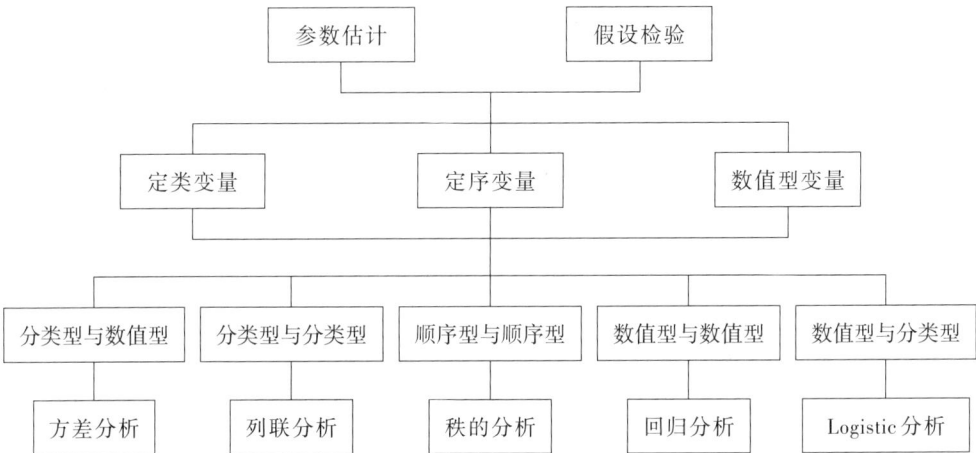

图4　基础统计推断方法的主要构成内容

假设检验与参数估计贯穿于统计推断过程的始终。在对两个变量之间的关系进行统计推断时，由于两个变量所属类型不同，又具体分为方差分析、列联分析、回归分析和Logistic回归分析等方法。

如果是时间序列样本数据，对应时间序列分析的各种方法，比如建立ARMA、ARIMA模型；如果是对三个或三个以上变量的关系进行统计推断，则对应各种多元统计分析方法，主要有因子分析和聚类分析。

SPSS 工具简介

【SPSS 简介】

统计要与大量的数据打交道，涉及十分繁杂的计算和图表绘制。现代的数据分析工作如果离开统计软件几乎是无法正常开展的。在准确理解和掌握了各种统计方法原理之后，再来掌握一两种统计分析软件的实际操作，是十分必要的。

常见的统计软件有 SPSS、SAS、R 语言、Python、MINITAB、Excel 等。这些统计软件的功能和作用大同小异，各自有所侧重，有的比较专业一些，有的则比较通用。其中 SPSS、SAS 与 R 语言是目前在大型企业、各类院校以及科研机构中较为流行的三种统计软件，特别是 SPSS 在各类院校以及科研机构中更为流行，其界面友好、功能强大、易学、易用，包含了几乎全部尖端的统计分析方法，具备开放的数据接口，同时提供了完善的数据定义、操作管理以及灵活美观的统计表格和统计图形制作功能。因此，本书选择 SPSS 作为统计方法应用实验活动的工具。

SPSS 原是 Statistical Package for the Social Science（社会科学统计软件包）的英文缩写。随着 SPSS 产品服务领域的扩大和服务深度的增加，2000 年，其英文全称更改为 Statistical Product and Service Solutions（统计产品与服务解决方案）。2009 年 IBM 公司收购 SPSS 公司并将软件更名为 IBM SPSS Statistics，也称 PASW Statistics，即 Predictive Analysis Software。SPSS 最初是由美国斯坦福大学的 3 位研究生在 20 世纪 60 年代末研制的，起初只面向企事业单位，后来为适应各种操作系统平台的要求经历了多次版本更新。至 20 世纪 90 年代，随着 Windows 操作系统的出现和盛行，又相继诞生了十几个版本，统称为 SPSS for Windows 版。IBM 收购 SPSS 公司后不断优化软件功能并陆续推出了多个版本，目前最新版本为 IBM SPSS Statistics 29.0 版。各种版本的 SPSS 大同小异，本书的实验工具选择了 IBM SPSS Statistics 27.0 英文版。

【SPSS的安装、启动和退出】

1.安装

作为适用于Windows操作系统的应用软件产品，IBM SPSS Statistics安装的基本步骤与其他常用软件基本相同。

其具体步骤如下：

（1）从官方网站下载IBM SPSS Statistics 27安装文件或者运行安装光盘。

（2）点击SPSS安装文件setup.exe并执行。此时会看到SPSS安装的初始窗口，系统将自动进行安装前的准备工作。

（3）按照安装程序的提示，用户根据自己的需要填写和选择必要的参数。一般的选项为：

① 接受软件使用协议。

② 指定将SPSS软件安装到计算机的某个目录下。

③ 选择安装类型。SPSS有典型安装（typical）、压缩安装（compact）和用户自定义安装（custom）三种安装类型，一般选择典型安装。

④ 选择安装组件。SPSS具有组合式软件的特征，在安装时用户可以根据自己的分析需要，选择部分模块安装。一般可接受安装程序的默认选择。

⑤ 选择将软件安装在网络服务器上还是本地计算机上。通常安装在本地计算机上。

⑥ 输入软件的合法序列号。在购买SPSS软件时厂商会提供序列号。

2.启动

安装完毕后，应注意查看是否有安装成功的提示信息出现，以判断是否已经将SPSS成功地安装到计算机上。安装成功后即可以启动运行SPSS软件。

SPSS有三种启动方法：

（1）由程序启动，步骤如下：【开始】→【程序】→【IBM SPSS Statistics 27】。

（2）双击SPSS图标启动。

（3）如果已经建立了SPSS数据集，可双击SPSS数据集图标启动。

SPSS启动后，屏幕上将会出现显示版本的提示画面和文件选择对话框，并同时打开SPSS主窗口。

3.退出

SPSS有三种退出方法：

（1）双击主窗口左上角的窗口菜单控制图标。

（2）在主窗口中按下列步骤退出：【File】→【Exit】。

（3）单击主窗口右上角"⊠"图标。

【SPSS 的主要界面】

SPSS 软件运行过程中会出现多个界面，各个界面用处不同。其中，最主要的界面有三个：数据浏览界面、变量浏览界面和结果输出界面。

1.数据浏览界面

数据浏览界面是启动 SPSS，出现 SPSS 主窗口后的默认界面，主要由以下几个部分组成：标题栏、菜单栏、工具栏、编辑栏、变量名栏、内容栏、窗口切换标签、状态栏（如图 5 所示）。

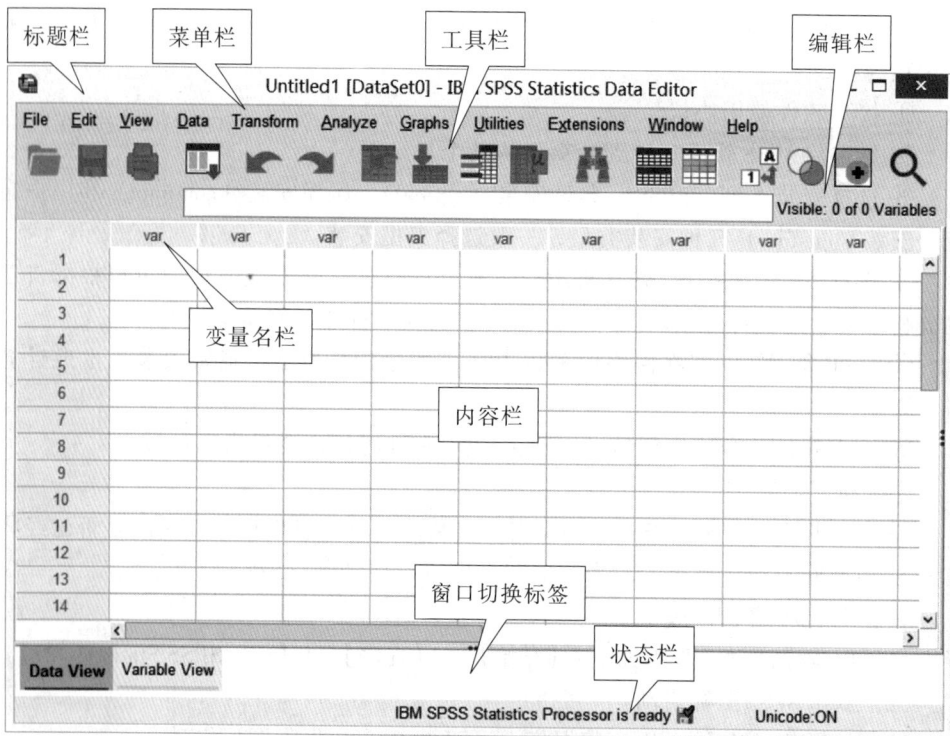

图 5　数据浏览界面

（1）标题栏。标题栏显示数据编辑的数据文件名。

（2）菜单栏。菜单栏包括 SPSS 的 11 个命令菜单，每个菜单对应一组相应的功能。"File"是文件的操作菜单；"Edit"是文件的编辑菜单；"View"是用户界面设置菜单；"Data"是数据的建立与编辑菜单；"Transform"是数据基本处理菜单；"Analyze"是统计分析菜单；"Graphs"是统计图形菜单，输出各种分析图形；

"Utilities"是统计分析实用程序菜单;"Extensions"是扩展功能;"Windows"是窗口控制菜单;"Help"是帮助菜单。

（3）工具栏。工具栏中列示了一些常用操作工具的快捷图标。操作者可以根据需要增减操作工具栏中的快捷图标，使操作更为方便。

（4）编辑栏。编辑栏中可以输入数据，使它显示在内容区指定的方格里。

（5）变量名栏。变量名栏列出了数据文件中所包含变量的变量名。

（6）内容栏。内容栏列出了数据文件中的所有观测值。左边的序号列示了数据文件中的所有观测。观测的个数通常与样本容量的大小一致。

（7）窗口切换标签。窗口切换标签处有两个标签:"Data View"和"Variable View"，即数据浏览和变量浏览。"Data View"对应的表格用于样本数据的查看、录入和修改，"Variable View"用于变量属性定义的输入与修改。

（8）状态栏。状态栏用于显示SPSS当前的运行状态。SPSS被打开时，将会显示"IBM SPSS Statistics Processor is ready"的提示信息。

2.变量浏览界面

在主窗口中的数据浏览界面上点击窗口切换标签中的"Variable View"，即可进入变量浏览界面（如图6所示）。

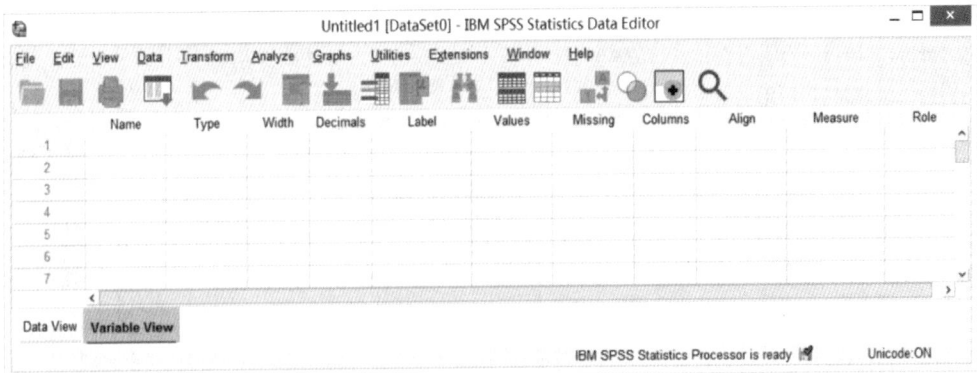

图6　变量浏览界面

在变量浏览界面中可对数据文件中的各个变量进行定义。建立数据集时，需要定义变量的11个属性。这11个属性分别是变量名（Name）、变量类型（Type）、宽度（Width）、小数位数（Decimals）、变量名标签（Label）、变量值标签（Values）、缺失值（Missing）、列宽（Columns）、对齐方式（Align）、数据度量尺度（Measure）、角色（Role）。

3.结果输出界面

结果输出界面是SPSS的另一个主要界面，该界面的主要功能是显示和管理SPSS统计分析的结果、报表及图形。结果输出界面主要由4个部分组成:菜单栏、工具栏、输出结果区和索引输出区（如图7所示）。

索引输出区用于显示已有分析结果的标题和内容索引，以简洁的方式反映和提示输出结果区的各项输出内容，以便于用户查找和操作。索引输出以一个索引树根状结构显示，当需要查找输出结果时，只要单击索引树上相应的图表名称，该图表就会显示在窗口中。

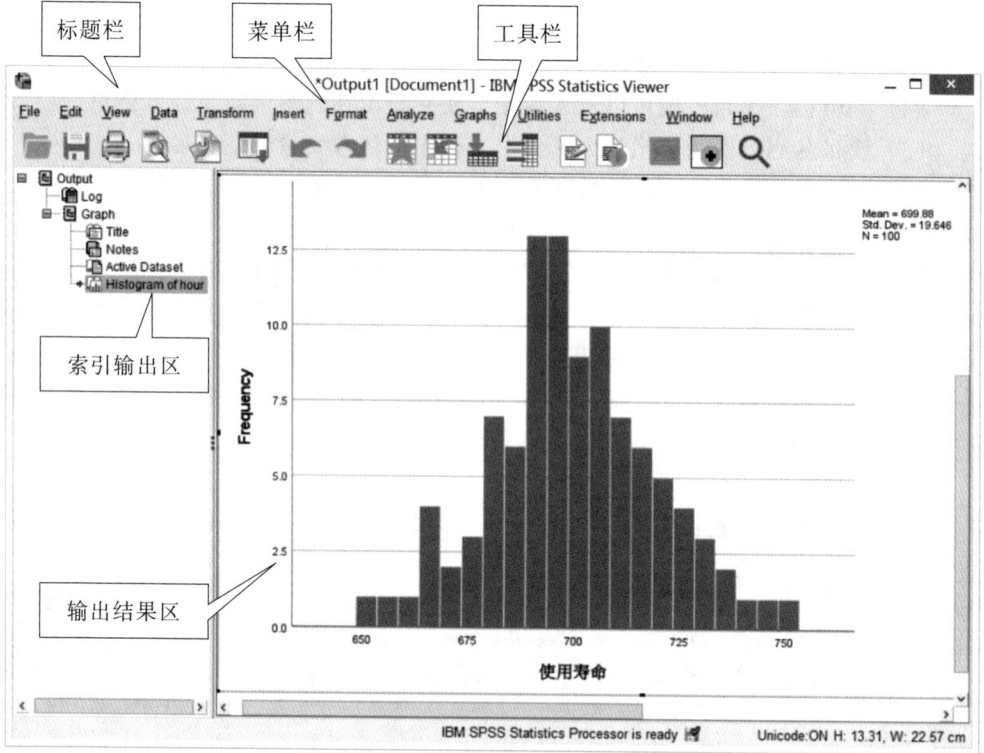

图7　结果输出界面

输出结果区输出的是研究者所要得到的具体图表，与索引输出区的结果是一一对应的。输出结果区的图表可以进行复制、导出、编辑等操作。如果要选取某一图表进行编辑，可双击该图表，当图表四周出现黑色边框时，即可编辑该图表。

基础实验篇

实验一　建立数据集

【实验目的】

1.掌握统计数据测量尺度的类型及变量的类型。

2.了解统计数据的结构，掌握变量与观测的区别。

3.熟练掌握SPSS数据导入和变量属性定义的方法。

4.掌握调查问卷中不同题型导入SPSS的变量处理方法。

【准备知识】

1.变量及其类型划分

在一项具体的统计活动中，我们会对总体中众多个体某一个或几个方面的属性感兴趣，这些属性被称为变量。变量是统计测量的结果。而统计测量尺度可以分为四种类型，即定类尺度、定序尺度、定距尺度和定比尺度。

（1）定类尺度（nominal）

定类尺度是按照某种属性对事物进行平行的分类，是显示事物数量特征的最粗糙的一种尺度。用定类尺度测量所获得的数据只适用于是非判断运算（=、≠）。

（2）定序尺度（ordinal）

定序尺度可对事物类别间等级或次序差别进行测度，其显示事物数量特征的详尽程度强于定类尺度。用定序尺度测量所获得的数据不仅适用于是非判断运算，还适用于大小比较运算（>、<）。

（3）定距尺度（interval）

定距尺度可对事物类别或次序之间的差距进行测度，其显示事物数量特征的详尽程度强于定序尺度和定类尺度。定距尺度测量所获得的数据不仅适用于是非判断运算、大小比较运算，还适用于加减运算（+、-）。

（4）定比尺度（ratio）

定比尺度可对事物类别或次序之间的差距及差别程度进行测度，其在显示事物数量特征方面最为详尽。定比尺度测量所获得的数据不仅适用于是非判断运算、大小比较运算、加减运算，还适用于乘除运算（×、÷）。

依据数据测量尺度的不同，可将变量划分为定类变量、定序变量、定距变量和定比变量四种类型。

其中，定类变量和定序变量的数据直接表现为文字，而定距变量和定比变量的数据直接表现为数字。因此，实践中人们常把定类变量和定序变量统称为品质型变量，将定距变量和定比变量统称为数值型变量。

SPSS将定距和定比尺度统称为"标度"（Scale），定类尺度记为"名义"尺度（Nominal），定序尺度记为"有序"尺度（Ordinal）。建立SPSS数据集时，应注意测量尺度的划分（见表1-1）。

表1-1 变量类型的划分

测量尺度 ＼ 变量类型	品质型变量		数值型变量	
	定类变量	定序变量	定距变量	定比变量
定类（=、≠）	√	√	√	√
定序（>、<）		√	√	√
定距（+、-）			√	√
定比（×、÷）				√

2.数据结构

样本数据是对某一个或某几个变量，针对样本中的每一个个体收集或测量所得到的数据。尽管在实际统计活动中，研究对象千差万别，样本容量大小不一，变量个数多少不同，但样本数据的基本结构是始终不变的。

一个典型的样本数据包含两个构成要素：变量与观测。一个具体的样本数据可以有一个、两个、几十个，甚至更多的变量。观测指的是样本中某一个个体在各个变量下的取值。如果某一样本的容量为n，那么观测的个数就是n个。

要把观测与观测值加以区别。观测的个数对应样本容量，观测值的个数则对应样本容量与变量相乘的个数。如果一个容量为n的样本中变量的个数为p，则观测值的个数为 n × p。还应把变量值的个数与观测值的个数加以区别,样本数据中的变量值指的是一个变量下的 n 个观测值中都有哪些取值,一般来说一个变量下变量值的个数总是少于观测值的个数。样本数据的一般结构如图 1-1 所示。

观测值 n × p	变量					
	变量 1	变量 2	…	变量 k	…	变量 p
观测 1	X_{11}	X_{12}	…	X_{1k}	…	X_{1p}
观测 2	X_{21}	X_{22}	…	X_{2k}	…	X_{2p}
…	…	…	…	…	…	…
观测 j	X_{j1}	X_{j2}	…	X_{jk}	…	X_{jp}
…	…	…	…	…	…	…
观测 n	X_{n1}	X_{n2}	…	X_{nk}	…	X_{np}

图 1-1　数据结构

在表述样本数据时,SPSS 通常将变量纵向排列,将观测横向排列。

【实验内容】

某大学本科毕业生就业质量调查数据录入

就业是民生之本,就业问题关系现代社会的稳定、民生的改善和经济的繁荣发展。调研本科毕业生就业情况是高校毕业生工作的重要组成部分,本科毕业生就业情况也是教育成果和教育质量的重要体现。本实验针对某大学毕业生展开就业质量调查,旨在了解本科毕业生就业现状,及时反馈学校教学质量,帮助完善培养方案;与此同时,将毕业生本科就读期间的个人表现与其就业情况进行对比,探究本科毕业生在当今职场上的重要竞争条件,为当代大学生走向就业市场提供导向性建议。在此基础上,分析本科毕业生就业选择的主观影响因素,为企业及工作单位提供参考。本调查问卷分为四个部分:样本筛选、基本情况、工作情况、对本科教育的评价。完整问卷见附录 2。

【实验步骤】

本实验操作
视频

本实验主要介绍数据集导入SPSS的操作步骤，包括不同数据格式的导入、变量属性的定义、调查问卷中不同题型的变量设置及数据筛选等内容。这是整个数据分析过程的开始。

1.数据导入

SPSS在读取数据方面兼容性很好，几乎所有常见数据格式都有接口可直接读取，如Excel数据（*.xls，*.xlsx，*.xlsm）、CSV数据（*.csv）、文本格式数据（*.txt，*.dat）、SAS数据（*.sas7bdat）、Stata数据（*.dat）等。

本实验收集的数据为 .xlsx格式，具体数据录入步骤如下：

（1）打开SPSS主窗口，选择菜单：【File（文件）】→【Import Data（导入数据）】→【Excel】，在系统弹出的"Open Data"对话框中选择数据文件"data1_1.xlsx"。

（2）点击"Open"按钮，弹出如图1-2所示的对话框。需选择是否需要从第一行数据中读取变量名称、用于确定数据类型的值所占的百分比、是否需要忽略隐藏的行和列以及是否从字符串中除去前导、尾部空格。根据实际情况选择后点击"OK"。

图1-2　读入Excel数据文件对话框

（3）导入数据后在SPSS主窗口的左下角处，点击"Variable View（变量视图）"标签，切换至变量视图界面，如图1-3所示。

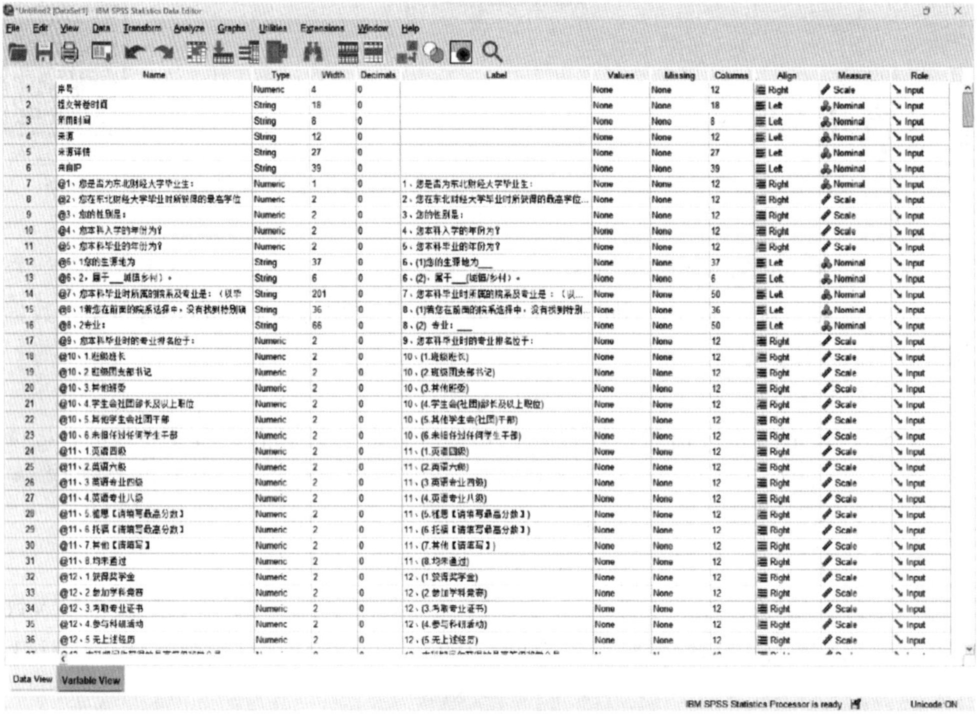

图 1-3　修改前变量视图页面

2.定义变量属性

进入变量视图界面之后，即可对所有变量一一加以定义。SPSS数据集要求定义变量的 11 个属性，即 Name、Type、Width、Decimals、Label、Values、Missing、Columns、Align、Measure、Role。

（1）Name：变量名。

定义变量名时需注意以下几个问题：

① 变量名必须以字母为首，其他字符可以是任何字母、数字或 "_"、"@"、"#"、"$" 等符号。但需要注意，变量名中不能包含空白字符或 "?"、"!"、"/"、"\" 等特殊字符，且不能为纯数字。

② 不能使用SPSS的保留字段作为变量名，如 AND、NOT、EQ、LT、LE、GT、GE、NE、TO、BY、CROSSTABS、WITH、ALL、THRU、PERCENTAGE等。

③ 在SPSS13.0以上版本中不限制字符数量，且不区分大小写字符。但程序中的命令和关键词要用大写字母，表示系统内定，变量名等宜用小写字母，表示人为指定。

④ 避免使用中文作为变量名，因为涉及兼容性的问题，很多情况下输出时可能会产生乱码，造成不便。

SPSS直接导入 Excel 数据时，变量名默认为中文（如图1-3所示），需要手动修改变量名称。由于本问卷数据共涉及 150 个变量，可以依据题号重新命名。

（2）Type：变量类型。

点击"Type"按钮，将会出现"□"标志，点击此标志将会出现如图1-4所示的变量类型对话框。在此对话框中有9种变量类型可供选择。

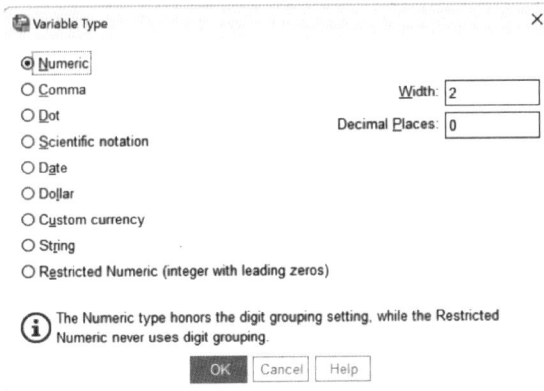

图1-4　变量类型对话框

①Numeric：数值型。通常情况下，可选Numeric，这也是SPSS的默认选项。系统默认长度为8，小数位数为2。

②Comma：带逗号的数值型，即整数部分每3位数加一个逗号，其余定义方式同数值型。例如，输入123456，将显示"123，456"。

③Dot：带圆点的数值型。不论数值大小，均以整数形式出现，每3位加一个圆点。例如，输入123456，将显示"123.456"。

④Scientific notation：科学记数法。同时定义数值宽度和小数位数，在数据窗口中以指数形式显示。例如，定义数值宽度为8，小数位数为2，则345.67显示为3.46E+002。

⑤Date：日期型。日期型数据用来表示日期或时间，SPSS以菜单方式列出日期型数据的显示格式以供用户选择，如图1-5所示。例如，选择mm/dd/yy形式，mm代表两个字位符的月份，/为数据分隔符，dd代表日期，yy代表年份，则2023年6月25日显示为06/25/23。

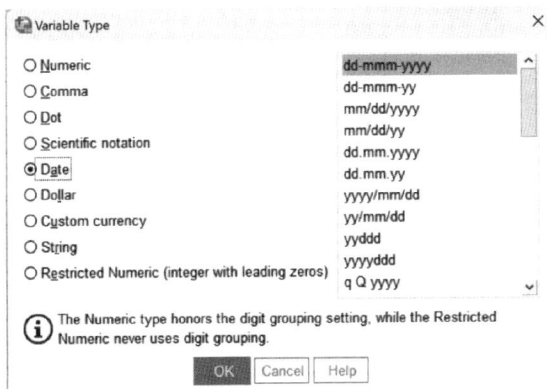

图1-5　日期类型选择对话框

⑥Dollar：美元。其值在显示时，有效数字前面带有"$"。

⑦Custom currency：设定货币自定义类型。用户可以从系统提供的形式中选择，并定义数值宽度和小数位数。

⑧String：字符串型。字符串中可以包含数字、字母、特殊字符，最长为32767个字符。字符串型变量不能参与算术运算。

⑨Restricted Numeric（integer with leading zeros）：受限数字（带有前导零的整数）。例如，定义宽度为8，输入1901显示为"00001901"，自动用前导零补足。

（3）Width：宽度。

此处的宽度指运算宽度，默认值为8，运算宽度实际上只会改变输出结果的显示宽度，数据的存储结果与运算的精度不受宽度的影响。

（4）Decimal Places：小数位数。

当变量为非数值型时无效，默认为2位小数。

（5）Label：变量标签。

用来扼要说明变量名的含义。本调查中可以在变量标签中输入问卷具体问题的简要概述，如变量名为"A_1"的问题，可以添加变量标签"您是否为某大学毕业生"。

（6）Values：值标签。

值标签用于针对品质型变量的取值进行编码。比如，在针对性别变量gender定义值标签时，可定义1代表男，2代表女。在第一个"Value"文本框中输入1，再在第二个"Label"文本框中输入男，点击"Add"按钮确认，即可定义"1='男'"，再定义"2='女'"。最后点击"OK"按钮即可（如图1-6所示）。

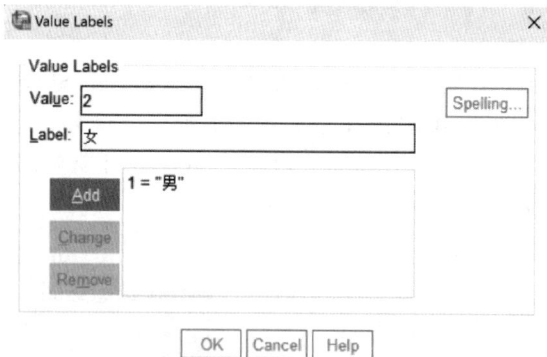

图1-6　值标签设置对话框

（7）Missing：缺失值。

SPSS有两类缺失值：系统缺失值和用户缺失值。在Data View界面中，任何空着的数字单元都被认为是系统缺失值，用点号"."表示。由于特殊原因形成的信息缺失值，称为用户缺失值。比如，在统计过程中，可能需要区别一些被访者不愿意回答的问题，然后将它们标为用户缺失值，统计过程可识别这些标志，带有缺失值的观测将被特别处理。如本实验中问卷设置了跳题，该题不用回答的观测值定义为"-3"。

在变量视图中单击"Missing"按钮，再单击弹出的"⊡"按钮，进入"Missing Values（缺失值）"对话框（如图 1-7 所示），该对话框中有 3 个选项，默认值为最上方的"No missing values（无缺失值）"，即不自定义缺失值的方式。第二项"Discrete missing values（离散缺失值）"，指定离散的缺失值，最多可以定义3 个值。最后一项"Range plus one optional discrete missing value（指定缺失值存在的区间范围，并可同时指定一个离散值）"。本实验将"-3"定义为离散缺失值。若数据存在大量缺失值，会对分析结果产生重大影响。例如，缺失数据会使分析结果出现系统性偏差、计算精度大幅下降以及限制某些模型的使用等。所以，在数据分析之前需要对缺失数据进行处理，具体方法在下一实验中详细阐述。

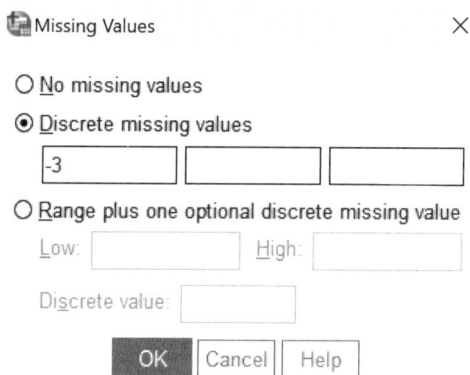

图 1-7　缺失值设定对话框

（8）Columns：列宽。

可输入变量所在列的列宽，默认为 8。

（9）Align：对齐方式。

有 3 种选择：left（左对齐）、center（居中对齐）、right（右对齐）。

（10）Measure：数据度量尺度。

有 3 种选择：Scale（标度尺度）、Nominal（名义尺度）、Ordinal（有序尺度）。对于字符串型的序号变量，分类时会自动按照字母顺序排列。例如，变量 A_2 取值为 bachelor（学士）、master（硕士）、doctor（博士），SPSS 自动排列为 bachelor、doctor、master，这显然违背规律。所以此时建议使用数值型变量代替字符串型变量，设定值标签 1="学士"、2="硕士"、3="博士"。

（11）Role：角色。

此属性是 SPSS 新版本中新增的，为满足数据挖掘方法体系的要求，某些对话框支持选择并分析指定角色类型的变量。

有 6 种选择：Input（输入）、Target（目标）、Both（两者）、None（无）、Partition（区分）、Split（拆分）。默认为"Input"，即为所有变量分配输入角色，将变量用作输入。

3.不同题型的变量设置

本实验调查问卷中共有43个问答项目，题目类型包括填空式、选择式（单选、多选）、顺序式、量表式等。

（1）填空式题目及单选式题目在录入SPSS时将每题设置为一个变量，分别对值标签、测量尺度、角色、变量类型、宽度和小数位数等进行设置。

（2）多选题分为两种情况：一种是不限项多选题，即任意选择几个选项均可；另一种是固定项多选题，即限定选择几项。

①不限项多选题可以采用二分法处理变量，即每一个选项拆分为一个独立变量，如果选中则变量取值为1，未选择则取值为0，有n个选项则拆分出n个变量。如“B1_7：【可多选】本科就读期间您担任过的学生干部有：”的选题设置如下：

A.班级班长　　B.班级团支部书记

C.其他班委　　D.学生会（社团）部长及以上职位

E.其他学生会（社团）干部　　F.未担任过任何学生干部

对于此题可根据本题选项个数将原问题拆成6个变量，分别命名为B1_7_1、B1_7_2、B1_7_3、B1_7_4、B1_7_5、B1_7_6，对于每个变量可以分别设置值标签“0=‘否’”代表样本未选择此选项、“1=‘是’”代表此选项被选中。多选题变量录入页面如图1-8所示。

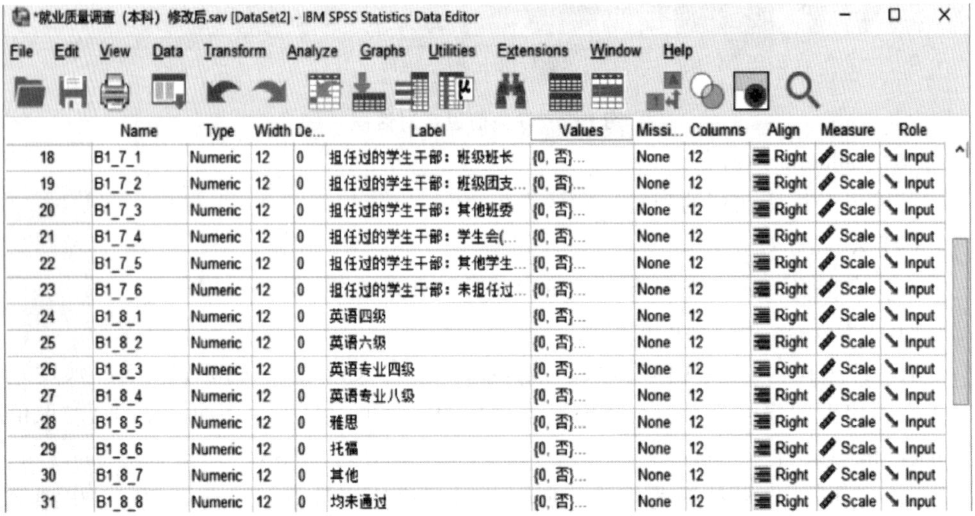

	Name	Type	Width	De...	Label	Values	Missi...	Columns	Align	Measure	Role
18	B1_7_1	Numeric	12	0	担任过的学生干部：班级班长	{0, 否}...	None	12	Right	Scale	Input
19	B1_7_2	Numeric	12	0	担任过的学生干部：班级团支...	{0, 否}...	None	12	Right	Scale	Input
20	B1_7_3	Numeric	12	0	担任过的学生干部：其他班委	{0, 否}...	None	12	Right	Scale	Input
21	B1_7_4	Numeric	12	0	担任过的学生干部：学生会(...	{0, 否}...	None	12	Right	Scale	Input
22	B1_7_5	Numeric	12	0	担任过的学生干部：其他学生...	{0, 否}...	None	12	Right	Scale	Input
23	B1_7_6	Numeric	12	0	担任过的学生干部：未担任过...	{0, 否}...	None	12	Right	Scale	Input
24	B1_8_1	Numeric	12	0	英语四级	{0, 否}...	None	12	Right	Scale	Input
25	B1_8_2	Numeric	12	0	英语六级	{0, 否}...	None	12	Right	Scale	Input
26	B1_8_3	Numeric	12	0	英语专业四级	{0, 否}...	None	12	Right	Scale	Input
27	B1_8_4	Numeric	12	0	英语专业八级	{0, 否}...	None	12	Right	Scale	Input
28	B1_8_5	Numeric	12	0	雅思	{0, 否}...	None	12	Right	Scale	Input
29	B1_8_6	Numeric	12	0	托福	{0, 否}...	None	12	Right	Scale	Input
30	B1_8_7	Numeric	12	0	其他	{0, 否}...	None	12	Right	Scale	Input
31	B1_8_8	Numeric	12	0	均未通过	{0, 否}...	None	12	Right	Scale	Input

图1-8　多选题变量录入页面

为进行后续的频率与交叉表分析，可以利用SPSS多重响应定义变量集。具体操作为点击【Analyze（分析）】→【Multiple Response（多重响应）】→【Define Variable Sets（定义变量集）】，弹出如图1-9所示对话框。将本题拆分变量拖入“Variables in Set”中，选择“Dichotomies（二分法）”，将计数值设置为1（编码为1表示选择了该变量），根据实际情况进行变量的命名和添加标签后，点击“Add”，添加多重响应集。

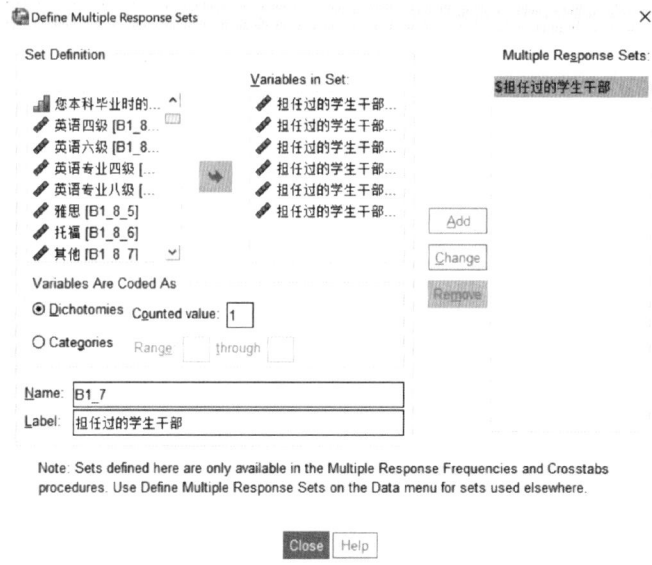

图1-9　定义变量集对话框

②对于固定项多选题，除了可以采用二分法处理变量外，也可以采用多重分类法，即多选题中限定选几项就设置多少个变量。例如，本例中"D2.【限选4项】您认为本科经历对个人能力的提升主要体现在哪些方面："选项设置如下：

1.专业知识　　　2.良好行为习惯　　　3.团队协作能力　　　4.逻辑思维能力
5.创新能力　　　6.研究学习能力　　　7.人际交往能力　　　8.组织领导能力
9.其他_____【请填写】　　　　　　10.没有体现

此问题限定选4项，设置四个变量，每个变量取值为样本选择的选项。部分数据截图如图1-10所示。

D2_1	D2_2	D2_3	D2_4
1	2	4	6
2	3	6	7
2	4	6	8
1	5	7	8
1	3	4	5
2	3	4	7
1	2	4	6
1	4	6	7
1	3	7	8
1	3	4	6
1	4	5	7
1	4	5	7
1	6	7	7
4	6	7	7
3	4	6	7
2	3	4	6

图1-10　多重分类法数据展示

多重分类法在SPSS中的操作步骤与二分法类似，点击【Analyze（分析）】→【Multiple Response（多重响应）】→【Define Variable Sets（定义变量集）】，在弹出的如图1-11所示对话框内，选择"Categories（类别）"，定义取值范围为1到10。设置好变量名及标签后点击"Add"按钮，完成多重响应集的设定。

图1-11　多重分类法响应变量集的定义

定义好响应变量集后，可以发现此时再点击【Analyze（分析）】→【Multiple Response（多重响应）】时，"Frequencies（频率）"与"Crosstabs（交叉表）"按钮由灰变亮，表明此时可以进行后续频率和与其他变量的交叉分析。

（3）顺序题是要求被访者按照一定标准依次排序。例如，本例中"C1_4.【排序题】选择该工作时，对您的选择影响最大的因素有：（请选择您认为最重要的四个因素并排序）："选项设置如下：

A.单位所处地理位置　　　　　　　B.单位性质和规模

C.单位社会声誉　　　　　　　　　D.薪资福利

E.发展前景　　　　　　　　　　　F.工作的安全性和稳定性

G.与自身兴趣符合度　　　　　　　H.与本科专业的契合度

I.周边经济环境　　　　　　　　　J.企业文化

K.其他【请填写】

此题在录入SPSS时，首先将11个选项分别定义为11个变量，录入的是各变量对应的次序。如将A选项排在第一位，那么A选项对应录入"1"；将B选项排在第二位，那么B选项对应录入"2"；若没选择C选项，则本例中设置为"-2"（也可根据不同情况设置其他值）。由图1-12可知第一个样本在选择工作时对其选择影响最大的前四个因素依次为：A.单位所处地理位置、B.单位性质和规模、D.薪资福利、E.发展前景。数据部分截图见图1-12。

	C1_4_1	C1_4_2	C1_4_3	C1_4_4	C1_4_5	C1_4_6	C1_4_7	C1_4_8	C1_4_9	C1_4_10	C1_4_11
1	1	2	-2	3	4	-2	-2	-2	-2	-2	-2
2	4	1	-2	2	3	-2	-2	-2	-2	-2	-2
3	-2	-2	-2	-2	-2	-2	-2	-2	-2	-2	-2
4	1	3	2	4	-2	-2	-2	-2	-2	-2	-2
5	2	-2	-2	1	3	-2	4	-2	-2	-2	-2
6	4	-2	-2	1	2	-2	3	-2	-2	-2	-2
7	-2	4	3	-2	-2	1	-2	2	-2	-2	-2
8	-2	-2	-2	-2	-2	-2	-2	-2	-2	-2	-2
9	-2	-2	-2	-2	-2	-2	-2	-2	-2	-2	-2
10	-2	4	-2	3	-2	2	-2	1	-2	-2	-2
11	-2	-2	-2	-2	-2	-2	-2	-2	-2	-2	-2
12	-2	-2	-2	-2	-2	-2	-2	-2	-2	-2	-2
13	-2	2	3	1	4	-2	-2	-2	-2	-2	-2
14	-2	1	-2	3	2	-2	4	-2	-2	-2	-2
15	-2	1	2	3	4	-2	-2	-2	-2	-2	-2
16	-2	-2	2	3	1	-2	4	-2	-2	-2	-2
17	-2	-2	-2	-2	-2	-2	-2	-2	-2	-2	-2

图1-12　顺序式数据展示

（4）量表式题目在录入SPSS时，把量表中每一行设置为一个变量。如本例中“B1_11：您在本科期间各项能力水平情况如何：（请在对应位置上打‘√’）”。本科期间各项能力水平情况统计表见表1-2。

表1-2　　本科期间各项能力水平情况统计表

序号	评价项目	很低	较低	一般	较高	很高
4.1	专业知识及技能的掌握情况					
4.2	表达沟通能力					
4.3	社交能力					
4.4	创新能力					
4.5	团队协作能力					

此量表共考察五个评价项目，即专业知识及技能的掌握情况、表达沟通能力、社交能力、创新能力和团队协作能力，所以可将此量表式题目拆成五个变量。同时，根据每个评价项目的选项设定取值及值标签，本题可设置“1=很低”，“2=较低”，“3=一般”，“4=较高”，“5=很高”，如图1-13所示。

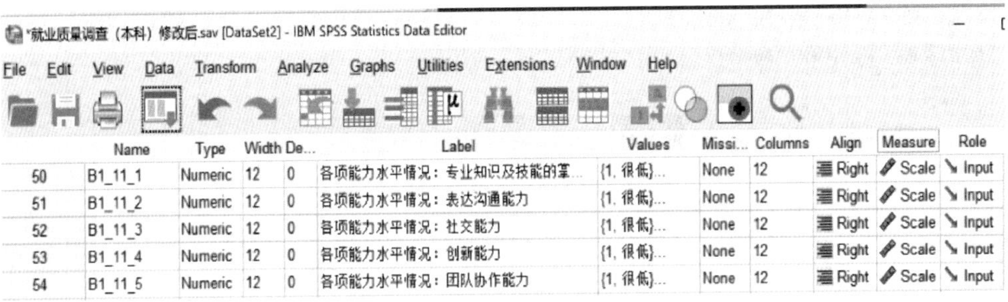

	Name	Type	Width	De...	Label	Values	Missi...	Columns	Align	Measure	Role
50	B1_11_1	Numeric	12	0	各项能力水平情况：专业知识及技能的掌...	{1, 很低}...	None	12	Right	Scale	Input
51	B1_11_2	Numeric	12	0	各项能力水平情况：表达沟通能力	{1, 很低}...	None	12	Right	Scale	Input
52	B1_11_3	Numeric	12	0	各项能力水平情况：社交能力	{1, 很低}...	None	12	Right	Scale	Input
53	B1_11_4	Numeric	12	0	各项能力水平情况：创新能力	{1, 很低}...	None	12	Right	Scale	Input
54	B1_11_5	Numeric	12	0	各项能力水平情况：团队协作能力	{1, 很低}...	None	12	Right	Scale	Input

图1-13　量表式数据展示

4.数据的筛选与保存

经过变量处理后，问卷中43个问题被拆分为150个变量。由于本问卷调查对象只针对在本校所获最高学位为学士（本科）的人群，所以需要对问卷样本数据进行筛选。在 SPSS 主界面中选择【Data（数据）】→【Select Cases（选择样本）】→【If condition is satisfied（如果条件满足）】，如图 1-14 所示。点击 "If" 按钮，在弹出的如图 1-15 所示对话框中选中筛选变量 A_1（您是否为 D 大学毕业生）和 A_2（您在某大学毕业时所获得的最高学位），输入 "A_1=1 & A_2=1"（即筛选出某大学毕业且所获最高学位为学士（本科）的人群），点击 "Continue"。根据研究的需要，选择输出时对未选定的样本进行过滤、直接删除或把选定的样本保存为新数据集。本例中可以直接选择【Delete unselected cases（删除未选定的样本）】，筛选后得到 1 612 条观测，再手动剔除一些无效问卷（如把单选题当作多选题，选择了多个选项或前后逻辑矛盾的观测），处理后得到 1 507 条观测。将此数据集另存为 "data1_2.sav"。

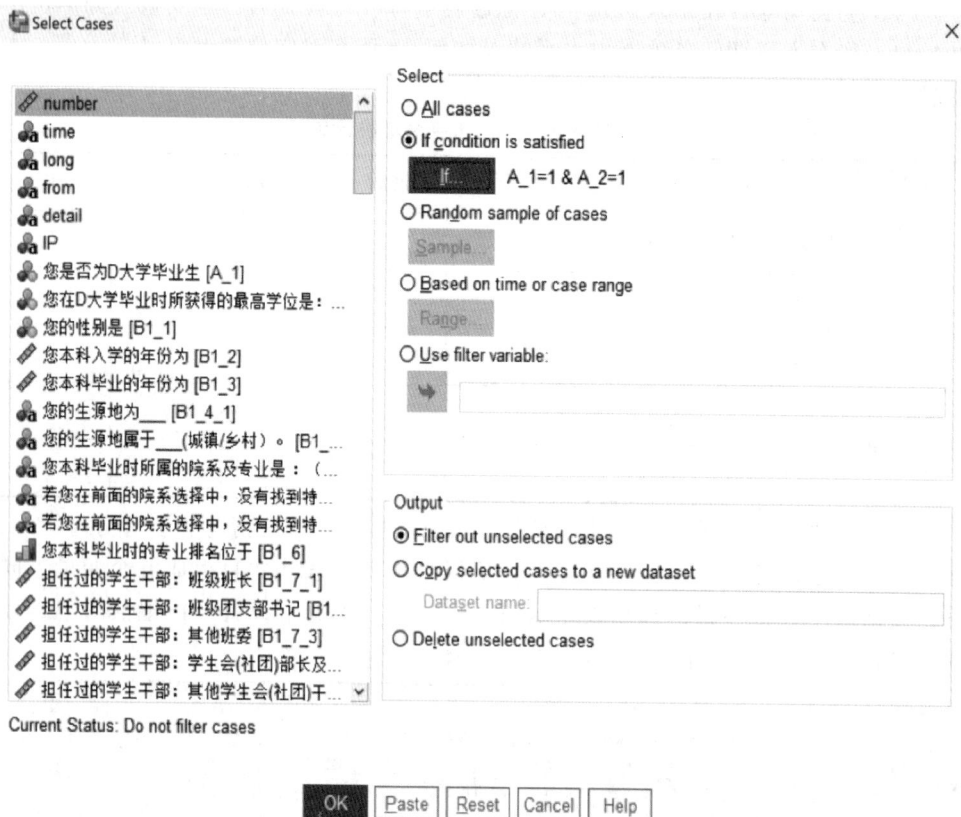

图 1-14　数据筛选对话框

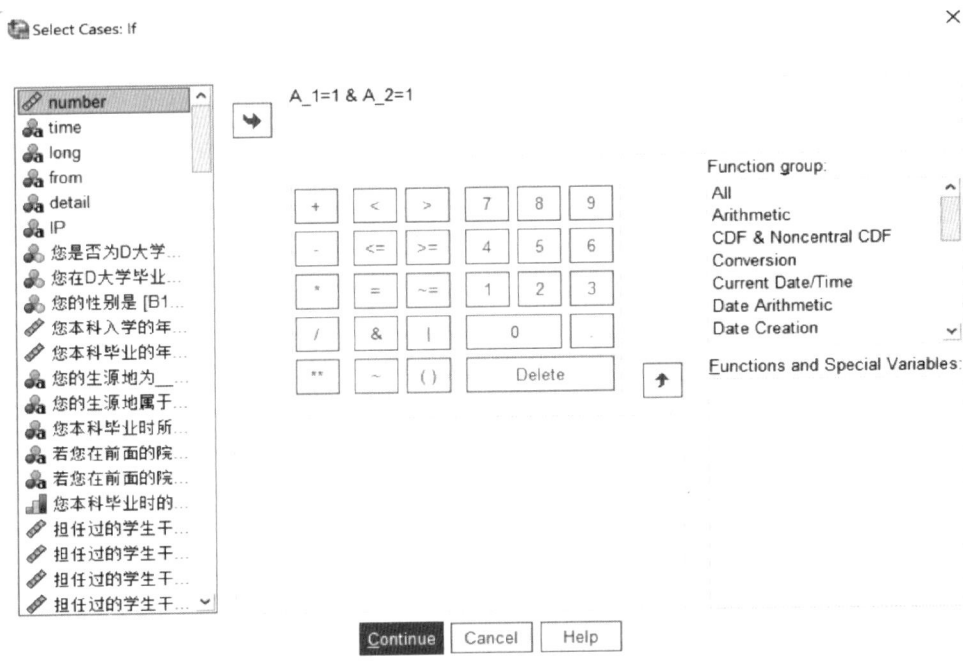

图 1-15　数据筛选条件选择对话框

【问题思考】

1. 调查问卷中的问题设计一般有哪几种方式？本问卷中题目类型设置是否合理？有什么更好的建议吗？

2. 若数据文件格式为 CSV 数据文件（*.csv）、文本格式文件（*.txt，*.dat）、SAS 数据文件（*.sas7bdat）或其他数据库文件，如何将数据录入 SPSS？

3. 缺失值对于统计分析的结果有什么影响？如果在建立数据集的过程中考虑缺失值的情况，应当如何处理？

4. 若排序题在录入时，每个选项拟赋予不同权重，应该如何用 SPSS 实现？

【实验总结】

数据录入是利用 SPSS 进行数据分析的第一步。当采集的数据资料来源于纸质记录或变量和样本量比较少的情况下，可直接采用在 SPSS 中手动录入的方式；当数据变量和样本量都较多或已有其他格式存储时，则可以采用将其他类型数据导入 SPSS 中的方式。需要注意的是，问卷数据在录入 SPSS 时，要根据题型选择不同的变量处理方式。

【课后练习】

1. 让人民生活幸福是"国之大者"，我国坚持以人民为中心的发展思想，在发展中不断保障和改善民生。居民的收入和支出是民生情况的重要维度。通过调查 2000—2021 年中国城乡居民收入和支出数据，可以了解我国居民收支情况及城乡差异。请将调查收集到的数据"data1_3.csv"录入 SPSS，注意比较品质型数据和数值型数据录入方式的差异。

2. 突破核心技术瓶颈、增强自主创新能力是经济结构转型升级的重要动力。为探索激发企业创新活力、提升企业创新绩效的可行路径，某机构调查了 2000—2021 年全行业上市公司发明专利及实用新型专利申请个数，具体见数据"data1_4.xlsx"。请将此数据录入 SPSS。

3. 颈椎病是一种以退行性病理改变为基础的临床常见病，随着现代工作方式和人类生活模式的改变，发病率逐年上升且呈现低龄化趋势。现以问卷的形式调查了颈椎病相关问题，为进一步分析请将数据"data1_5.xlsx"录入 SPSS 软件，注意多选题等题型的录入方式。

【参考文献】

[1] 张文彤. SPSS统计分析基础教程 [M]. 3版. 北京：高等教育出版社，2017.

[2] 董寒青. 多选题的统计分析及其SPSS实现 [J]. 统计与决策，2013（10）.

[3] 路庆，张天成，唐艳明等. Excel和SPSS软件对多选题资料的录入及统计分析中的应用 [J]. 现代预防医学，2017，44（1）.

[4] 姚汝铖，郑军，姚友平. SPSS对有序分类资料的统计分析方法 [J]. 现代预防医学，2013，40（16）.

[5] 薛薇. 统计分析与SPSS的应用 [M]. 6版. 北京：中国人民大学出版社，2021.

实验二 数据集的预处理

【实验目的】

1.了解数据资料审核的内容和数据预处理的常用方法。

2.掌握数据随机抽样的常用方法。

3.掌握利用SPSS处理缺失值及异常值的方法。

4.熟练掌握SPSS合并数据集、数据排序、计算、分组汇总和拆分数据的具体操作。

【准备知识】

1.数据的审核

数据资料收集完毕并完成数据录入后，下一步工作就是数据审核。数据审核是对调查获取的原始数据进行审查与核实，其目的在于保证资料的完整性、准确性和客观性，为进一步的资料整理打下基础。在调查过程中，由于所研究的问题和采取的调查方法不同，得到的数据资料也是多种多样的。对于不同类型的数据资料，审核的内容、方法和侧重点也会有所不同。

一般而言，数据资料审核的内容主要包括完整性、准确性和及时性三个方面。

（1）完整性。

检查所有的调查表或调查问卷是否已经收全并完整录入，调查的所有问题是否都填写齐全。如有缺失值则应当予以补齐，无法补齐时，应当制定相应的对策，以便于后续的深入分析。

（2）准确性。

检查数据资料是否真实地反映了调查对象的客观情况，内容是否符合常理；检查数据资料是否有错误，计算是否正确。

（3）及时性。

检查资料与实际发生的时间之间的间隔长短，一般来说间隔越短越好。检查所填项目所属时间与调查要求的项目所属时间是否一致，若二者不一致，则不能用来分析所研究的问题。

2.随机抽样

数据的随机抽样，即遵循随机化原则，保证总体中每个个体作为研究对象时都有独立的、已知的、非零的概率被抽中。若样本量足够大，数据代表性好，随机化效果好，调查结果会更可靠，抽样结果可以更好地推断总体。

常用的随机抽样方法有简单随机抽样、系统抽样、分层抽样、整群抽样和多阶段抽样。

（1）简单随机抽样（simple random sampling）

简单随机抽样是最简单、最基本的抽样方法。它是从总体的 N 个样本单元构成的抽样框中，不考虑样本之间的任何关系，完全随机地依次抽取 n 个样本，构成一个抽样样本。简单随机抽样的特点是：每个样本被抽中的概率相等，样本之间完全独立，彼此没有一定的关联性和排斥性。简单随机抽样方法是其他各种抽样形式的基础，通常用在总体之间差异较小，且总体数量有限、数目不是太多的情况下。如果总体数量太多，编号工作就较为繁重，抽到的样本也较为分散，导致资料收集困难，则不适宜采用简单随机抽样的方法。

（2）系统抽样（systematic sampling）

系统抽样又称机械抽样或等距抽样，是先将总体（N）的各个样本按照一定的顺序进行排列，根据抽样容量（n）的要求来确定抽样间隔（K = N/n），然后在第一组中随机确定一个起点，从该起点开始机械地每间隔 K 个距离依次抽取样本，直到抽够 n 个样本为止。系统抽样的特点是：抽出的样本在总体中是均匀分布的。系统抽样是实际工作中应用较多的方法。

（3）分层抽样（stratified sampling）

分层抽样是先将总体根据其属性特征分成若干个层，然后在每一层中，单独地进行简单随机抽样，最后将各层抽出的样本组成一个总的抽样样本。分层抽样又分为两种，一种是按比例分配分层随机抽样，即每一层内抽样的比例相同；另一种是按最优分配分层随机抽样，每一层抽样比例不同，内部变异小的层，抽样的比例小，反之，内部变异大的层，抽样比例大。分层抽样的特点是：通过分层将内部变异较大的总体分为内部变异较小的若干层，这样更容易抽出具有代表性的调查样本，抽样误差小，结果的精确度高。该方法适用于总体情况复杂、个体之间差异较大，且个体较多的情况，能够保证每一层都有个体被抽到。

（4）整群抽样（cluster sampling）

整群抽样是将总体分成多个群组，在抽样时随机抽取其中的部分群组作为观察单位，构成一个样本。如果把抽到的群组内的所有个体都作为调查对象，则称为单纯整群抽样。如果在抽到的群组内，再次随机抽样后调查部分个体，则称为二阶段抽样。整群抽样的特点是：在实际的应用中，更容易组织和实施，节省人力和物力，但整群抽样的抽样误差在这几类抽样方法中是最大的。

（5）多阶段抽样（multistage sampling）

多阶段抽样中抽样过程分为多个阶段进行，每个阶段使用的抽样方法可以相同，也可以不同，通常将上面介绍的几种抽样方法结合起来应用。多阶段抽样首先从总体中抽取范围较大的单元，作为一级抽样单元，如省、市、地区等；然后再从被抽中的一级抽样单元中，抽取范围较小的二级单元，如县、乡、区等，以此类推抽取范围更小的单元（如村、社区等），再从中抽取最终的调查对象。多阶段抽样可以充分利用每种抽样方法的优势，克服不足，节省人力物力，常常用在大型的流行病学调查中；其缺点是在抽样之前就要掌握各阶段调查单位的人口资料和特点。

3.数据的分组

数据资料整理过程中的分组，就是根据研究的目的，按照有关变量的各个不同取值将数据资料区分为若干不同的组别。其目的是便于以后的对比分析，以揭示研究对象内在的结构特征。

数据在分组时，要按照变量尺度的不同，选择不同分组方式：

（1）定类变量

定类变量是离散取值的，因此一般情况下可以把数据区分成有限的组别。定类变量的取值没有顺序性，因此，组与组之间的排列也没有顺序上的要求。

（2）定序变量

定序变量也是离散取值的，但具有顺序性，因此组与组之间的排列需要具有顺序性。

（3）数值型变量

数值型变量通常都是连续取值的，分组时需要做进一步的技术处理，比如，将数值型变量定类化，即重新编码，这些工作都要在数据的预处理过程中完成。

4.缺失值

数据质量在很大程度上影响数据的应用和价值，是数据应用和从中挖掘出潜在知识的前提保证，数据质量不高会导致数据不能有效地被利用。数据缺失是影响数据质量的一个重要问题。无论是在市场调查、民意测验、工农业生产，还是在科学研究中，凡涉及获取数据和利用数据的地方，由于各种各样的原因，经常存在数据缺失的情形。

数据缺失类型主要有以下三种：完全随机缺失（MCAR）、随机缺失（MAR）、非随机缺失（MANR）。

在进行数据分析前，需要对缺失值进行处理。常见的处理方法有以下两种：

（1）删除法

删除法包括列表删除和成对删除。

如果缺失数据比例在5%以下，可以考虑使用删除法。删除法非常简便，但是当缺失值较多，或者数据集中包含的样本量很少时，采用删除法可能会丢掉过多样本，产生较大的误差。

（2）插补法

相比删除法的直接删掉缺失数据，插补法则是添加数据，将缺失数据用替代值替代，使数据集更完整。

在统计学插补法中，根据插补值的个数，可以分为单一插补和多重插补。

常用的单一插补有均值插补、回归插补、最近距离插补、EM算法插补等。其优点是简单、容易操作，适合于缺失值较少的数据。

多重插补则更关注对变量之间的关系进行有效的统计推断，一般地，如果缺失比例超过5%，并且在随机缺失机制（MAR）和非随机缺失机制（MANR）下，应该使用多重插补法。

常用多重插补法有：在单调缺失模式下针对连续型变量的倾向得分法（Propensity Score Method），针对离散型变量的回归预测法（Regression Predict Method），以及在任意缺失模式下的马尔科夫链蒙特卡罗方法（MCMC）。除以上方法外，还有机器学习插补法，如自组织映射插补法和支持向量机插补法等。

5.异常值

异常值也称离群值，其广义定义为在所获统计数据中相对误差较大的观察数据，狭义定义为一批数据中有部分数据与其余数据相比存在明显不一致的值。在不同的情景中鉴别异常值有不同的标准，常规方式有以下两种：

（1）主要看数据中的最大值或最小值，依据专业知识或个人经验，当数字超过了理论范围值、不符合实际情况时即可被认定为异常值。比如，测量成年男性身高，出现17.8米这样的数据，显然不符合实际情况；又或者，问卷数据中1-5级量表题出现"-2"、"-3"这类数据，则可能提示为跳转题、空选等。

（2）利用3σ原则，一般来说，如果数据服从正态分布，则测定值中与平均值的偏差超过3倍标准差的值可被称作异常值。可选择箱图、散点图、数据描述分析等方式鉴别异常值，后续章节中会详细介绍。

异常值的处理方法可大致分为四种：

（1）直接删除含有异常值的记录。

（2）视为缺失值：将异常值视为缺失值，按照缺失值进行处理。

（3）平均值修正：横截面数据可以取全部有效值的均值修正该异常值，时间序列数据选择前后两项的平均值修正异常值。

（4）不处理：直接在具有异常值的数据集上进行数据分析。

是否要删除异常值可根据实际情况决定。一些模型对异常值不敏感，即使有异常值也不影响模型效果。但是有些模型，比如逻辑回归（LR），对异常值很敏感，如果不处理异常值，可能会出现过拟合等非常差的效果。

【实验内容】

某市住户收支与生活状况调查数据预处理

住户收支与生活状况调查是国家统计局为全面、准确、及时地了解全国和各地区城乡居民收入、消费及其他生活状况，客观监测居民收入分配格局和不同收入层次居民的生活质量而开展的调查。因调查对象群体庞大，一般采用抽样调查方式组织实施。为了更好地满足研究制定城乡统筹政策和民生政策的需要，为国民经济核算和居民消费价格指数权重制定提供基础数据，依照《中华人民共和国统计法》规定，现开展某市住户收支与生活状况调查（以下简称住户调查）。调查内容主要包括居民现金和实物收支情况、住户成员及劳动力从业情况、居民家庭食品和能源消费情况、住房和耐用消费品拥有情况、家庭经营和生产投资情况、社区基本情况以及其他民生状况等，分为7个问卷展开调查。本实验抽取2019年某市住户成员基本情况（A1，详见表2-1）部分与住房基本情况（B1，详见表2-2）进行研究。

表2-1 　　　　　　　　　　　　**某市住户基本情况调查表（A1）**

问题	代码
成员代码	A100
性别 ①男　②女	A104
出生年月 (年份按四位填写，月份按两位填写，先写年份后写月份，例如198608)	A105
民族 ①汉族　②壮族　③回族　④苗族 ⑤维吾尔族　⑥蒙古族　⑦藏族　⑧满族　⑨其他民族	A107
户口登记地 ①本村（居委会）②村外乡（镇、街道）内　③乡外县（区）内　④县外市内 ⑤市外省内　⑥省外（请参照"地区代码"接填写两位省码）⑦其他	A108
户口性质 ①农业户口　②非农业户口　③2006年以后由农业户口转为非农业户口　④其他	A109
健康状况 ①健康　②基本健康　③不健康，但生活自理　④生活不能自理	A110

续表

问题	代码
参加何种医疗保险？（可多选） ①新型农村合作医疗　②城镇职工基本医疗保险 ③城乡居民基本医疗保险　④公费医疗 ⑤商业医疗保险　⑥其他医疗保险 ⑦没有参加任何医疗保险	A111
是否为在校学生（6周岁及以上填写） ①由本住户供养的在校学生　②不由本住户供养的在校学生　③非在校学生	A112
受教育程度（6周岁及以上填写） ①未上过学　②小学　③初中　④高中 ⑤大学专科　⑥大学本科　⑦研究生	A113
婚姻状况　（15周岁及以上填写） ①未婚　②有配偶　③离婚　④丧偶	A114
是否为持证残疾人？ ①是　②否	A120
过去三个月在本住宅居住的时间　（月，保留一位小数）	A115
过去三个月是否每月都到其他自有或租借的普通住宅（不包括工棚、集体宿舍、帐篷船屋等）中居住？ ①是　②否	A116
过去三个月是否每月都到本住宅居住一天以上？ ①是　②否	A117
未来三个月中，是否打算在本住宅居住时间超过一个半月？ ①是　②否	A118

表2-2　　　　　　　　　　　　某市住房基本情况（B1）

问　题	计量单位	代码
一、期末现住房基本情况	—	—
本住户居住类型 ①普通住宅　②集体宿舍　③工棚　④工作地住宿	—	B101
本住户居住空间样式 ①单栋楼房　②单栋平房　③四居室及以上单元房　④三居室单元房 ⑤二居室单元房　⑥一居室单元房　⑦筒子楼或连片平房　⑧其他	—	B102

问 题	计量单位	代码
主要建筑材料 ①钢筋混凝土 ②砖混材料 ③砖瓦砖木 ④竹草土坯 ⑤其他	—	B103
房屋来源 ①租赁公房 ②租赁私房 ③自建住房 ④购买商品房 ⑤购买房改住房 ⑥购买保障性住房 ⑦拆迁安置房 ⑧继承或获赠住房 ⑨免费借用房 ⑩雇主提供免费住房 ⑪其他	—	B104
建筑面积（保留整数）	平方米	B105
住宅外道路路面情况 ①水泥或柏油路面 ②沙石或石板等硬质路面 ③其他	—	B106
主要饮用水来源 ①经过净化处理的自来水 ②受保护的井水和泉水 ③不受保护的井水 和泉水 ④江河湖泊水 ⑤收集雨水 ⑥桶装水 ⑦其他水源	—	B108
取水位置 ①住宅内管道取水 ②住宅内其他方式取水 ③院内管道取水 ④院内 其他方式取水 ⑤其他位置取水	—	B108_2
获取饮用水存在哪些困难（可多选） ①单次取水往返时间超过半小时 ②间断或定时供水 ③当年连续缺水 时间超过15天 ④无上述困难	—	B109
饮用前在家里所采取的主要处理措施 ①煮沸 ②加漂白剂/氯等 ③使用水过滤器 ④其他处理措施 ⑤没有任何水处理措施	—	B110
厕所类型 ①水冲式卫生厕所（冲入下水道） ②水冲式卫生厕所（冲入化粪池） ③水冲式卫生厕所（冲入防渗厕坑） ④水冲式非卫生厕所（冲入其他 地方） ⑤卫生旱厕 ⑥普通旱厕 ⑦无厕所 （回答②③⑤继续回答问题B111_2，其他请跳至B112）	—	B111
粪便清掏和处理情况 ①清掏后运送到处理厂 ②清掏后掩埋在土坑里 ③清掏后作为粪肥使用 ④清掏后弃置在开放地带 ⑤清掏后不知道送到哪里 ⑥从未清掏过 ⑦不知道是否清掏过	—	B111_2
厕所使用情况 ①住宅内独用 ②住宅内合用 ③院内独用 ④院内合用 ⑤其他地方 独用 ⑥其他地方合用 ⑦公用厕所	—	B112

问　　题	计量单位	代码
住宅或院内是否有洗手设施以及肥皂和水？（访问员需观察确认） ①有洗手设施，并有肥皂和水　②有洗手设施，但是没有肥皂或水 ③没有洗手设施	—	B112_2
洗澡设施 ①统一供热水　②家庭自装热水器　③其他　④无洗澡设施	—	B113
主要取暖设备状况 ①由市政或小区集中供暖　②自行供暖　③无取暖设备	—	B114
主要取暖用能源状况 ①柴草　②煤炭　③罐装液化石油气　④管道液化石油气　⑤管道煤气 ⑥管道天然气　⑦电　⑧燃料用油　⑨沼气　⑩其他　⑪无取暖行为	—	B115
主要炊用能源状况 ①柴草　②煤炭　③罐装液化石油气　④管道液化石油气　⑤管道煤气 ⑥管道天然气　⑦电　⑧燃料用油　⑨沼气　⑩其他　⑪无炊用行为	—	B116
二、自有现住房情况 【现住房为自有房者，即B104选③—⑧者回答。】	—	—
自有现住房建筑年份	—	B117
自有现住房市场价估计值	万元	B118
同类住房的市场价月租金	元	B119
现住房购（建）房时间	—	B120
购（建）房总金额	万元	B121
购（建）房时借贷款总额（不含利息）	万元	B122
其中：按揭贷款	万元	B123
购（建）房时借贷款总利息	万元	B124
借贷款还款总年限	年	B125
现在是否还在还款 ①是　②否	—	B126
三、租赁房实际月租金 【现住房为租赁房者，即B104选①②者回答。】	元	B127
四、期内新建住房情况 【仅村委会范围中新建住房者回答】	—	—

续表

问　　题	计量单位	代码
竣工建筑面积	平方米	B144
建房总费用	万元	B145
建房资金来源	—	—
银行、信用社贷款	万元	B146
亲友借款	万元	B147
自筹资金	万元	B148
其他资金	万元	B149
五、期内住房大修或装修费用	万元	B150

【实验步骤】

本实验操作
视频

在建立好数据文件后，对数据进行预处理是进行数据分析与挖掘的至关重要的一步。原始数据通常具有不完整性、冗余性和模糊性，存在噪声和缺失值。所以在应用机器学习或数据挖掘算法之前，应检查数据的质量。

本实验主要从数据集的合并、随机抽样、缺失值及异常值的处理、数据的排序与计算以及分组几个方面介绍数据的预处理步骤的实现。

1.合并数据集

两项问卷调查收集到的数据分别存放在两个数据集"data2_1.sav"与"data2_2.sav"中，首先合并两个数据集。在此基础上，进一步拓展研究范围，进而得出更为深刻的分析结论。两个数据集各自包含的观测一致，都包含4 807个样本数据，但调查内容不同，即变量不完全相同。可以将共有变量"sID（样本ID）"及"coln（户人码（即此户样本中每个人的编码））"作为识别变量进行合并。这种合并称为横向合并，即将两个观测一致、变量不同的数据集合并为一个完整的数据集。

SPSS具体操作步骤如下：

（1）在数据浏览窗口中分别打开数据集"data2_1.sav"和"data2_2.sav"。选择菜单：【Data（数据）】→【Merge File（合并文件）】→【Add Variables（添加变量）】，在系统弹出的对话框中选择【An open dataset（打开的数据集）】→【data2_2.sav［数据集2］】→【Continue】。

（2）在系统弹出的对话框中，根据需求选择基于文件顺序的一对一合并、基于键值的一对一合并、基于键值的一对多合并的合并方式，本例中根据两数据集数据特性选择"One-to-one merge based on key values（基于键值的一对一合并）"，如图2-1所示。

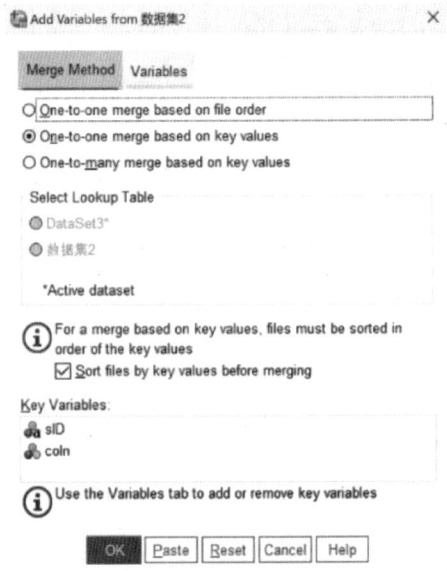

图2-1 合并变量中合并方式对话框

（3）点开"Variables（变量）"窗口设置变量。待合并的两个数据集中的所有变量名均显示在"Included Variables（包含的变量）"框中，SPSS默认这些变量均以原有变量名进入合并后的新数据集中，如图2-2所示。"Included Variables（包含的变量）"表示两个数据文件中存在差异，但在合并数据过程中需要保留的变量。其中，带"+"的各个变量是数据集"data2_2.sav"中的原有变量，带"*"的各个变量是数据集"data2_1.sav"中的原有变量。"Excluded Variables（排除的变量）"表示两个数据文件中存在差异，但在合并数据过程中需要剔除的变量。"Key Variables（键变量）"表示两个数据文件同时包含的可作为识别变量的共有变量。用户可以在对话框中任意剔除或加入变量，如图2-2所示。

（4）点击"OK"，数据编辑窗口会自动显示合并后的数据集，将其另存为"data2_3.sav"。合并后变量观测个数没有发生改变，仍然保留4 807条观测。

2.随机抽样

如果数据量较大，一定程度上会影响计算和建模的效率。因此，通常可以按照一定的抽样方法从总体中抽取部分样本，提升分析效率。本实验以简单随机抽样和分层抽样为例，介绍使用SPSS进行随机抽样的步骤。

（1）简单随机抽样

在机器学习训练模型时，若想从总体中随机抽取80%作为训练集，其余20%作为测试集，可以采用简单随机抽样的方式。

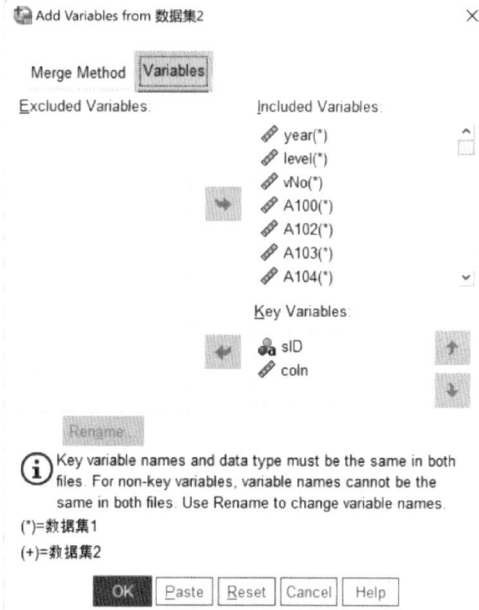

图2-2 合并变量中变量选择对话框

①设置随机种子。在SPSS中选择【Transform（转换）】→【Random Number Generators（随机数生成器）】，弹出窗口如图2-3所示。在"Active Generator Initialization（活动生成器初始化）"选项中，设定随机种子。勾选"Set Starting Point（设置起点）"，选择其中的"Fixed Value（固定值）"，默认的固定值是2 000 000，一般采用默认即可。这里选择固定值而不是随机，是为了保证每一次随机抽样的抽取值都是相同的，使得抽样结果具有可重现性。

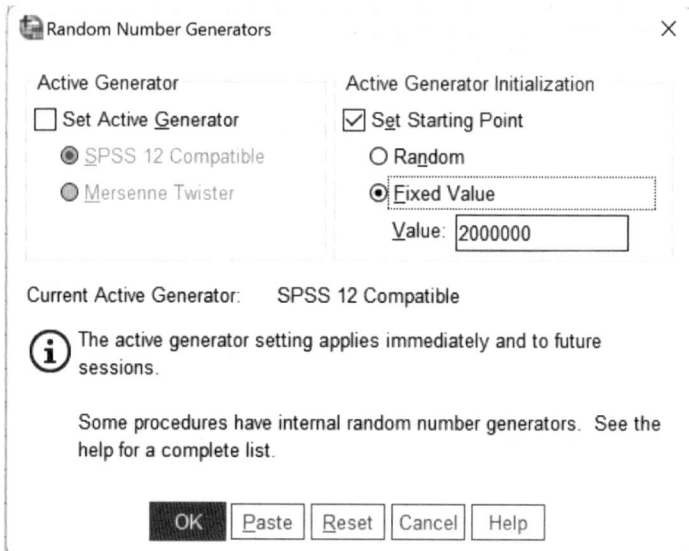

图2-3 设置随机种子对话框

②设定好随机种子后，返回SPSS数据视图，点击【Data（数据）】→【Select Cases（选择样本）】，在图2-4所示界面中勾选"Random sample of cases（随机样本）"。

点击"Sample（样本）…"按钮设置样本大小的具体参数，本实验采用近似法随机抽取所有样本的80%，在弹出页面上输入随机抽取比例80%，如图2-5所示。读者也可根据需要选择更加精确的样本数。

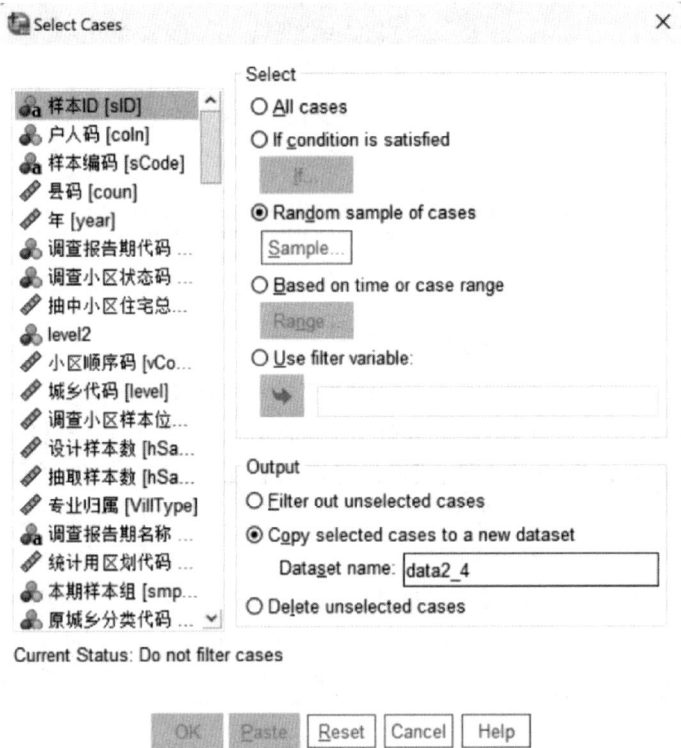

图2-4 简单随机抽样选择样本对话框

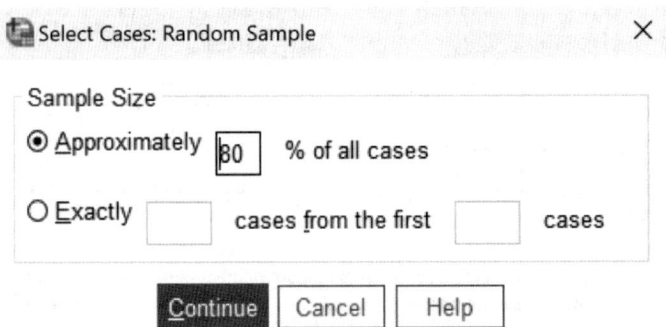

图2-5 样本数的选择对话框

③返回图2-4界面，在"Output（输出）"项中，选择"Copy selected cases to a new dataset（将选定样本复制到新数据集）"，将随机抽取的数据生成并存储为一

个全新的数据集，可将新数据集命名为"data2_4"。

弹出的数据集中包含随机抽取的3 865条观测，将其另存为"data2_4.sav"。

（2）分层抽样

此次调查范围涵盖30个小区，每个小区样本数量存在较大差别。

为使抽出的调查样本具有代表性且尽可能地控制抽样误差，可以采取分层抽样的方法。

将变量"vNO（调查小区样本位置）"作为分层抽样依据。

①重新打开合并后的数据"data2_3.sav"，在SPSS中选择【Analyze（分析）】→【Complex Samples（复杂抽样）】→【Select A Sample（选择样本）】，弹出的界面如图2-6所示。

点击"Design a sample（设计样本）"选项创建计划文件，选择保存位置后点击"Next"。

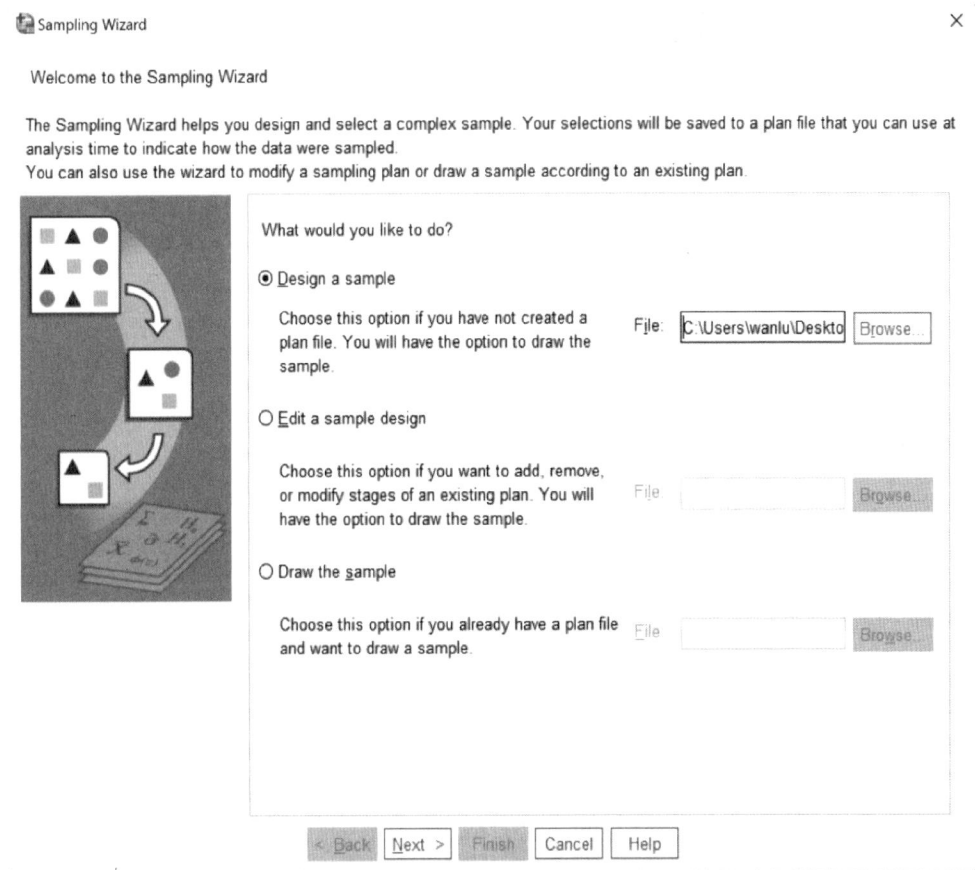

图2-6　分层抽样向导对话框

②在弹出的如图2-7所示对话框中，将变量"调查小区样本位置［vNO］"选入"Stratify By（分层依据）"后，点击"Next"按钮。

在"Method（抽样类型）"选择框中选择"Simple Random Sampling（简单随

机抽样）"，勾选"Without replacement（不放回）"后进入下一步。

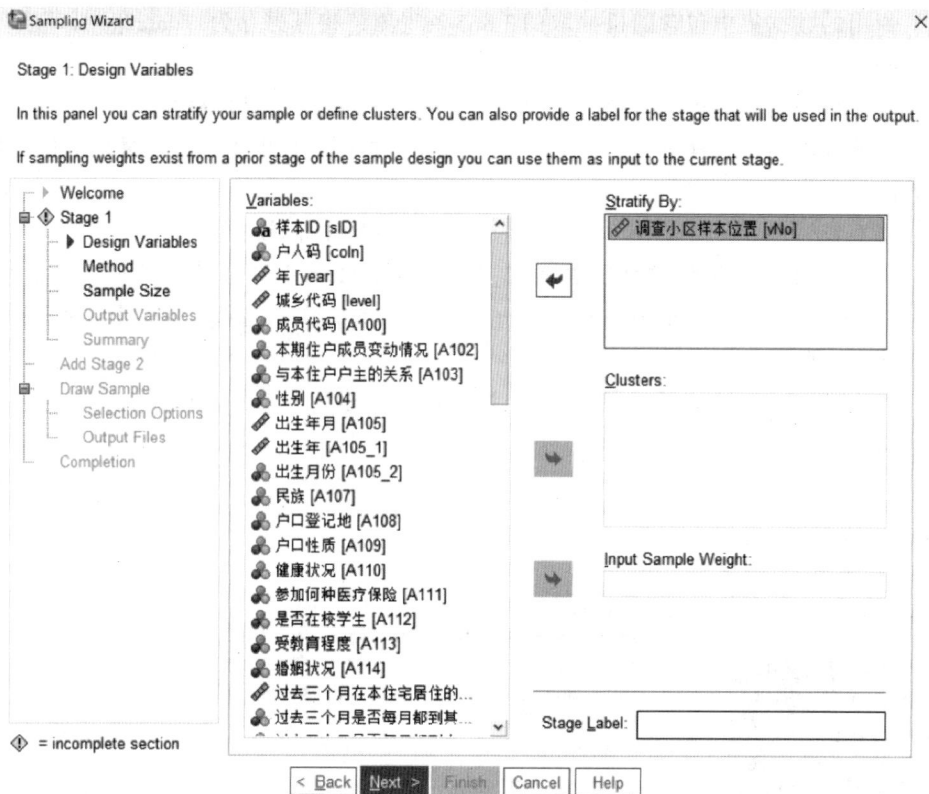

图 2-7 设置分层依据对话框

③确认样本大小。

如图 2-8 所示，在 Units 中将抽样方式从"Counts（数量）"更改为"Proportions（比例）"，分层等比例抽取全部观测的80%。

④在弹出的窗口中选择需要保存的变量，可勾选"Population size（群体大小）"、"Sample proportion（样本比例）"、"Sample size（样本大小）"、"Sample weight（样本权重）"后点击"Next"按钮。

⑤本实验不添加分层抽样第二阶段，所以在弹出的选项框中选择"No, do not add another stage now"，点击"Next"，在弹出的如图 2-9 所示窗口中设定随机种子2000000，进入下一步。

⑥在弹出的如图 2-10 所示的窗口中，将抽样数据保存为新数据集"data2_5.sav"，点击"Next"，保持默认设置不变后点击"Finish"。

⑦SPSS输出结果显示30个小区按照80%等比例分层抽取的实际观测数、实际观测及抽取比例，如图 2-11 所示。

同时，在弹出的数据窗口中可以得到抽样后的3 845条观测，将数据集另存为"data2_5.sav"。

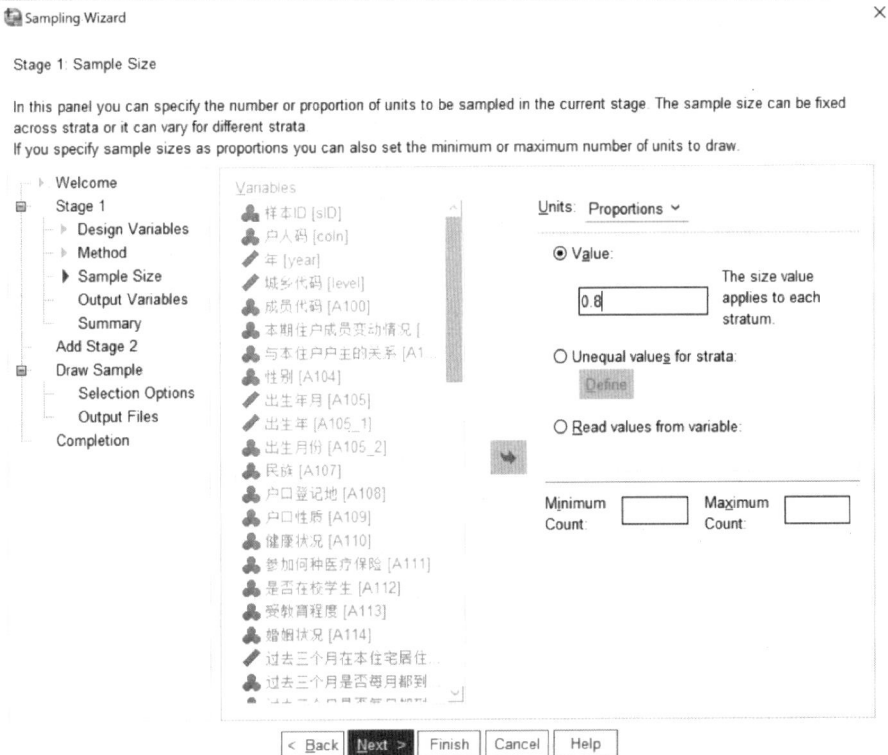

图2-8 设置抽样比例对话框

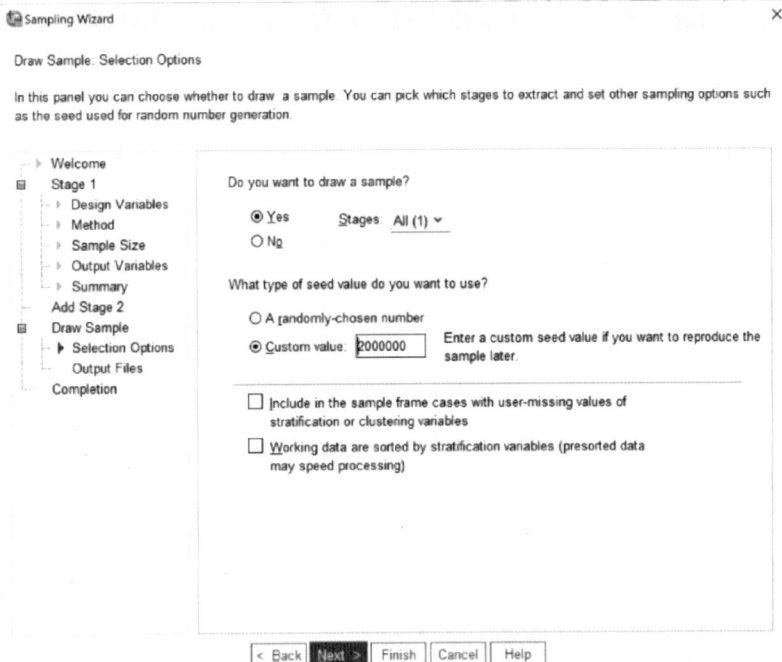

图2-9 设置抽样种子对话框

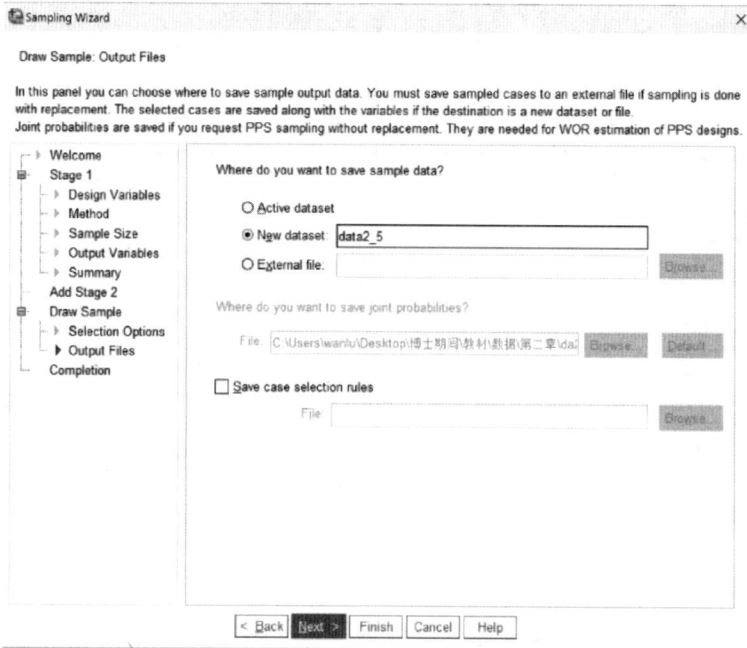

图2-10 保存分层抽样数据集对话框

3.处理缺失值

本实验存在两种缺失类型，第一种是由于问卷本身存在跳转题现象，如只有问题B104选择③—⑧者才需要回答问题B117-B126，所以B104选择其他答案的观测在问题B117-B126中就属于缺失数据，对于这种类型的缺失不需要进行特殊处理。但是如果A104（询问性别）、A105（询问出生年月）等问题存在缺失值，则需要选择合适的方法处理缺失值。

在这里给出三种处理缺失值的方法：

（1）直接删除包含缺失值的所有样本。

其缺点是会降低样本量。

（2）替换缺失值。

如果缺失数据属于完全随机缺失（MCAR），可以使用替换值进行插补。

在SPSS主菜单点击【Transform（转换）】→【Replace Missing Values（替换缺失值）】，弹出如图2-12所示页面，将所需替换缺失值变量选入右侧变量栏中，并确定替换方法。

本实验中选择利用"Series mean（序列平均值）"进行替换，但此方法可能低估被填补变量的方差，减弱变量间的相关性，扭曲实际的变量值分布。

如果是呈单调变化的数据，可以选择后四项替换方法，即：临近点的平均值、临近点的中间值、线性插值和临近点的线性趋势。点击"OK"后，返回数据视图，在数据最后新增一列数据，变量名为"B105_1"，为对缺失值进行均值替换后的数据。

Summary for Stage 1

		Number of Units Sampled		Proportion of Units Sampled	
		Requested	Actual	Requested	Actual
vNo =	1	205	205	80.0%	80.1%
	2	197	197	80.0%	80.1%
	3	195	195	80.0%	79.9%
	4	223	223	80.0%	79.9%
	5	198	198	80.0%	80.2%
	6	205	205	80.0%	80.1%
	7	239	239	80.0%	79.9%
	8	208	208	80.0%	80.0%
	9	204	204	80.0%	80.0%
	10	230	230	80.0%	79.9%
	11	142	142	80.0%	80.2%
	12	153	153	80.0%	80.1%
	13	164	164	80.0%	80.0%
	14	133	133	80.0%	80.1%
	15	166	166	80.0%	79.8%
	16	142	142	80.0%	79.8%
	17	150	150	80.0%	79.8%
	18	150	150	80.0%	79.8%
	19	137	137	80.0%	80.1%
	20	115	115	80.0%	79.9%
	21	46	46	80.0%	79.3%
	22	40	40	80.0%	80.0%
	23	23	23	80.0%	79.3%
	24	25	25	80.0%	80.6%
	25	29	29	80.0%	80.6%
	26	26	26	80.0%	81.3%
	27	22	22	80.0%	81.5%
	28	26	26	80.0%	78.8%
	29	30	30	80.0%	81.1%
	30	22	22	80.0%	78.6%

图 2-11　各层抽取比例输出结果

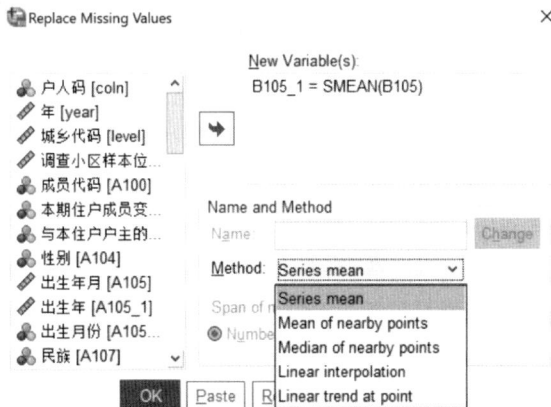

图 2-12　缺失值替换设置对话框

（3）缺失值分析。

①在数据视图中点击【Analyze（分析）】→【Missing Value Analysis（缺失值分析）】，将所要分析的变量按照不同变量尺度选入对应变量列表（如图2-13所示）。在右侧"Estimation（估计）"内选择对缺失值的处理方法，具体有以下四种：

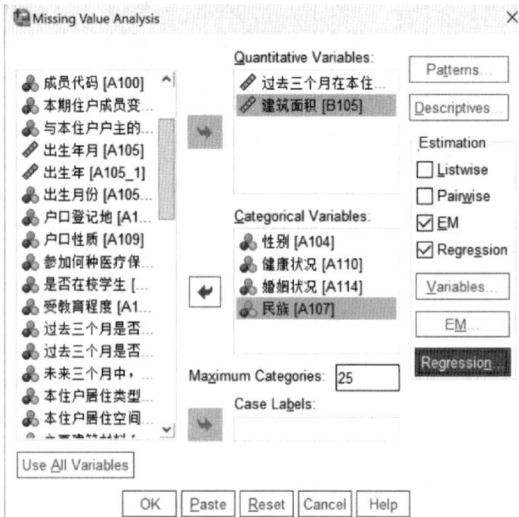

图2-13　缺失值分析设置对话框

A.Listwise（按列表）：

只要分析中的任意一个因变量或分组变量中带有缺失值，该记录就不参与分析过程。

B.Pairwise（成对）：

只有具体计算时用到的变量含缺失值时，该记录才不进入当前分析。

C.EM：

使用EM（期望最大化）迭代方法估计缺失值，如果缺失数据属于随机缺失（MAR），推荐使用该方法。

D.回归：

使用多元线性回归算法估计缺失值，若缺失数据属于完全随机缺失（MCAR），可以使用此方法。

本实验中尝试用EM和回归两种方法插补缺失值，并进行对比。

②点击"Patterns（模式）"按钮，弹出如图2-14所示模式设置对话框，选择展示"Tabulated cases，grouped by missing value patterns（按照缺失值模式分组的表格样本）"，单击"Continue"按钮返回主界面。

③在图2-13缺失值分析设置界面点击"Descriptives（描述）…"按钮，在弹出的如图2-15所示的界面选择"Univariate statistics（单变量统计量）"，为每个变量输出非缺失数据的个数、均值、标准差等基本统计量，同时输出缺失值、极大值、极小值的数量和百分比。

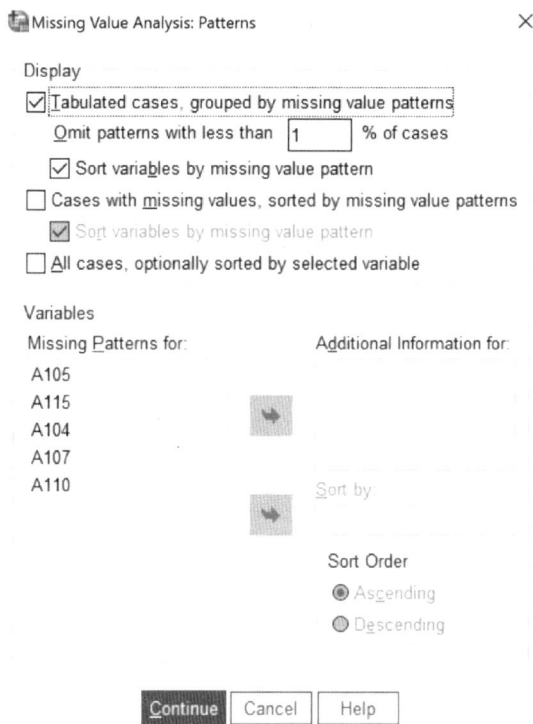

图2-14　缺失值分析的模式设置对话框

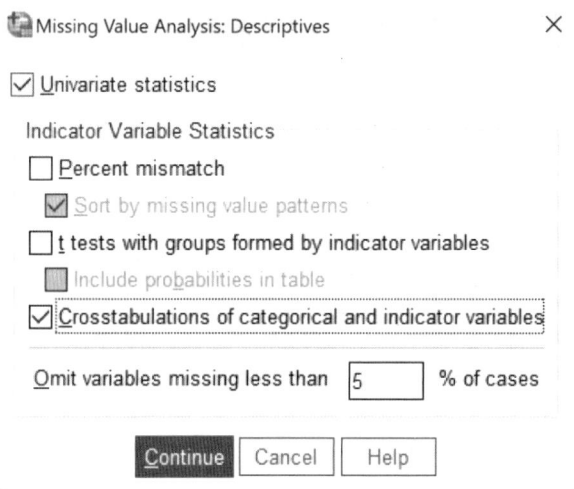

图2-15　缺失值分析的描述统计设置对话框

　　勾选"Crosstabulations of categorical and indicator variables（为分类变量和指示变量输出交叉表）"，SPSS为每个进入分析的变量生成一个指示变量，用于标记相应数值是否缺失，但其不会被显示出来。

　　用此指示变量和分类变量交叉分析，输出非缺失值和各缺失值的频数信息。单击"Continue"按钮返回主界面。

④若想保存EM插补后的数据，可以在图2-13缺失值分析页面中点击"EM"，弹出如图2-16所示对话框，勾选"Save completed data（保存完整数据集）"，输入数据集名称后点击"Continue"按钮。

图2-16　EM插补设置对话框

可用同样的方法保存回归插补后的数据。

⑤SPSS输出结果如图2-17和图2-18所示。

图2-17展示单变量基本统计信息，分别是频数、均值、标准差、缺失值的个数及其占比，以及极值的统计频数。

Univariate Statistics

	N	Mean	Std. Deviation	Missing Count	Missing Percent	No. of Extremes[a,b] Low	No. of Extremes[a,b] High
A115	4789	2.77	.728	18	.4	.	.
B105	4768	84.46	38.838	39	.8	0	222
A104	4789			18	.4		
A110	4789			18	.4		
A114	4286			521	10.8		
A107	4789			18	.4		

a. Number of cases outside the range (Q1 - 1.5*IQR, Q3 + 1.5*IQR).

b. . indicates that the inter-quartile range (IQR) is zero.

图2-17　缺失变量统计信息输出结果

通过这些指标可以初步了解数据的概貌特征。

⑥图2-18展示按照EM和回归插补缺失值后的均值和标准差的估计结果。其

中，"All Values"行描述原始变量的统计特征，"EM"和"Regression"行分别是利用 EM 和回归两种方法估计和替换缺失值后，得到的总体数据的均值和标准差变化情况。由图 2-18 可以看出，EM 方法的估计结果均值比初始均值小，标准差比初始值大；回归方法估计结果跟原数据相差不大。读者可以根据实际问题的需要，从中选取适合的估计方法。

Summary of Estimated Means		
	A115	B105
All Values	2.77	84.46
EM	2.76	83.80
Regression	2.77	84.38

Summary of Estimated Standard Deviations		
	A115	B105
All Values	.728	38.838
EM	.746	38.145
Regression	.729	38.767

图 2-18 缺失值估计输出结果

⑦除图 2-17 和图 2-18 外，还有指示变量与分类变量的交叉制表、缺失值样式表、几个成对统计量的交叉表和缺失值估计方法的输出表，可以对缺失值做进一步分析，读者可自行尝试。

4. 处理数据异常值

（1）从单个变量角度分析，有以下几种处理方法：

①根据 3σ 原则，数据的标准化值（Z）较大时（>3 或者 <-3），可将其作为极端值处理，删除此类数据，SPSS 操作如下：

A. 选择菜单：【Analyze（分析）】→【Descriptive Statistics（描述统计）】→【Descriptives（描述）】，在弹出的如图 2-19 所示页面中将包含异常值的变量选入右侧"Variable（s）"列表内，本例选择变量"建筑面积［B105］"，也可一次性选择多个变量。勾选"Save standardized values as variables（保存标准化变量）"按钮后，点击"OK"按钮。

图 2-19 Descriptives 设置对话框

B.SPSS输出窗口显示该变量的最大值、最小值、均值和标准差。返回数据视图可以发现新增标准化后的变量"ZB105",标准化后的变量以"Z"开头区别于原始变量。在新增变量名称处点击右键,弹出如图2-20所示对话框,选择"Sort Ascending（升序）"或"Sort Descending（降序）"排列,初步查看数据分布。

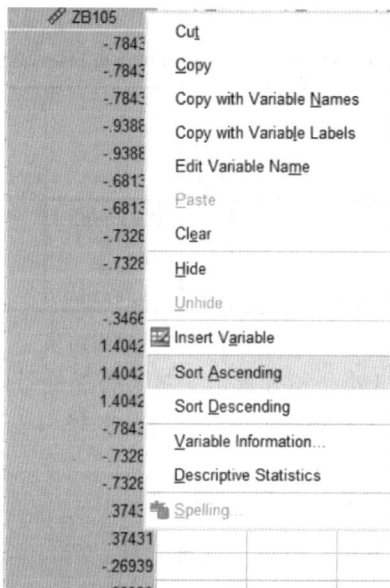

图2-20　单变量排序选择路径

C.将标准化后的Z分数 >3 或 Z 分数 <-3 的观测删除,可使用筛选样本的方法【Data（数据）】→【Select Cases（选择观测）】,在弹出的如图2-21所示的对话框中添加筛选条件"ZB105<=3 & ZB105>=（-3）",选择"Delete unselected cases（删除未选择样本）",删除异常值。

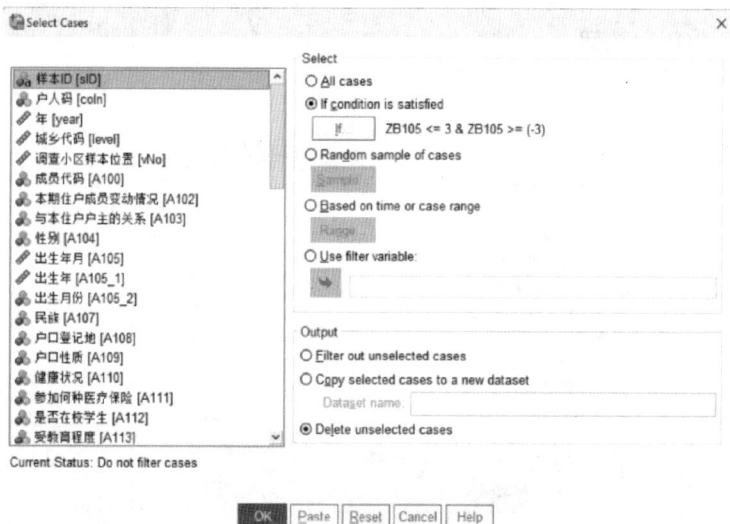

图2-21　筛选异常值对话框

②基于箱图进行判断和分析，关于箱图的具体解释及画图过程详见实验四。

（2）从多个变量角度分析，若是双变量求极端值，可以采用散点图确定；若想讨论多变量极端值，可以采用马氏距离、杠杆值、库克距离等方法识别异常值。对于一些通过在线平台收集到的数据都有固定选项让被访者选择，出现异常值的可能性较小，可以根据被访者作答时间过长或者过短来筛选异常数据，即计算作答时间的Z分数，根据自身的需要设定标准，删除作答时间过长或者过短的被访数据。

5.数据的排序

在做数据分析时，有时需要按照某个变量取值重新排列各观测量在数据文件中出现的先后顺序。排序有助于研究者浏览数据和了解数据取值的大体范围，使研究者可以快速地发现数据中可能存在的异常值。若想先按照健康状况从好到坏（1=健康；2=基本健康；3=不健康，但生活能自理；4=生活不能自理），再按照建筑面积从大到小排列，SPSS具体操作步骤如下：

（1）选择菜单：【Data（数据）】→【Sort Cases（样本排序）】，弹出"Sort Cases（样本排序）"对话框。

（2）在此对话框中指定排序依据变量"健康状况［A110］"，并选择"Sort Order"框下的升序排序选项"Ascending"；再将变量"建筑面积［B105］"放入排序变量框内，并选择"Sort Order"框下的降序排序选项"Descending"（如图2-22所示）。

图2-22　"Sort Cases（样本排序）"对话框

（3）可根据需要选择是否将排序后的数据另存为新文件，如需要，则勾选"Save file with sorted data"，在"File…"按钮下选择保存位置和数据集名称，点击"Save"；若想直接在原文件上修改，可直接点击"OK"，数据浏览窗口中的数据便自动按要求重新排列并显示出来。

6.计算新变量

在后续分析时，可能会需要计算等额还款时每个月需要还的金额。计算方式为：每月所还金额=（购（建）房时借贷款总额+利息）/（12×借贷款还款总年限）。这项工作可以利用 SPSS 中的简单计算功能来完成，操作步骤如下：

（1）选择菜单：【Transform（转换）】→【Compute Variable（计算变量）】，弹出如图 2-23 所示的"Compute Variable"对话框。

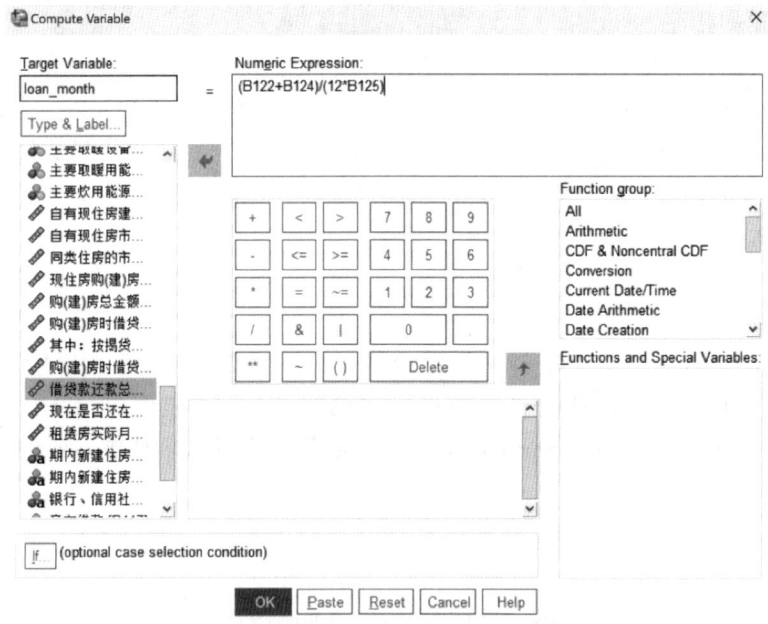

图2-23　变量计算对话框

（2）在"Numeric Expression（数字表达式）"框中，利用对话框提供的简单计算器给出算术表达式：（B122+B124）/（12*B125），并在"Target Variable（目标变量）"框中输入用于存放计算结果的变量名称"loan_month"。

（3）点击"OK"，计算结果即可新增在数据视图最后一列。

7.分类汇总

分类汇总是指按指定的分类变量对观测进行分组，然后按组计算变量的描述统计量。

在本实验中，若想比较不同性别、不同健康状况的住户过去三个月在本住宅居住的时间和建筑面积的区别，可利用 SPSS 的分类汇总功能，以性别和健康状况为分类变量，对住户过去三个月在本住宅居住的时间和建筑面积进行汇总。SPSS 具体操作步骤如下：

（1）选择菜单：【Data（数据）】→【Aggregate（汇总）】，弹出如图 2-24 所示的"Aggregate Data（分类汇总）"对话框。

图2-24　"Aggregate Data（分类汇总）"对话框

（2）在此对话框中指定分类变量"健康状况［A110］"和"性别［A104］"进入"Break Variable（s）（分界变量）"框内，指定待汇总的变量"住户的过去三个月在本住宅居住的时间［A115］"和"建筑面积［B105］"进入"Summaries of Variable（s）（变量摘要）"框内。

（3）单击"Summaries of Variable（s）"框中待汇总的变量，点击"Function（函数）…"按钮，弹出如图2-25所示子设置界面，选择变量的汇总函数。此处共提供了4组函数，各设置选项含义如下：

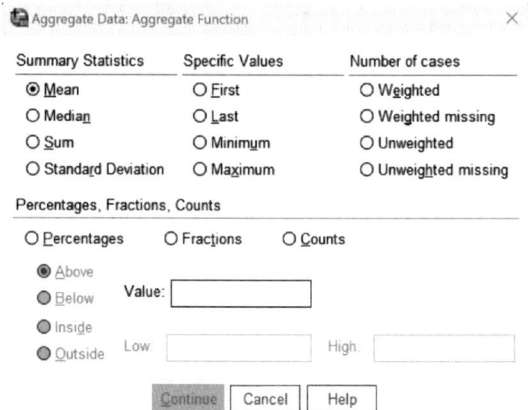

图2-25　分类汇总函数对话框

① Summary Statistics（摘要统计量）：可选项有 Mean（均值）、Median（中位数）、Sum（总和）、Standard Deviation（标准差），在本实验中选择按均值进行分组汇总。

② Specific Values（特定值）：可选项有 "First"（分组内的第一个数值）、"Last"（分组内的最后一个数值）、"Minimum"（最小值）、"Maximum"（最大值）。

③ Number of cases（样本数）：可选项有 "Weighted"（加权（计权重的观测量数目））、"Weighted missing"（加权缺失（计权重的缺失值数目））、"Unweighted" 未加权（不计权重的观测量数目））"、"Unweighted missing"（未加权缺失（不计权重的缺失值数目））。

④ 选择按照 "Percentages（百分比）" 形式、"Fractions（分数）" 形式或 "Counts（计数）" 形式进行汇总。

（4）返回图 2-24 界面后，单击选中 "Number of cases（样本数）" 复选框，选中后将在分类结果中生成一个新变量，用于显示每个类别的观测量个数，还可以指定名称，默认为 "N_BREAK"。

（5）根据需要选择保存结果的方式，本实验中选择创建只包含汇总变量的新数据集，在图 2-24 中选中 "Save" 框下的 "Create a new dataset containing only the aggregated variables（创建只包含汇总变量的新数据集）" 选项并命名为 "data2_7"。点击 "OK"，SPSS 将自动进行分类汇总，系统会自动将汇总结果按给定数据文件名（data2_7）存为新文件，并自动弹出数据窗口。

（6）输出结果如图 2-26 所示，分别按照变量 A110 和变量 A104 分组，汇总得到变量 A115 和变量 B105 的均值及每个类别的观测量个数 "N_BREAK"。

	A110	A104	A115_mean	B105_mean	N_BREAK
1	.	.	2.76	89.59	17
2	1	1	2.70	82.83	2057
3	1	2	2.81	82.03	2082
4	2	1	2.89	76.59	186
5	2	2	2.93	74.64	214
6	3	1	3.00	77.00	68
7	3	2	2.86	76.41	83
8	4	1	2.75	86.63	16
9	4	2	2.83	75.50	18

图 2-26　分类汇总输出结果

8.数据分组

数据分组是整理数值型数据和粗略把握数据分布的重要工具，分组后进行频数分析可以概括和体现数据的分布特征。本实验需要将建筑面积按照大小分为 4 组，以便于接下来针对建筑面积的不同大小做频数统计，可利用 SPSS 中的重新编码功能，进行如下操作：

（1）选择菜单：【Transform（转换）】→【Recode into Different Variables（重新

编码为不同变量）】，弹出如图2-27所示的对话框。将变量"建筑面积［B105］"
选入到"Numeric Variable→Output Variable（数值变量→输出变量）"框中。在
"Output Variable（输出变量）"框中的"Name"下，键入存放分组结果的变量名。
比如，变量"建筑面积［B105］"分组后的新变量名可定为"B105_1"。如有必
要，也可在"Label"下给出相应的变量标签（分组后建筑面积），然后点击
"Change"，在新旧变量名间建立对应关系。

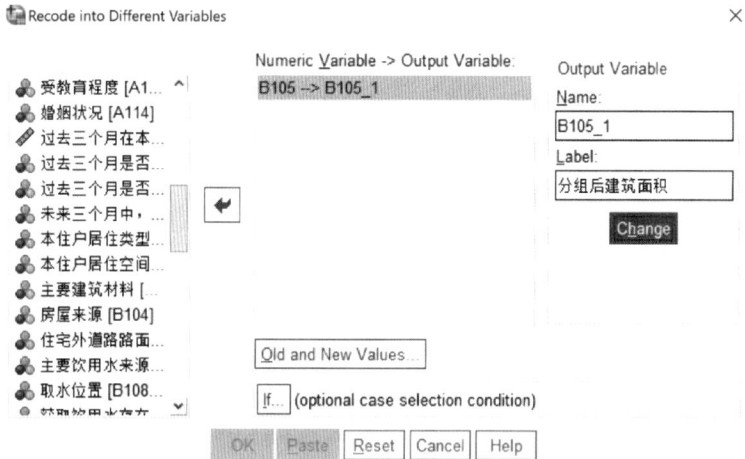

图2-27　对数值型变量重新编码的对话框

（2）点击"Old and New Values（旧值和新值）…"按钮进行分组区间定义。
在本实验中可将数值在151及以上的大面积观测值重新编码为第"1"组；将数值
在101~150之间的较大面积观测值重新编码为第"2"组；将数值在51~100之间的
较小面积观测值重新编码为第"3"组；将面积在0~50之间的小面积观测值重新编
码为第"4"组，如图2-28所示。若原数据中存在缺失值，可以选择"System-or
user-missing（系统缺失值或用户缺失值）"，定义转换后的Value值。

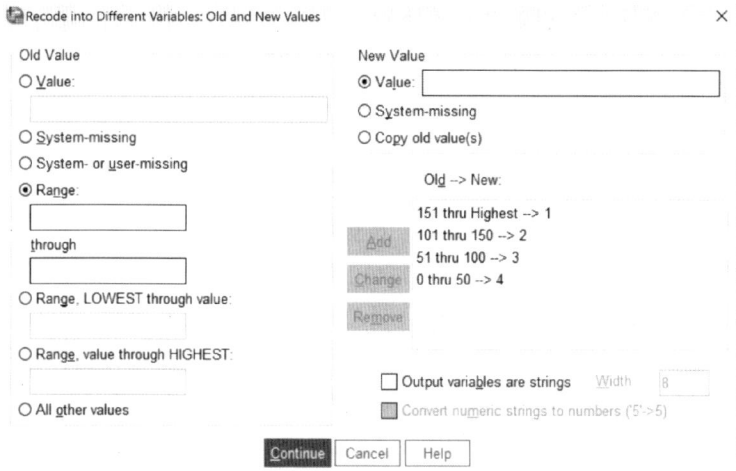

图2-28　分组区间定义对话框

（3）点击【Continue】→【OK】，系统将会依据用户定义和选择自动完成分组，分组结果将在数据浏览界面上自动生成新变量。

9.拆分数据

SPSS数据拆分就是根据需要对原始数据进行重组，使某一变量取值相同的样本集中在一起，便于观察和比较。

若想对不同健康状况的住户分别进行统计分析和计算，则需要按照变量"健康状况［A110］"拆分数据，操作步骤如下：

（1）选择菜单：【Data（数据）】→【Split File（拆分文件）】，弹出如图2-29所示的对话框。

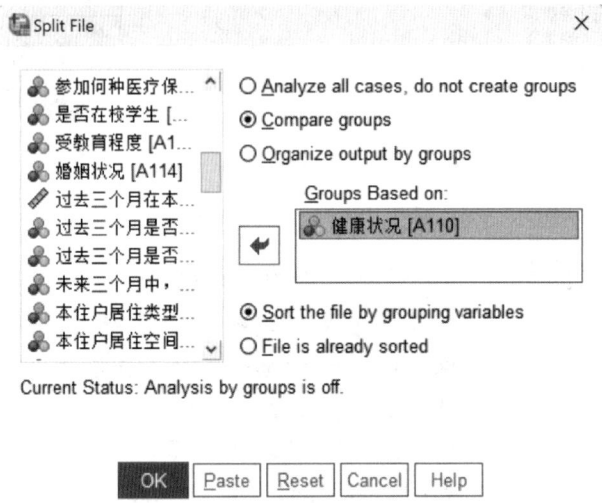

图2-29 拆分数据对话框

（2）选择"Compare groups（比较组）"选项，并指定拆分变量"健康状况［A110］"到"Groups Based on（分组方式）"框中，表示将分组统计结果输到在同一张表格中，以便于不用组之间的比较。

若想将分组统计结果分别输出到不同的表格中，可以选择"Organize output by groups（按组别组织输出）"选项。

（3）如果数据视图中的数据已经事先按指定的拆分变量进行排序，则可以选择"File is already sorted（文件已排序）"，此选项可以加快拆分执行的速度；否则可选择"Sort the file by grouping variables（按分组变量排序文件）"。

（4）点击"OK"，系统将会依据用户定义和选择自动完成数据拆分。数据拆分将对今后的所有分析活动一直起作用，即无论进行哪种统计分析，都将是按拆分变量的不同组分别进行分析和计算。如果希望重新对所有数据进行整体分析，则需要重新执行数据拆分，并在图2-29所示的对话框中选择"Analyze all cases，do not create groups（比较所有样本，不创建组）"选项。

【问题思考】

1.如果又增加了一些被访者的数据，所有调查变量与原被访者相同，应如何将其与原数据集合并？

2.在进行变量合并时，若第二个数据集中每个样本ID有多行观测值，应该如何操作？

3.对变量进行重编码时应该如何处理缺失值？

4.在拆分数据时，若要对"性别［A104］"和"婚姻状况［A110］"两个变量中的不同情况进行双重拆分，应当如何操作？

5.请自行尝试SPSS主菜单中Edit、View、Data、Transform 4个操作栏中其他有关的数据预处理操作。

【实验总结】

在真实世界中，数据通常是不完整的，极易受到噪声侵扰，数据质量过低会严重影响数据挖掘和分析结果的准确率。所以在进行数据分析前，需要对数据进行预处理。在检验完数据完整性、准确性和及时性后，需要对缺失值和异常值进行处理。若数据在不同的数据源中存储，还需要对数据集进行匹配。一般来说，为数据能够更好地为后续分析和建模服务，可以通过简单计算、分组计算、数据拆分等方式对数据进行预处理。数据预处理使得数据可靠、可解释，可以更有效地研究数据。作为数据分析中非常重要的一环，数据预处理是许多科学家、分析家和业务分析师分析数据并作出更好决策的必备步骤。

【课后练习】

1.朱熹在《读书须有疑》中写道："读书，始读，未知有疑；其次，则渐渐有疑；中则节节是疑。过了这一番，疑渐渐释，以至融会贯通，都无所疑，方始是学"。对于优秀书籍要反复精读，方可融会贯通。某机构爬取了豆瓣读书Top250书籍的相关信息，包含书名、作者、出版社、出版时间、定价、评分及评论人数，见数据集"data2_8.sav"。请完成以下问题：

（1）检查数据完整性和准确性，对表达方式不一致的变量进行修改。

（2）按照评分从高到低对数据集进行排序，选取评分最高的前100本书另存为"data2_9.sav"。讨论不同出版社的书籍评分及评论人数均值的差异。

（3）依据评分将书籍分为4组，将分组结果保存为新的变量，命名为"score_group"。

2.某机构爬取了福建省2011—2023年天气相关变量数据，包含日期、最高气温、最低气温、城市名、天气、风向、风力等级，见数据集"data2_10.sav"，请用合适的方式处理缺失值与异常值。为进一步分析天气变化情况，请利用分层抽样的方法，每年抽取80%的数据，并计算不同城市气温极差的均值。

3.人无信不立，商无信不兴。诚信是立身之本，是企业生存和发展的要素。为分析信用贷款风险，识别高风险人群，减少信贷公司的损失，某机构实施了两次调研。首先调研了150 000名客户的风险评估信息变量，具体包括number（出现90天或更长时间的逾期行为）、ratio（贷款以及信用卡可用额度与总额度比例）、age（借款人借款年龄）、Time（过去两年内出现35~59天逾期的次数）、DebtRatio（每月偿还债务），客户信息数据见"data2_11.sav"。但在分析时发现变量不足，又重新调研了以上客户的月收入、开放式贷款和信贷数量、有90天或更高逾期的次数、抵押贷款和房地产贷款数量、过去两年内出现60~89天逾期的次数和家属人数信息，数据存储在数据集"data2_12.sav"中。请合并两个数据集，并利用EM插补的方法处理缺失值。

【参考文献】

[1] 张文彤. SPSS统计分析基础教程［M］. 3版. 北京：高等教育出版社，2017.

[2] 薛薇. 统计分析与SPSS的应用［M］. 6版. 北京：中国人民大学出版社，2021.

[3] 邓建新，单路宝，贺德强，等. 缺失数据的处理方法及其发展趋势［J］. 统计与决策，2019，35（23）.

[4] 杨军，赵宇，丁文兴. 抽样调查中缺失数据的插补方法［J］. 数理统计与

管理，2008（5）.

　　［5］庞新生. 缺失数据插补处理方法的比较研究［J］. 统计与决策，2012（24）.

　　［6］于力超，金勇进，王俊. 缺失数据插补方法探讨——基于最近邻插补法和关联规则法［J］. 统计与信息论坛，2015，30（1）.

　　［7］张德然. 统计数据中异常值的检验方法［J］. 统计研究，2003（5）.

　　［8］李伟伟，易平涛，李玲玉. 综合评价中异常值的识别及无量纲化处理方法［J］. 运筹与管理，2018，27（4）.

　　［9］邵志强. 抽样调查中样本容量的确定方法［J］. 统计与决策，2012（22）.

　　［10］宋亮，万建洲. 缺失数据插补方法的比较研究［J］. 统计与决策，2020，36（18）.

　　［11］宗威，吴锋. 大数据时代下数据质量的挑战［J］. 西安交通大学学报（社会科学版），2013，33（5）.

实验三　品质型数据的图表描述

【实验目的】

1.了解统计报表和统计图的特点。

2.掌握定类数据和定序数据的图表描述方法。

3.掌握定类数据和定序数据图表描述的 SPSS 操作。

【准备知识】

1.频数分布表

整理定类或定序数据时，首先要列出所分的类别，然后计算出每一类别的频数或频率，将各个类别的相应频数或频率全部列出，并用表格形式呈现，就形成了频数分布表。定类数据不用区分类别间排列的顺序，定序数据则应按变量的取值顺序排列。

2.频数分布图

频数分布表中反映的频数分布状态，可以通过频数分布图更为直观、生动地呈现，适用于定类或定序数据的频数分布图主要有条形图、饼形图、帕累托图等。

（1）条形图（bar chart）

条形图是利用相等宽度的条形的长短来表示数据频数多少或频率高低的图形。条形图可以横排也可以竖排，竖排时将类别的度量放在横轴上，横排时将类别的度量放在纵轴上。条形图还可分为简单条形图、对比条形图等。

（2）饼形图（pie chart）

条形图是以圆的整个面积表示所有观测值整体，以圆内各扇形面积表示各类别比重的频数分布图。

（3）帕累托图（Pareto chart）

帕累托图是按照各类别中观测值出现的频数多少排序后绘制的条形图，图中还可以给出累积频数分布的图形显示。对条形图排序，会使读者更容易看出哪类数据出现的频数最多，哪类数据出现的频数最少。帕累托图在质量控制研究中有广泛应用。

【实验内容】

高校不同学科学生规模的图表描述

习近平总书记在党的二十大报告中指出，“建设全民终身学习的学习型社会、学习型大国”。

中国高等教育的任务是培养具有社会责任感、创新精神和实践能力的高级专门人才。根据社会的差异化需求，高等教育被划分为多个不同的学科门类，每年都会有大量的学生进入不同的学科门类进行学习。这些学科门类的学生规模，本质上是对相应社会需求的反映。

本实验根据教育部网站公布的教育统计数据，整理出了2013—2020年中国高等教育体系下的博士、硕士、普通本科、普通专科的分学科门类的在校生数、招生数、毕业生数和预估来年的毕业生数，旨在对中国高等教育各学科、各学历学生规模进行可视化分析，并据此观察社会需求情况。

数据变量设定情况见图3-1，具体数据请查看数据集“data3_1.sav”。

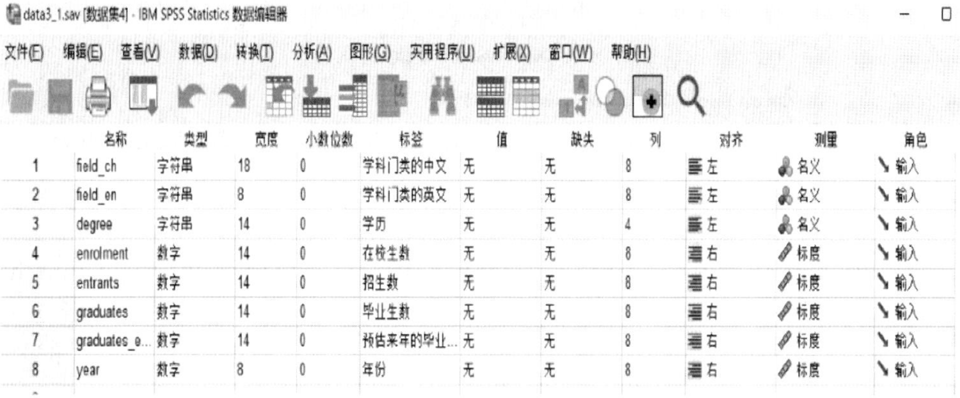

	名称	类型	宽度	小数位数	标签	值	缺失	列	对齐	测量	角色
1	field_ch	字符串	18	0	学科门类的中文	无	无	8	左	名义	输入
2	field_en	字符串	8	0	学科门类的英文	无	无	8	左	名义	输入
3	degree	字符串	14	0	学历	无	无	4	左	名义	输入
4	enrolment	数字	14	0	在校生数	无	无	8	右	标度	输入
5	entrants	数字	14	0	招生数	无	无	8	右	标度	输入
6	graduates	数字	14	0	毕业生数	无	无	8	右	标度	输入
7	graduates_e...	数字	14	0	预估来年的毕业...	无	无	8	右	标度	输入
8	year	数字	8	0	年份	无	无	8	右	标度	输入

图3-1　各学科门类学生规模数据集变量设置

【实验步骤】

为探究2020年中国高等教育各学科门类、各学历学生的规模情况，本实验分别用频数分布表、条形图、饼形图和帕累托图进行展示。本实验以变量"field_ch（学科门类）"和"degree（学历）"为例，探讨定类变量和定序变量的统计图表绘制步骤。

1.频数分布表

（1）为探究不同学历各学科门类的学生数量，可绘制频数分布表。但由于本数据时间跨度为2013—2020年，所以可以首先用【Data（数据）】→【Select Cases（筛选样本）】筛选2020年的数据（如图3-2所示），过滤其他年份数据。

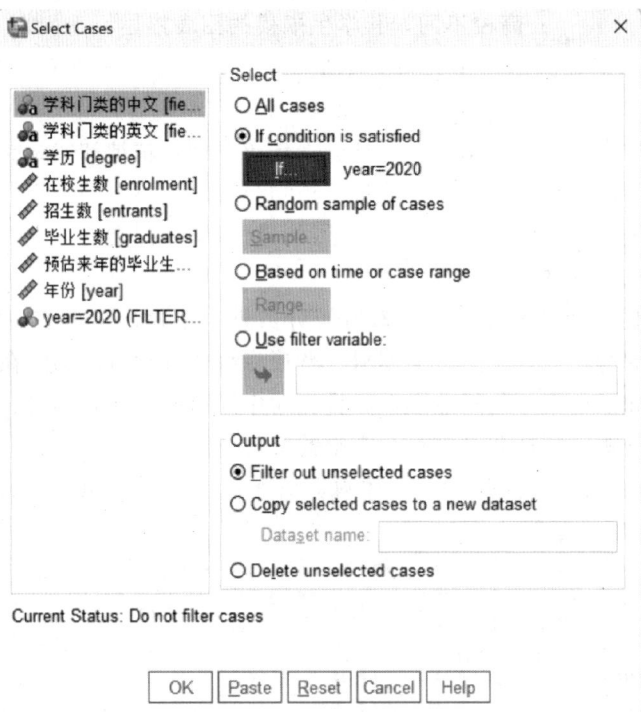

图3-2　筛选数据对话框

（2）返回数据视图，在SPSS主菜单选择【Analyze（分析）】→【Descriptive Statistics（统计描述）】→【Frequencies（频率）】，弹出如图3-3所示的"Frequencies"对话框，选择变量"学历［degree］"进入"Variable（s）"框内，点击"Display frequency tables"选择展示频数分布表，点击"OK"。

图3-3 "Frequencies"对话框

（3）系统输出结果如图3-4所示。结果显示，博士、硕士、普通本科的学科门类数量都是13，占比均为22.4%；普通专科共有19个学科门类，占比为32.8%。

Frequencies

Statistics

学历

N	Valid	58
	Missing	0

学历

		Frequency	Percent	Valid Percent	Cumulative Percent
Valid	博士	13	22.4	22.4	22.4
	普通本科	13	22.4	22.4	44.8
	普通专科	19	32.8	32.8	77.6
	硕士	13	22.4	22.4	100.0
	Total	58	100.0	100.0	

图3-4 频率分布表输出结果

2.条形图

（1）频数分布条形图

为更直观地对比不同学历的学科门类频数，可绘制频数分布条形图。在图3-3所示"Frequencies"对话框中，点击【Charts（图表）…】→【Bar charts（条形图）】，输出博士、硕士、普通本科、普通专科四种不同学历的学科门类数量频数分布条形图，如图3-5所示。

（2）双变量条形图

①为对比分析不同学历下在校学生数量的差异，可绘制双变量条形图。在SPSS数据视图界面选择【Graphs（图形）】→【Chart Builder（图表构建器）】，在"Gallery（图库）"中选择"Bar（条形图）"，将右侧的简单条形图图标拖入画布。同时，将变量"学历［degree］"拖入画布横轴框中，将变量"在校生数［enrolment］"拖入画布d纵轴框中，并在右侧"Statistic（统计）"中对变量"在校生数［enrolment］"选择求和、中位数等其他统计方式，如图3-6所示。

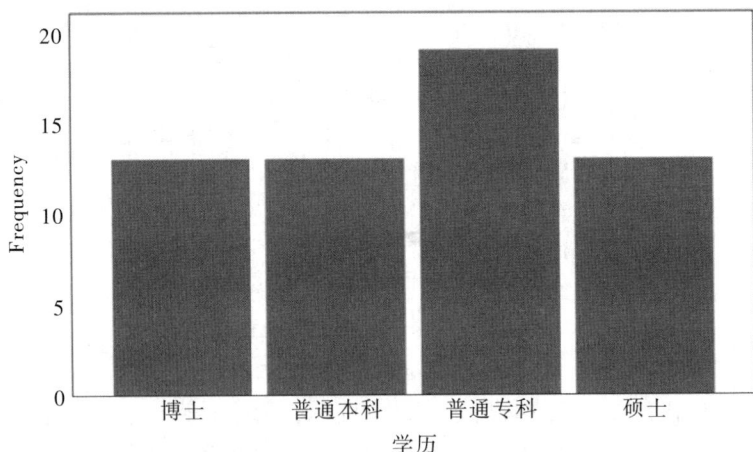

图3-5　不同学历学科门类频率分布条形图输出结果

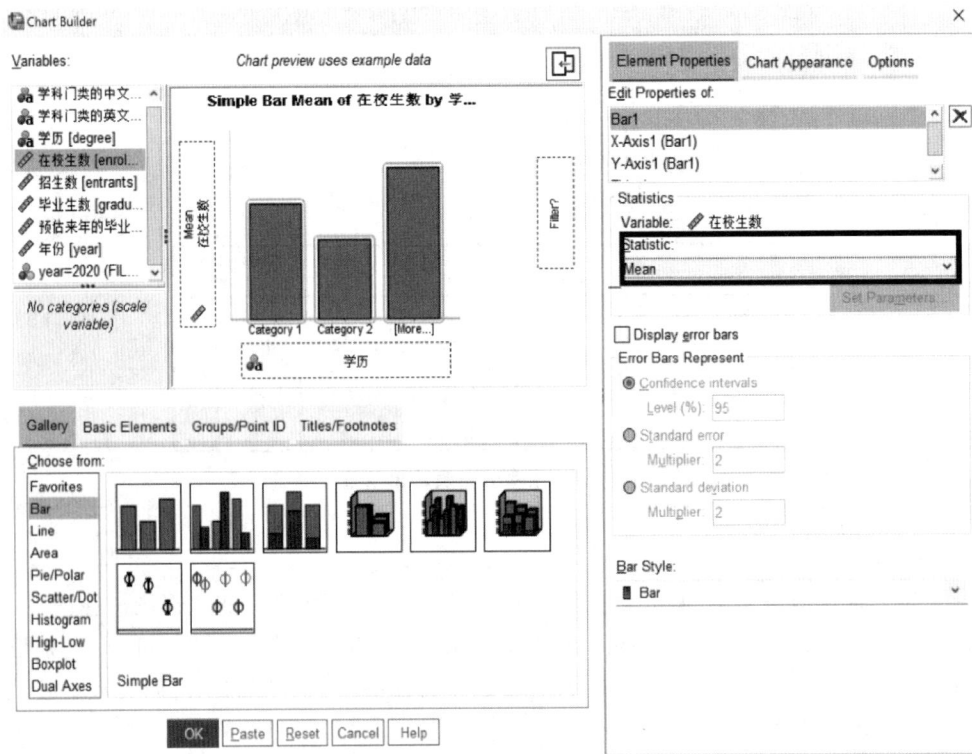

图3-6　图表构建器对话框

②点击"OK"后输出如图3-7所示图形。但此图形无论从统计学的要求还是从美观程度讲,都需要进一步改进。在结果窗口双击输出的图形对其进行编辑,将鼠标放在操作栏图标上可以显示各图标的含义,也可点击菜单栏编辑图形,如更改图形长宽比例、更改背景、更改边框样式、宽度及颜色等。图形的编辑对话框如图3-8所示。

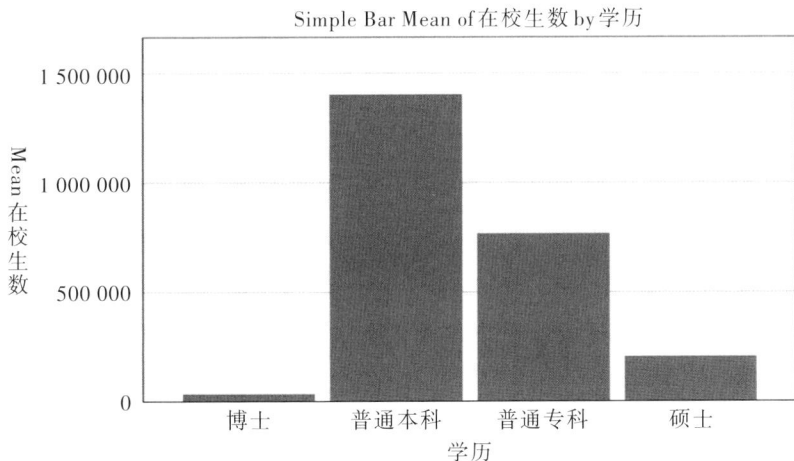

图 3-7 不同学历在校生数量条形图输出结果

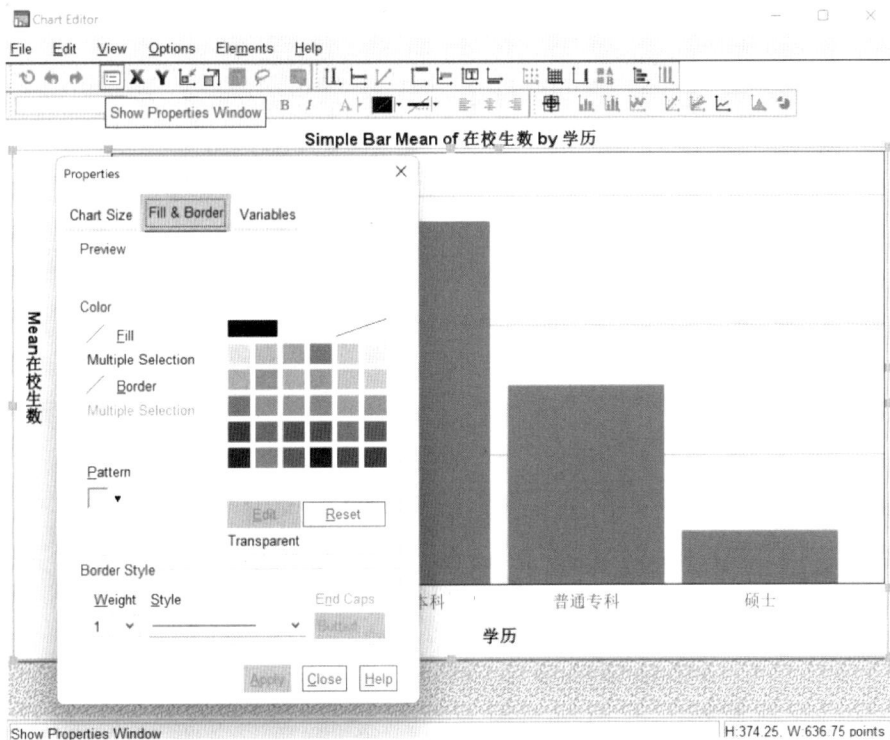

图 3-8 图形的编辑对话框

③若想对输出图形按照在校生数量进行排序，可在图形编辑窗口双击横坐标"学历"，在弹出的"Properties（属性）"对话框中，点击"Categories（类别）"，"Sort by（排序依据）"选择"Statistic（统计）"，根据需求在"Direction（方向）"里选择"Ascending（升序）"或"Descending（降序）"，具体设置如图 3-9 所示。点击"Apply"，在输出图形中点击右键增加数据标签、趋势线等，调整后条形图如图 3-10 所示。

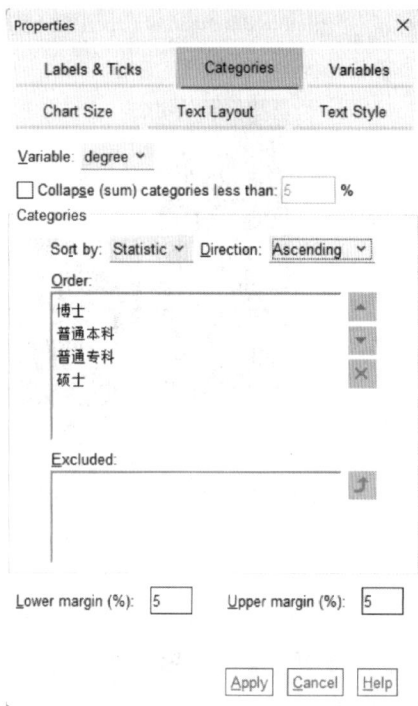

图3-9 条形图升序设置对话框

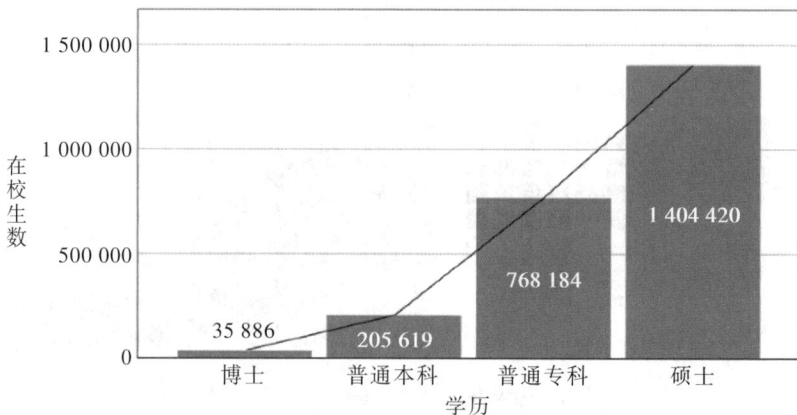

图3-10 调整后不同学历在校生人数条形图输出结果

（3）堆积条形图

为进一步探究不同学历、不同学科门类下在校学生数量的差异，本实验采用堆积条形图进行可视化。在SPSS数据视图界面选择【Graphs（图形）】→【Chart Builder（图表构建器）】，在"Gallery（图库）"中选择"Bar（条形图）"，将右侧的堆积条形图图标拖入画布。将筛选条件"year=2020（FILTER）"放入筛选器后，把变量"学历［degree］"拖入画布筛选框；变量"field ch［学科门类的中文］"拖入画布横轴框；变量"在校生数［enrolment］"拖入画布纵轴框，如图3-11所示。

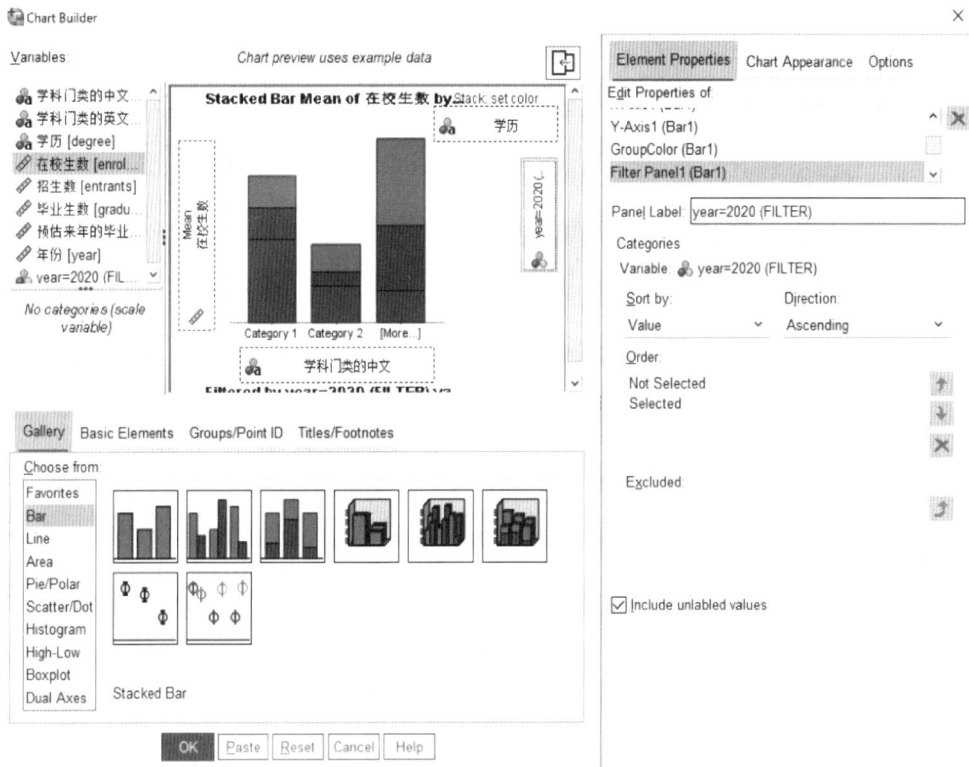

图 3-11 构建堆积条形图对话框

点击"OK"后输出堆积条形图，双击输出图形可以进行图形的编辑，可调整成 3D 效果，如图 3-12 所示。

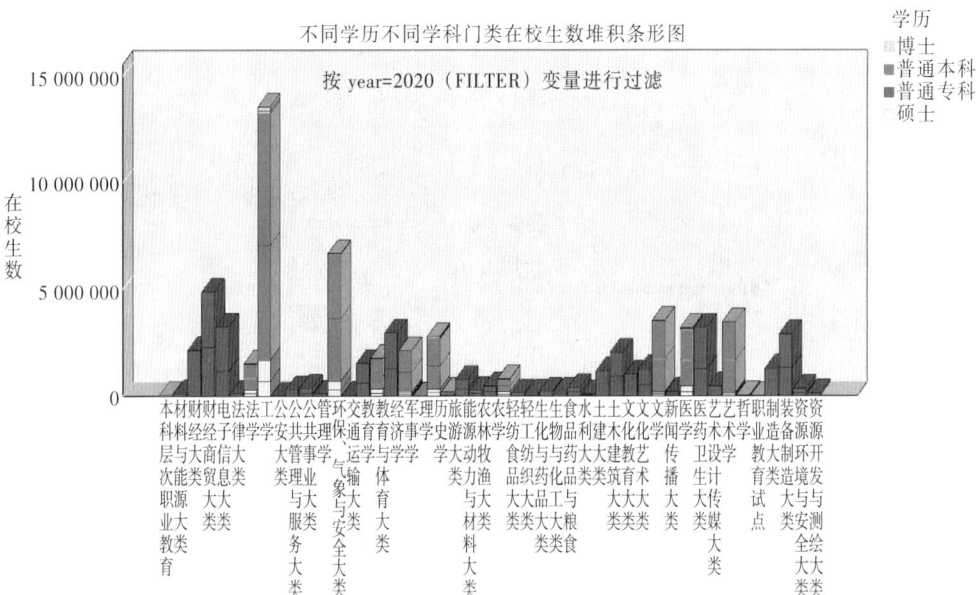

图 3-12 3D 堆积条形图输出结果

3.饼形图

为探究 2020 年各学科门类的博士招生数占招生总数的百分比，可绘制饼形图。饼形图是根据圆中扇形面积的大小，判断各学科门类招生数占全部招生数的比例。在 SPSS 中，可按照绘制条形图的方法，在"Gallery（图库）"中选择"Pie"，绘制饼形图。这里我们介绍另一种绘制饼形图的方式。

（1）首先筛选数据。由于本图形只探究 2020 年博士学位的招生数，所以在筛选条件里填写"degree="博士" & year=2020"，过滤掉未选择的样本。

（2）在主界面选择【Graphs（图形）】→【Legacy Dialogs（传统对话框）】→【Pie（饼图）】，在弹出的对话框中点击"Summaries for groups of cases（观测组摘要）"，进入下一步。

（3）在弹出的如图 3-13 所示的对话框中，将要绘制饼形图的数据变量"学科门类的中文［field_ch］"选中，添加到分区定义依据对话框中，同时在"Slices Represent（分区表示）"窗口中选择按照"招生数［entrants］"变量进行求和汇总。

图 3-13　饼形图定义分区变量对话框

（4）点击右侧"Titles"按钮，输入标题后点"OK"，输出饼形图。

（5）双击输出的饼形图，在图形处点击右键添加数据标签，并在弹出的属性窗口中将"Percent"和变量名称都移至展示标签栏，同时展示数据原始值、百分比及学科门类中文名称，如图 3-14 所示。

图 3-14 饼形图添加数据标签对话框

（6）得到添加数据标签后的饼形图，如图 3-15 所示。结果显示，2020 年，工学博士招生数占比最大，为 47 898 人，占 41.27%。

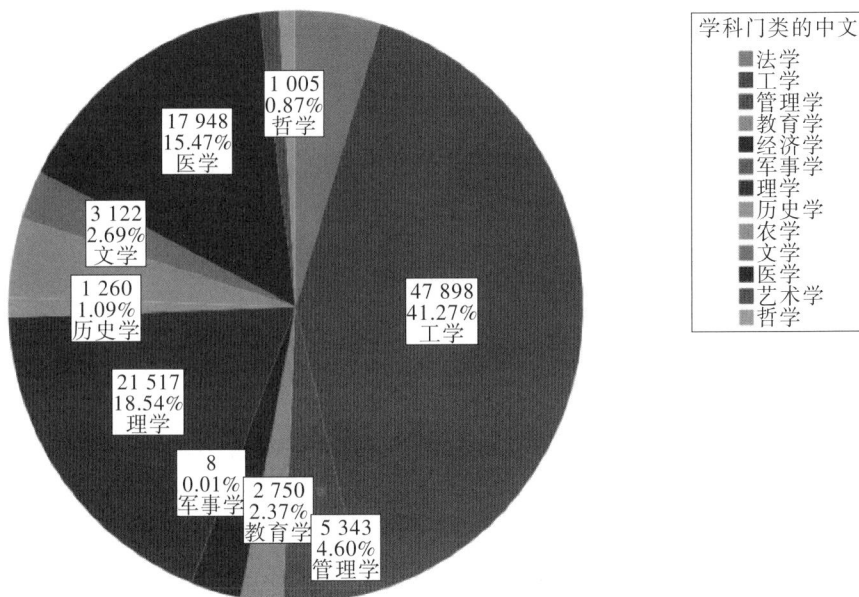

图 3-15 2020 年博士不同学科门类招生数饼形图输出结果

4.帕累托图

帕累托图用直条长短表现不同分组的绝对数大小，同时用线段的逐渐上升趋势表现不同组成部分的累积百分比逐渐接近100%的过程。帕累托图多用于区分影响某个现象的主要因素和次要因素。本实验以不同学历毕业生数为例，介绍帕累托图的绘制步骤。

（1）将上述图形选择的样本筛选条件重置，重新筛选2020年观测。筛选后，在SPSS主界面点击【Analyze（分析）】→【Quality Control（质量控制）】→【Pareto Charts（帕累托图）】，弹出如图3-16所示对话框，选择"simple（简单帕累托图）"，同时选择"Counts or sums for groups of cases"，定义选中的数据为样本组的计数或和。然后点击"Define"按钮。

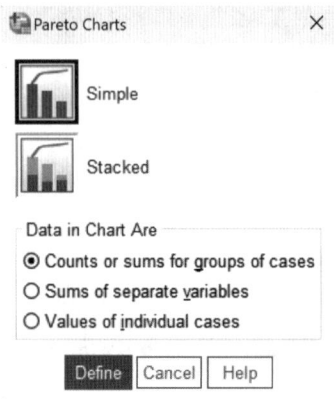

图3-16 帕累托图选择对话框

（2）在"Bars Represent（条的表征）"里面选择"Sums of variable（变量和）"，将统计的变量"毕业生数［graduates］"选入"Sums of variable（变量和）"这一栏，在"Category Axis（类别轴）"里选择变量"学历［degree］"，如图3-17所示。

图3-17 定义帕累托图类别轴对话框

（3）点击"OK"后得到如图3-18所示的帕累托图。从图中可以看出，2020年毕业生占比从高到低依次为普通本科、普通专科、硕士、博士。请读者尝试自行添加图表标题、数据标签等。

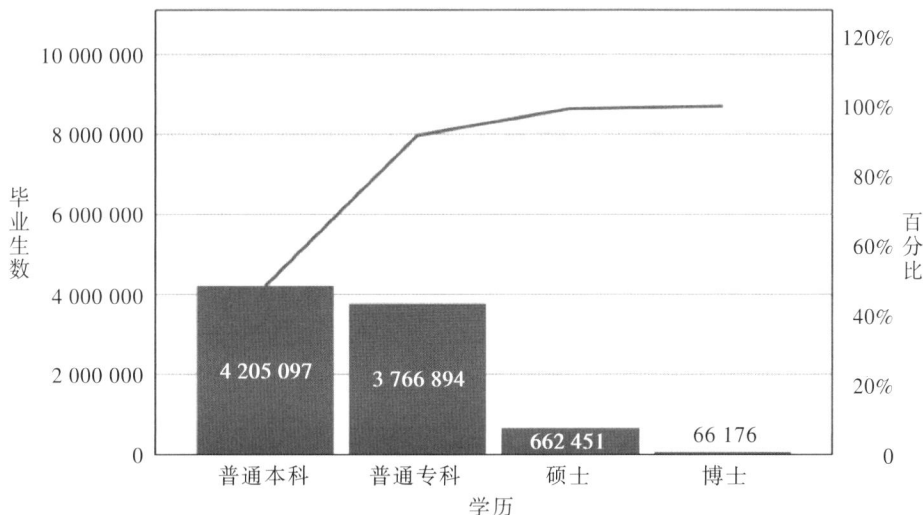

图3-18 不同学历毕业生数帕累托图输出结果

【问题思考】

1.数据中如果类别过多，适合使用条形图还是饼形图反映数据特征？

2.条形图、饼形图和帕累托图都适用于定类和定序数据的图示，上述步骤只给出了数据中部分变量频数分布图的操作过程。你还对哪些变量的频数分布状况感兴趣？试制作它们的频数分布图表并进行简要分析。

3.在绘图过程中，若数据存在缺失值或异常值，是否对图形结果有影响？

4.若想将不同学历的"招生数［entrants］"和"毕业生数［graduates］"两个变量展示在同一个图形中，可以绘制什么图形？

【实验总结】

统计报表可以对各种数据细节进行精确呈现，但缺点是不够直观，数据特征不够明显。而统计图可以以一种更直观的方式呈现数据特征，让读者能"一眼看懂"你想表达的信息。通过统计图将数据"可视化"，复杂的数据可以更加准确高效、简洁、全面地传递某种信息，帮助我们发现某种规律和特征，挖掘数据背后的价值。但统计图对数据细节的呈现略显欠缺，只有将统计图和统计报表结合使用，才能将数据呈现得更为清晰及全面。本实验介绍了品质型数据的图表展示方法，如定类及定序数据可以采用频数分布表、条形图、饼形图和帕累托图进行有效表达。绘图时应注意图表的准确性和简洁性，避免使用过于复杂或具有误导性的图形和附加元素。

【课后练习】

1.党的二十大报告指出，要"把实施扩大内需战略同深化供给侧结构性改革有机结合起来，增强国内大循环内生动力和可靠性"。为聚焦释放消费潜力、激发消费活力，全力以赴推动汽车消费市场高质量发展，探究国民对汽车的消费等级及现有汽车品牌市场结构等情况，某机构爬取了40 000余条汽车之家平台在售车辆数据，请将数据集"data3_2.sav"导入SPSS，完成以下问题：

（1）选取在售汽车品牌数量TOP15，按降序排列绘制条形图。

（2）绘制饼形图，探究不同品牌在售数量占总数的比例。

（3）绘制帕累托图，展示哪种车系在市场占比最大（德系、美系、中外合资等）。

（4）根据现有数据，你还能通过哪些图表挖掘哪些信息？

2.压力可通过神经和内分泌系统的活动紊乱而扰乱睡眠，降低睡眠质量；而低睡眠质量也可以通过紊乱的生理活动提高压力感。随着现代人压力越来越大，睡眠问题不容忽视。某机构调研了不同性别不同职业人群的睡眠时间、睡眠质量、身体活动水平、压力水平、BMI类别、血压、心率、每日步数以及是否有睡眠障碍等信息，具体数据见"data3_3.sav"。请利用SPSS软件选择恰当的图形对不同职业不同性别人群睡眠情况、压力水平做可视化展示。

3.请根据实验一的数据集"data1_2.sav"，对品质型数据进行可视化探索，如用饼形图展示就业类型的分布、用帕累托图展示调查样本专业对口程度分布等。

【参考文献】

［1］张文彤. SPSS统计分析基础教程［M］. 3版. 北京：高等教育出版社，

2017.

[2] 刘立菲, 樊春雷, 王利刚, 等. 大学生压力源对睡眠质量的影响: 行为习惯和生活规律性感知的链式中介作用 [J]. 武汉大学学报 (医学版), 2023, 44 (4).

[3] 乔榛, 徐宏鑫. 居民收入增长、分配结构与消费升级: 基于中国经验的分析 [J]. 社会科学战线, 2023 (1).

实验四　数值型数据的图表描述

【实验目的】

1.掌握数值型数据的图表描述方法。
2.掌握数值型数据图表描述的 SPSS 实现过程。

【准备知识】

1.数值型数据的频数分布表

数值型数据的频数分布表与品质型数据的频数分布表的制作原理相同。不过由于数值型数据多为连续取值且取值的个数往往很多,所以一般不适宜制作以单个变量值为一组的单项频数分布表。一般地,需要将数据进行分组,划分出每组数据的上下组限,制作组距式频数分布表,以显示数据整体的频数分布特征。

2.数值型数据的频数分布图

适用于数值型数据的频数分布图主要有茎叶图、箱图、直方图。

(1) 茎叶图 (stem and leaf)

茎叶图一般适用于数据规模比较小且取值区间比较大的数值型数据的频数分布显示。每个观测值被分为高位数字和尾位数字两部分。制作图形时以高位数字为茎,以尾位数字为叶,组距式地显示频数分布状态。

(2) 箱图 (box plots)

箱图一般适用于数据规模比较大的数值型数据的频数分布显示。取上、下四分位数之间的占整个数据 50% 的观测值来集中显示数据的频数分布状况。上、下四分位差越小，箱图越窄，表明数据分布集中程度越高；反之，表明集中程度越低。在箱图中，凡是与四分位数值（图中即为方框上下界）的距离超过1.5倍四分位间距的观测值，都被定义为异常值，其中，超出1.5~3倍的定义为离群值，在图中用“0”表示；超出3倍以上的定义为极值，用“*”表示。

（3）直方图（histogram）

直方图用于表示连续变量的频数分布，图形由若干个直方组成。通常每条直方的宽度代表各组的取值区间，高度代表各组的频数或频率。

【实验内容】

居民收支情况的图表描述

扩大内需是构建新发展格局的战略基点，而扩大内需的主要动力就是促进消费。从中国居民消费的发展轨迹来看，消费规模的扩大，一方面源于居民收入的增长；另一方面来自消费升级。改革开放之初，中国居民的消费水平很低，这与当时居民的收入水平低、消费层次低有关。在计划经济体制时期，重工业优先发展战略在很大程度上限制了轻工业的发展，造成了日用工业消费品严重短缺，出现人们收入很低而日用工业消费品又必须凭票购买的现象。改革开放后，随着产业发展政策的调整和技术进步，新型消费品的浪潮性涌现，开启了中国消费升级的进程，再加上居民收入的不断提高，共同推动了消费规模的不断扩大。居民人均消费可以反映居民生活消费水平的高低，消费水平的高低是衡量居民生活质量的一个指标，研究消费水平可以间接反映出居民生活质量的高低。

为探究我国居民收支情况与消费水平情况，本实验分别收集了2022年我国31个省、自治区、直辖市城镇和农村居民人均消费支出（元）、人均可支配收入（元）、居民人均肉类消费量（千克）、居民人均蔬菜类消费量（千克）、居民人均粮食消费量（千克）、居民人均油类消费量（千克）数据，见数据集“data4_1.sav”。数据来源于国家统计局，具体变量设置见图4-1。

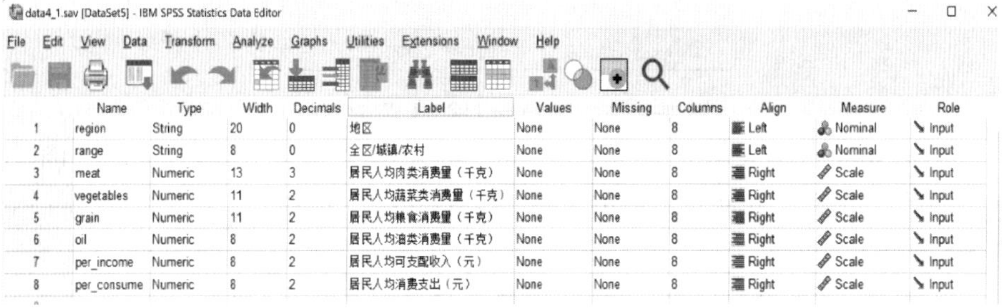

	Name	Type	Width	Decimals	Label	Values	Missing	Columns	Align	Measure	Role
1	region	String	20	0	地区	None	None	8	Left	Nominal	Input
2	range	String	8	0	全区/城镇/农村	None	None	8	Left	Nominal	Input
3	meat	Numeric	13	3	居民人均肉类消费量（千克）	None	None	8	Right	Scale	Input
4	vegetables	Numeric	11	2	居民人均蔬菜类消费量（千克）	None	None	8	Right	Scale	Input
5	grain	Numeric	11	2	居民人均粮食消费量（千克）	None	None	8	Right	Scale	Input
6	oil	Numeric	8	2	居民人均油类消费量（千克）	None	None	8	Right	Scale	Input
7	per_income	Numeric	8	2	居民人均可支配收入（元）	None	None	8	Right	Scale	Input
8	per_consume	Numeric	8	2	居民人均消费支出（元）	None	None	8	Right	Scale	Input

图4-1　我国居民收支情况与消费水平数据变量设置

【实验步骤】

本实验选取居民人均消费支出（元）、人均可支配收入（元）、居民人均肉类消费量（千克）、居民人均蔬菜类消费量（千克）、居民人均粮食消费量（千克）、居民人均油类消费量（千克）等具有代表性的数值型变量，通过绘制频数分布茎叶图、箱图及直方图，探究我国居民收支情况及消费水平。

1.频数分布茎叶图

（1）为探究我国各地区居民人均可支配收入分布情况，可绘制全部地区（不区分城镇及农村）的居民人均可支配收入茎叶图，打开数据集"data4_1.sav"，筛选 range="all"的观测，选择菜单：【Analyze（分析）】→【Descriptive Statistics（描述统计）】→【Explore（探索）】，弹出如图 4-2 所示的"Explore（探索）"对话框。选择变量"居民人均可支配收入［per_income］"进入"Dependent List（因变量列表）"框内，在"Display（显示）"选择框内选择"Plots（图）"选项。

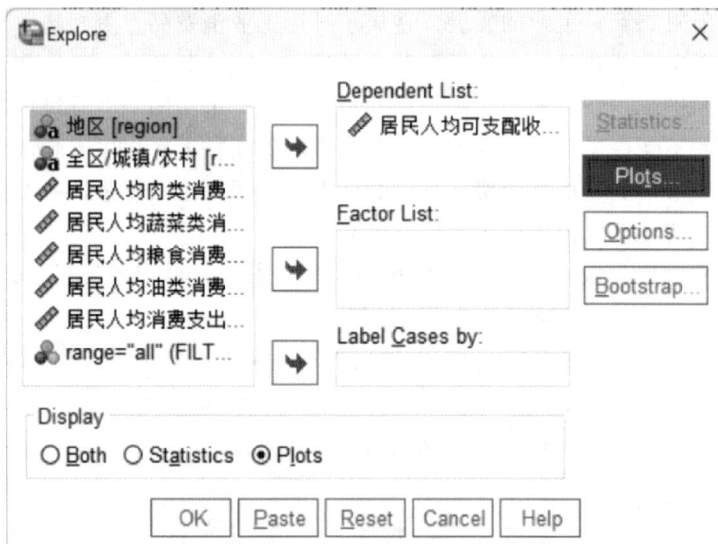

图 4-2　"Explore（探索）"对话框

（2）点击"Plots（图）…"按钮，弹出如图 4-3 所示的"Explore：Plots（探索：图）"对话框。在此对话框中选择"Descriptive（描述）"框下的"Stem-and-leaf（茎叶图）"选项。

（3）点击"Continue"→"OK"，系统输出结果如图 4-4 所示。

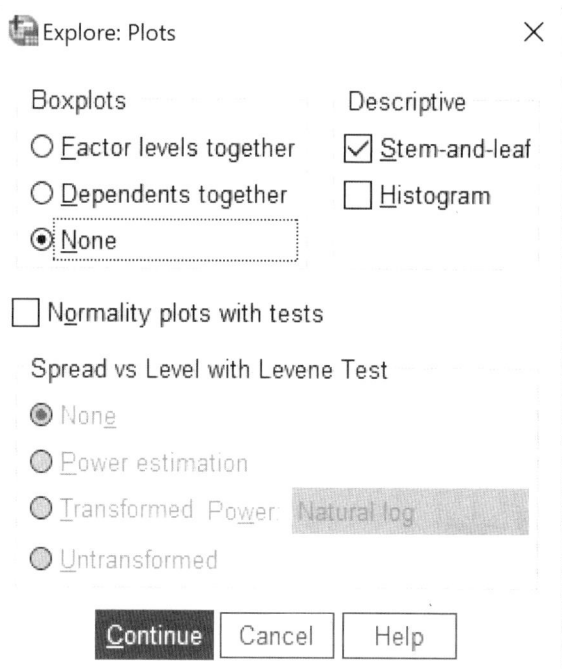

图 4-3 "Explore：Plots（探索：图）"对话框

居民人均可支配收入（元）Stem-and-Leaf Plot

Frequency   Stem & Leaf

　　1.00   2 . 3
　 11.00   2 . 56677778899
　　8.00   3 . 00002224
　　4.00   3 . 5567
►　　1.00   4 . 3
　　3.00   4 . 789
　　3.00 Extremes   (>=60302)

Stem width: 10000.00
Each leaf: 1 case(s)

图 4-4 居民可支配收入频数分布茎叶图输出结果

2.频数分布箱图

（1）为了更直观地描绘数据分布形式，可绘制频数分布箱图。以居民人均消费支出频数分布箱图为例，在 SPSS 主界面选择【Graphs（图形）】→【Chart Builder（图表构建器）】，弹出如图 4-5 所示的对话框，将单个箱图和需要绘制箱图的变量拖入画布。

（2）点击"OK"，输出图形如图 4-6 所示。图中显示有三个异常值，第 9 个样本对应的"上海市"为极大值，超出 3 倍四分位间距，说明上海市居民人均消费支出远超于其他省市；第 1 个样本（北京市）、第 11 个样本（浙江省）为离群值，超出 1.5 倍四分位间距。

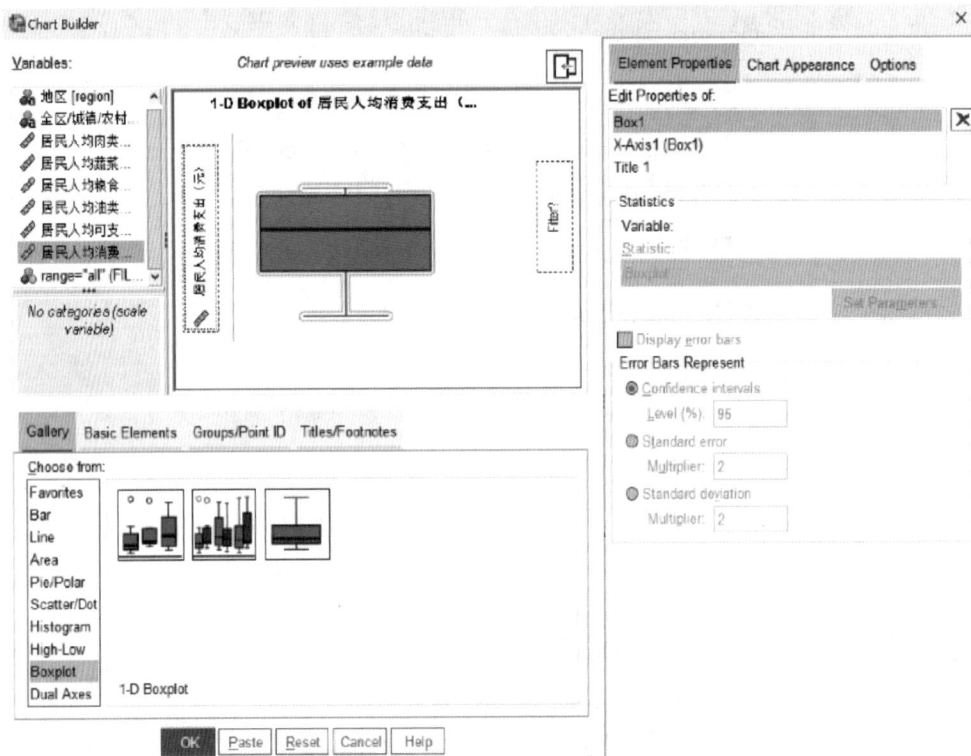

图 4-5　箱图图形构建器对话框

1-D Boxplot of 居民人均消费支出（元）

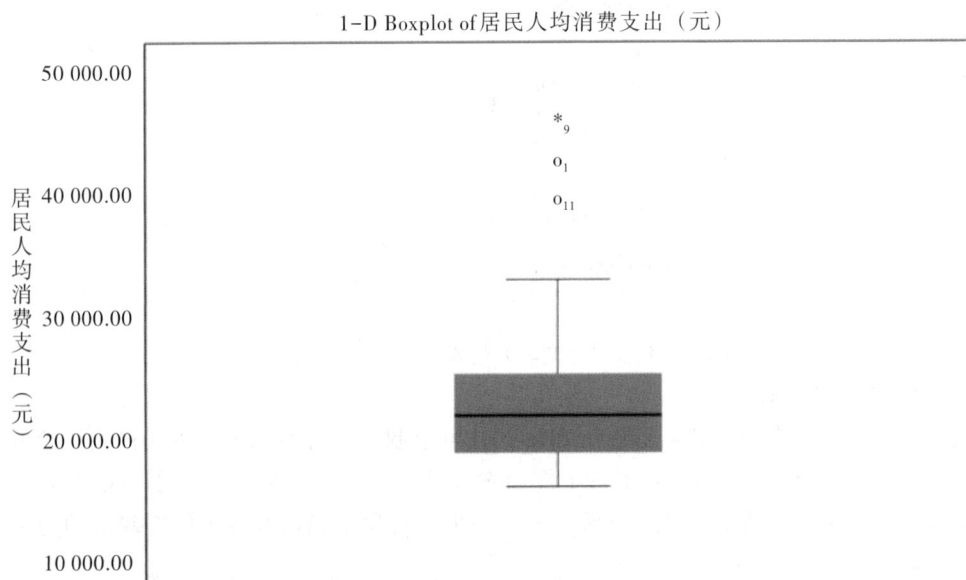

图 4-6　居民人均消费支出对话框

（3）若想进一步比较城镇、农村与全部地区居民人均消费支出情况，可以在第一步图形构建时选择 "Boxplot（箱图）" 组出现的第一个图标，将变量 "全区/城镇/农村［range］"与"居民人均消费支出（元）［per_consume］"分别拖入画布横纵轴，如图4-7所示。特别提醒，此时不要忘记取消样本筛选项。

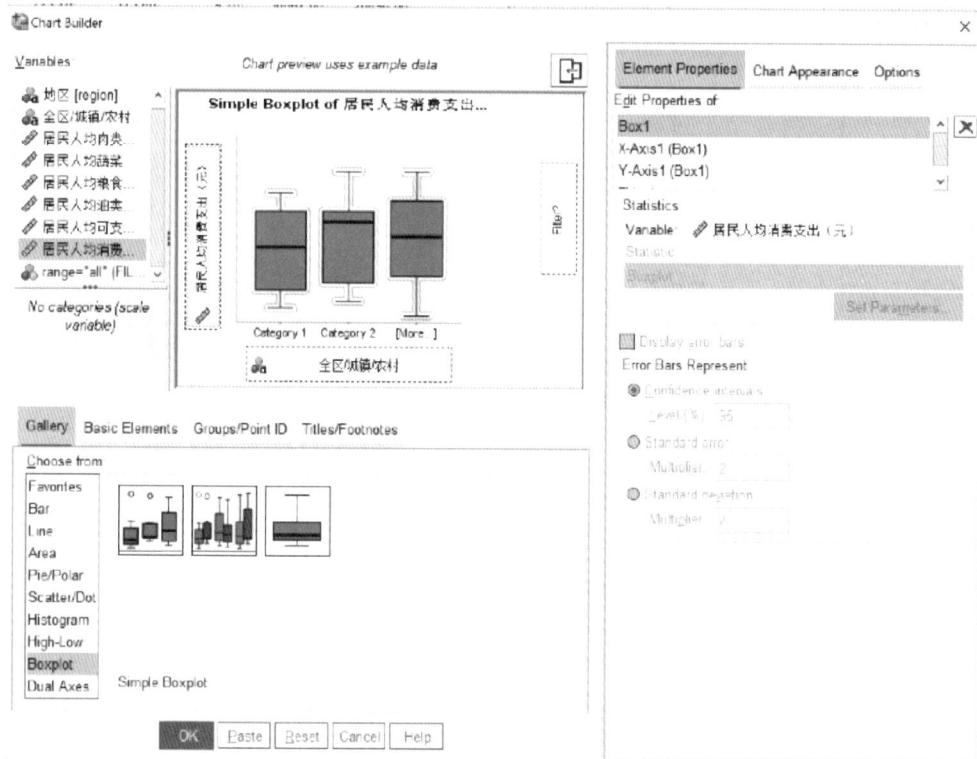

图4-7　简单箱图图表构建对话框

（4）输出结果如图4-8所示。可以看出，城镇居民人均消费支出中位数高于农村；且城镇箱图的箱须较长，相对来说离散程度更高。但无论城镇还是农村，上海和浙江的居民人均消费支出都远高于其他地区。

3.直方图

（1）单变量直方图

选择菜单：【Graphs（图形）】→【Chart Builder（图表构建器）】，在弹出的图形构建框中选择"Histogram（直方图）"中第一个图形"简单直方图"，绘制单个变量"居民人均肉类消费量（千克）［meat］"的直方图。双击输出结果进入编辑窗口，右键选择"Show Distribution Curve（显示分布曲线）"，添加常规分布曲线，修改后图形如图4-9所示。

（2）直方图组的绘制

若想比较城镇、农村及全部地区的居民人均可支配收入有无差异，除分别绘制3个直方图外，还可以采用如图4-10所示的图组方式实现。重复上述操作，在弹出的图形构建框中，切换至"组/点 ID"选项卡，勾选"行面板变量"复选框。将变量"全区/城镇/农村［range］"拖入面板新增框"Panel"内，横轴变量选取"居民人均

Simple Boxplot of 居民人均消费支出（元）by 全区/城镇/农村

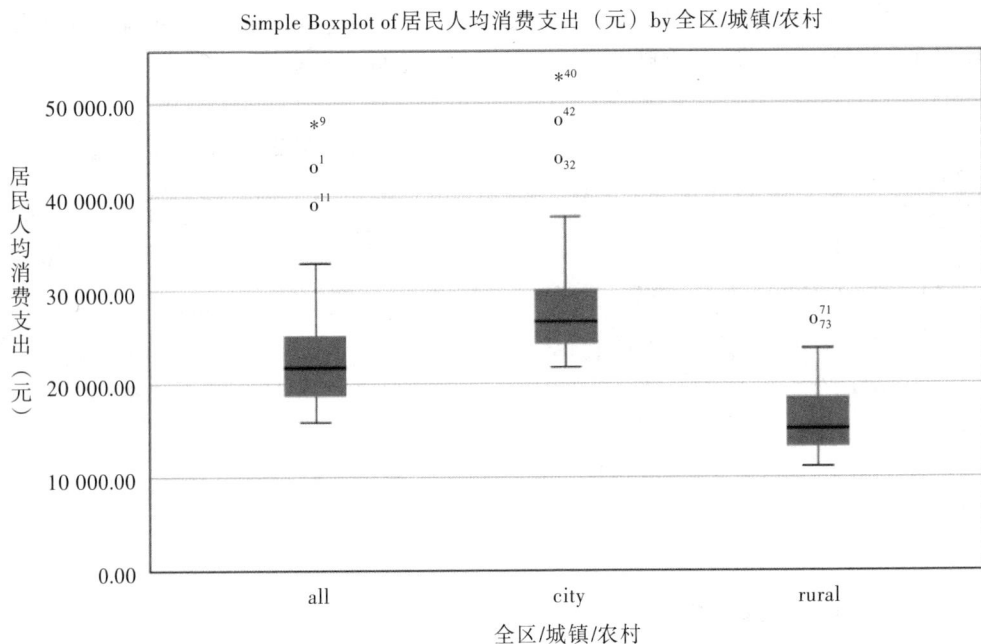

图4-8　分地区居民人均消费支出箱图输出结果

Simple Histogram of 居民人均肉类消费量（千克）

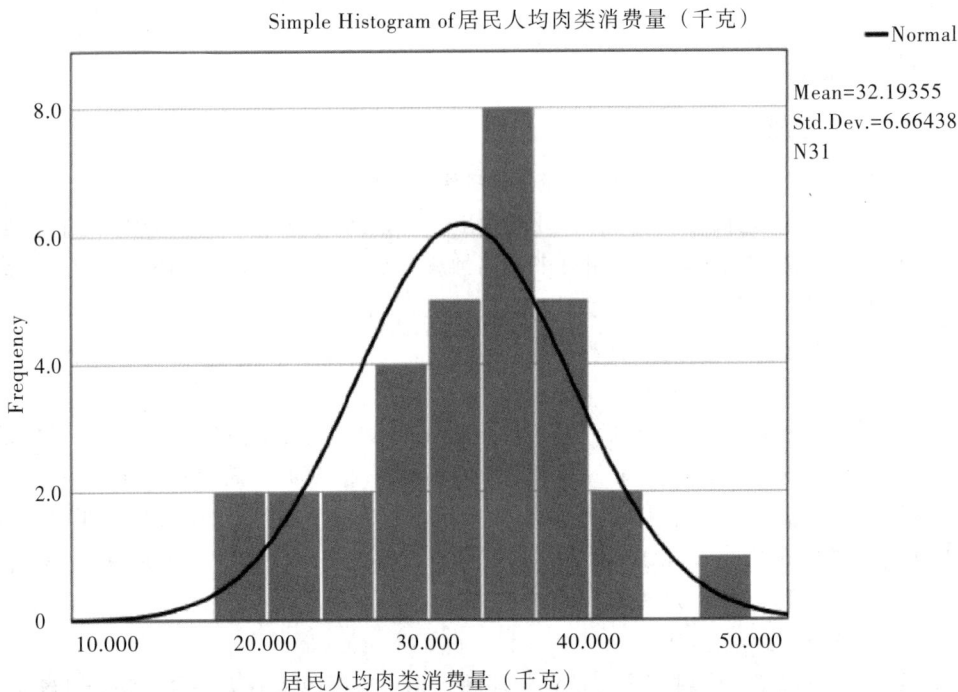

图4-9　居民人均肉类消费量直方图输出结果

图4-10　直方图组构建对话框

可支配收入（元）[per_income]"，点击"OK"，得到居民人均可支配收入直方图组如图4-11所示。

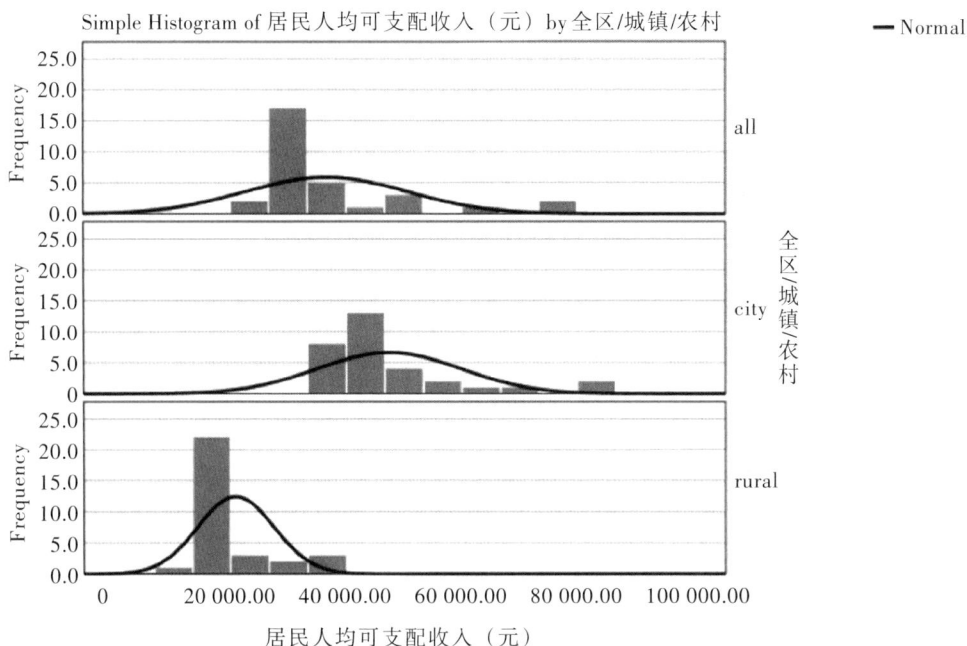

图4-11　城镇、农村及全部地区的居民人均可支配收入直方图组输出结果

【问题思考】

1.直方图与条形图有何区别？

2.绘制箱图时，如何编辑主体格式和增加异常值散点标签？

3.直方图有哪些衍生图形？请课下收集资料用SPSS实现分段直方图、面积直方图和人口金字塔图形的绘制，并解释图形含义。

4.线图和散点图适合品质型数据还是数值型数据？尝试使用SPSS绘制散点图和线图。

【实验总结】

数值型数据可以用直方图、茎叶图、箱图等图形来描述。一般来说，规范的图形应该具备以下基本特征：①显示数据；②避免歪曲；③强调数据之间的比较；④服务于一个明确的目的；⑤有对图形的统计描述和文字说明；⑥能够让读者把注意力集中在图形的内容上，而不是制作图形的程序上。可以选择前几项实验中感兴趣的数据案例，用合适的图表分析数据，并对SPSS输出结果作出尽可能详尽的评述。

【课后练习】

1.老龄化时代，政府通过加大财政投入、制定相关政策等手段来支持养老事业发展，提高养老服务的质量和水平。但同时也存在福利承担者和福利接受者在养老制度设计与完善中的长期缺位、养老政策冗余且繁杂、各地区差异巨大等问题。为积极应对老龄化的挑战，某机构调研了2018年3月—2022年3月全国各省份提供住宿的民政机构数、养老机构数、提供住宿的民政机构床位数及养老机构床位数据，具体见数据集"data4_2.sav"。请根据"data4_2.sav"完成以下问题：

（1）利用SPSS绘制2022年3月各地区养老机构数的茎叶图和直方图。

（2）利用SPSS按年份绘制各地区养老机构数的直方图组，比较2018—2022年养老机构数的情况。

（3）用箱图展示 2018 年 3 月—2022 年 3 月每个季度的养老机构床位数的分布情况。

2.2020 年 9 月 22 日，习近平总书记在联合国大会一般性辩论上向全世界宣布，"中国将提高国家自主贡献力度，采取更加有力的政策和措施，二氧化碳排放力争于 2030 年前达到峰值，努力争取 2060 年前实现碳中和"。中国是世界上最大的二氧化碳排放国和减排国，实现"双碳"目标任重道远。某机构调研了 2022 年上市公司各行业碳排放总量、化石燃料燃烧排放量、生物质燃料燃烧排放量、原料开采逃逸排放量、石油和天然气系统逃逸排放量等数据，具体见数据集"data4_3.sav"。请选择合适的图形对数据进行描述。

3.利用数字技术赋能"三农"，提升农业数字化水平，发展智慧农业，是实现农业高质量发展的重要路径。以数字技术为代表的数字生产力以及数字技术赋能农业而形成的智慧农业，成为推动我国农业高质量发展、保证"粮食安全"的强大引擎，是加快建设农业强国的助推器。请利用数据"data4_4.sav"，对 2014—2020 年全国各地区农业高质量发展指数数据进行可视化处理。

4.请登录国家统计局官方网站选择感兴趣的指标进行数值型数据的可视化处理。

【参考文献】

［1］张文彤. SPSS 统计分析基础教程［M］. 3 版. 北京：高等教育出版社，2017.

［2］陈友华，邵文君. 社会变迁、老龄化与养老制度变革［J］. 河海大学学报（哲学社会科学版），2023，25（1）.

［3］王浩，刘敬哲，张丽宏. 碳排放与资产定价——来自中国上市公司的证据［J］. 经济学报，2022，9（2）.

［4］杨军鸽，王琴梅. 数字技术与农业高质量发展——基于数字生产力的视角［J］. 山西财经大学学报，2023，45（4）.

实验五 统计量描述

【实验目的】

1.熟悉描述统计量的类型划分及作用。

2.明确描述统计量的含义。

3.熟练掌握计算描述统计量的SPSS操作。

4.培养运用描述统计方法解决身边实际问题的能力。

【准备知识】

1.描述集中趋势的统计量

（1）众数（mode）

众数是样本数据中出现次数最多的观测值，用Mo表示。

（2）中位数（median）

中位数是观测值按大小排序后，处于中间位置上的观测值，用Me表示。其计算公式为：

$$Me=\begin{cases} x_{\frac{(n+1)}{2}} & （n为奇数）\\ \dfrac{1}{2}\left(x_{\frac{n}{2}} + x_{\frac{n}{2}+1} \right) & （n为偶数）\end{cases}$$

（3）均值（mean）

均值就是我们通常所说的算术平均数，用 $\bar{x}$ 表示。其计算公式为：

$$\bar{x} = \frac{x_1 + x_2 + \cdots + x_i + \cdots + x_n}{n} = \frac{\sum_{i=1}^{n} x_i}{n}$$

（4）四分位数（quartile）

通过三个点将全部观测值四等分，其中每部分包含1/4的观测值，处在分位点上的观测值称为四分位数。四分位数共有3个，但通常所说的四分位数是指第1个四分位数（下四分位数）和第3个四分位数（上四分位数）。下四分位数用Q_L表示，上四分位数用Q_U表示。其计算公式为：

$$Q_L = x_{\frac{(n+1)}{4}}, \quad Q_U = x_{\frac{3(n+1)}{4}}$$

2.描述离散趋势的统计量

（1）极差（range）

极差也称全距，它是样本数据中最大观测值与最小观测值之差，用R表示。其计算公式为：

$$R = x_{max} - x_{min}$$

（2）标准差（standard deviation）

标准差是所有观测值与其均值离差平方均值的平方根，也称均方差，用s表示。其计算公式为：

$$s = \sqrt{\frac{\sum_{i=1}^{n}(x_i - \bar{x})^2}{n-1}}$$

（3）方差（variance）

方差是所有观测值与其均值离差平方的均值，用s^2表示。其计算公式为：

$$s^2 = \frac{\sum_{i=1}^{n}(x_i - \bar{x})^2}{n-1}$$

（4）四分位差（interquartile range）

四分位差是上四分位数与下四分位数之差，也称为内距或四分间距，用Q_d表示。其计算公式为：

$$Q_d = Q_U - Q_L$$

3.描述分布形态的统计量

（1）偏度（skewness）

数据分布的不对称性称为偏度，它是反映数据分布偏斜程度的统计量，用SK表示。当分布是对称分布时，正负总偏差相等，偏度值等于0；偏度值大于0，表示正偏差值较大，称为正偏或右偏；偏度值小于0，表示负偏差值较大，称为负偏或左偏。偏度绝对值越大，表示数据分布形态的偏斜程度越大。其计算公式为：

$$SK = \frac{\sum(x-\bar{x})^3/n}{\left[\frac{\sum(x-\bar{x})^2}{n}\right]^{3/2}}$$

（2）峰度（kurtosis）

峰度是指数据分布的平峰或尖峰程度，用KU表示。当数据分布与标准正态分布的陡缓程度相同时，峰度值等于0；峰度值大于0，表示数据的分布比标准正态分布更陡峭，称为尖峰分布；峰度值小于0，表示数据的分布比标准正态分布更平缓，称为平峰分布。其计算公式为：

$$KU = \frac{\sum (x - \bar{x})^4/n}{\left[\sum \dfrac{(x - \bar{x})^2}{n}\right]^2} - 3$$

【实验内容】

省际水资源供需情况分析

水是人类生存和经济社会可持续发展的重要保障。但近年来，我国水环境问题日益严峻，河湖生态用水保障不足，水生态破坏问题凸显，水生态环境风险较高，与美丽中国建设目标要求仍有不小差距。2023年发布的《重点流域水生态环境保护规划》中明确提出要积极践行"节水优先、空间均衡、系统治理、两手发力"治水思路，构建"三水统筹"系统治理新格局，力争到2025年在主要水污染物排放总量持续减少、水生态环境持续改善、水源污染防治、水生态恢复等方面取得突破。

为研究中国各省份水资源与用水量情况，为水资源可持续发展提供数据支撑，本实验在国家统计局官方网站下载了2021年我国31个省、自治区、直辖市水资源总量（亿立方米）、地表水资源量（亿立方米）、地下水资源量（亿立方米）、人均水资源量（立方米/人）、用水总量（亿立方米）、农业用水总量（亿立方米）、工业用水总量（亿立方米）、生活用水总量（亿立方米）8个指标数据，对水资源与用水量情况进行描述性统计。具体变量设置见图5-1，数据集见"data5_1.sav"。

	Name	Type	Width	Decimals	Label	Values	Missing	Columns	Align	Measure	Role
1	region	String	10	0	区域	None	None	2	Left	Nominal	Input
2	province	String	20	0	省份地区	None	None	8	Left	Nominal	Input
3	total	Numeric	8	1	水资源总量（亿立方米）	None	None	8	Right	Scale	Input
4	surface	Numeric	8	1	地表水资源量（亿立方米）	None	None	8	Right	Scale	Input
5	under	Numeric	8	1	地下水资源量（亿立方米）	None	None	8	Right	Scale	Input
6	per	Numeric	8	1	人均水资源量（立方米/人）	None	None	8	Right	Scale	Input
7	total_use	Numeric	8	1	用水总量（亿立方米）	None	None	8	Right	Scale	Input
8	agriculture	Numeric	8	1	农业用水总量（亿立方米）	None	None	8	Right	Scale	Input
9	industrial	Numeric	8	1	工业用水总量（亿立方米）	None	None	8	Right	Scale	Input
10	life	Numeric	8	1	生活用水总量（亿立方米）	None	None	8	Right	Scale	Input

图5-1 我国31个省、自治区、直辖市水资源资源与用水量数据集变量设置

【实验步骤】

本实验操作
视频

本实验先从全国视角描述水资源指标的集中趋势、离散趋势和分布形态，再分区域讨论其异质性。

1.全国水资源指标统计量描述

（1）打开数据集"data5_1.sav"，选择菜单：【Analyze（分析）】→【Descriptive Statistics（描述统计）】→【Descriptives（描述）】，弹出如图5-2所示的"Descriptives（描述）"对话框。在此对话框中选择所有变量进入"Variable(s)"框内。若后续需要用标准化后的变量进一步做分析，可以勾选"Save standardized values as variables（将标准化值保存为变量）"选项。

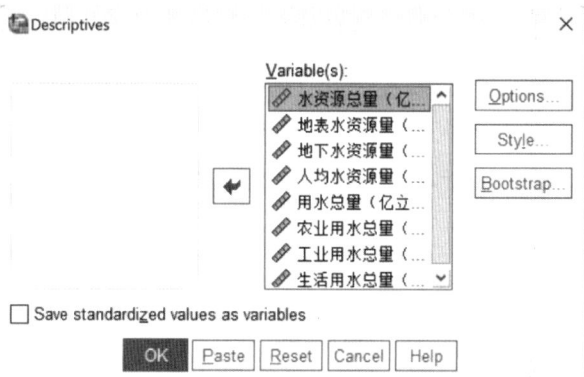

图5-2　"Descriptives（描述）"对话框

（2）点击"Options…"按钮，弹出如图5-3所示的"Descriptives：Options"对话框。在此对话框中根据需要选择"Mean（均值）"、"Sum（求和）""Std. deviation（标准差）""Minimum（最小值）""Maximum（最大值）""Kurtosis（峰度）""Skewness（偏度）"等统计量选项。

（3）点击【Continue】→【OK】，系统输出结果如图5-4所示。可以看出，所有变量偏度都大于0，均呈现为右偏分布。且所有变量峰度系数都大于0，都呈现较为陡峭的尖峰形态。

图5-3　"Descriptives：
Options（描述：选项）"对话框

Descriptive Statistics

	N	Minimum	Maximum	Mean	Std. Deviation	Skewness		Kurtosis	
	Statistic	Statistic	Statistic	Statistic	Statistic	Statistic	Std. Error	Statistic	Std. Error
水资源总量（亿立方米）	31	9.3	4408.9	956.068	893.6731	2.267	.421	7.005	.821
地表水资源量（亿立方米）	31	7.5	4408.9	913.248	906.8720	2.283	.421	6.927	.821
地下水资源量（亿立方米）	31	11.0	993.5	264.374	201.8032	1.722	.421	4.693	.821
人均水资源量（立方米/人）	31	128.6	120461.7	6078.697	21377.3122	5.450	.421	30.057	.821
用水总量（亿立方米）	31	24.5	573.9	190.968	143.7340	1.210	.421	1.337	.821
农业用水总量（亿立方米）	31	2.8	527.9	117.558	105.6312	2.118	.421	6.627	.821
工业用水总量（亿立方米）	31	1.1	250.2	33.855	47.1086	3.488	.421	15.004	.821
生活用水总量（亿立方米）	31	2.9	117.9	29.345	23.4682	1.928	.421	5.645	.821
Valid N (listwise)	31								

图5-4　水资源指标统计量描述输出结果

2.分区域统计量描述

（1）为探究东部、中部和西部省份各水资源指标的差异性，可以利用变量"区域［region］"拆分文件，进行分组比较。选择菜单：【Data（数据）】→【Split File（拆分文件）】，在弹出的如图5-5所示的"Split File（拆分文件）"对话框中选择"Compare groups（比较组）"选项，并选择变量"区域［region］"进入"Groups Based on（分组依据）"框内。点击"OK"，系统将自动按区域把数据集拆分为3组。

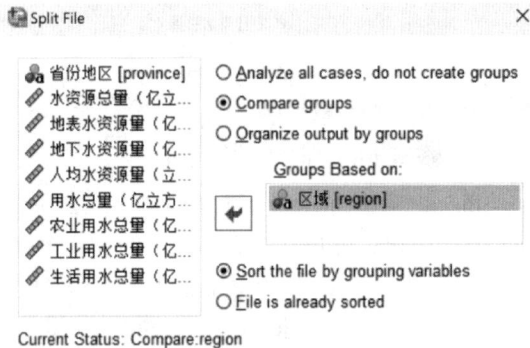

图5-5　"Split File"对话框

（2）选择菜单：【Analyze（分析）】→【Descriptive Statistics（描述统计）】→【Descriptives（描述）】，弹出如图5-6所示的对话框。在此对话框中选择"水资源总量（亿立方米）［total］"、"人均水资源量（立方米/人）［per］"、"用水总量（亿立方米）［total_use］"进入"Variable（s）"框内。点击"Options"按钮并选出描述性统计量的有关选项。

（3）点击【Continue】→【OK】，系统输出结果如图5-7所示。

图5-6 统计量描述变量选择对话框

Descriptive Statistics

区域		N	Minimum	Maximum	Sum	Mean	Std. Deviation	Skewness		Kurtosis	
		Statistic	Statistic	Statistic	Statistic	Statistic	Statistic	Statistic	Std. Error	Statistic	Std. Error
东部	水资源总量（亿立方米）	11	39.8	1344.7	5735.6	521.418	440.4395	.850	.661	-.024	1.279
	人均水资源量（立方米/人）	11	216.6	3362.2	11815.3	1074.118	982.6944	1.453	.661	1.783	1.279
	用水总量（亿立方米）	11	32.3	567.5	2068.4	188.036	164.1949	1.504	.661	2.030	1.279
	Valid N (listwise)	11									
西部	水资源总量（亿立方米）	12	9.3	4408.9	16067.5	1338.958	1216.3983	1.742	.637	3.156	1.232
	人均水资源量（立方米/人）	12	128.6	120461.7	160266.8	13355.567	33911.5125	3.401	.637	11.664	1.232
	用水总量（亿立方米）	12	24.5	573.9	1941.8	161.817	151.4288	2.036	.637	4.907	1.232
	Valid N (listwise)	12									
中部	水资源总量（亿立方米）	8	207.9	1790.6	7835.0	979.375	521.2725	.018	.752	-.677	1.481
	人均水资源量（立方米/人）	8	596.6	3800.2	16357.5	2044.687	1134.2806	.170	.752	-.970	1.481
	用水总量（亿立方米）	8	72.6	336.1	1909.8	238.725	99.5767	-.875	.752	-.615	1.481
	Valid N (listwise)	8									

图5-7 水资源指标分区域统计量描述输出结果

【问题思考】

1.SPSS中还可以通过哪些途径计算描述统计量？

2.试对此数据集进行图表描述，并结合本实验中的输出结果评述各水资源指标的分布特征。

3.品质型变量和数值型变量在进行统计量描述时有哪些区别？

【实验总结】

在拿到一组数据后，想要读懂数据内容，必须先分析数据的特征。描述数据的特征可以从三方面进行：集中趋势、离散程度、分布形态。在统计学中有专门的统计量用来诠释这三个方面的特征：平均数、中位数和众数等统计量，可以描述数据集中趋势；极差、四分位差、方差、标准差等统计量，可以描述数据的离散程度；偏度和峰度可以描述数据分布形态。需要注意的是，在描述性统计过程中，一定要对统计量赋予具有实际意义的解释。如统计全班同学的统计学成绩时，就不适宜求和，因为此时求和的结果没有实际意义。请读者基于本实验中提供的数据集进行图表描述和统计量描述，系统整理 SPSS 输出结果，撰写一份分析报告。

【课后练习】

1.2022 年是党和国家历史上极为重要的一年。党的二十大胜利召开，擘画了全面建设社会主义现代化国家、以中国式现代化全面推进中华民族伟大复兴的宏伟蓝图。为探究 2022 年全国各省份的经济发展规模，某机构分区域整理了 2022 年全国各省份的地区生产总值及第一产业、第二产业、第三产业增加值，请选择合适的统计量对以上四个变量进行描述，并分区域对比。具体见数据集"data5_2.sav"。

2.旅行可以看世界，让身体行走在天地之间，旅行是见天地、见众生、见自己的过程。某机构爬取了全国 2 444 个旅游景点的名称、所在城市、星级、评分、门票价格、门票销量等信息，见数据集"data5_3.sav"。请利用 SPSS 软件对感兴趣的变量进行描述性统计，并按照城市进行分组比较。

3.请根据实验一就业质量调查数据"data1_2.sav"，针对不同题型（如单选题、多选题、排序题），分别对品质型变量和数值型变量进行统计量描述。

【参考文献】

[1] 张文彤. SPSS 统计分析基础教程［M］. 3 版. 北京：高等教育出版社，2017.

[2] 薛薇. 统计分析与 SPSS 的应用［M］. 6 版. 北京：中国人民大学出版社，2021.

实验六　单样本t检验

【实验目的】

1.准确掌握单样本t检验的方法原理。
2.熟练掌握单样本t检验的SPSS操作。
3.学会利用单样本t检验方法解决实际问题。

【准备知识】

1.单样本t检验的基本概念

假设检验是在抽样分布原理和小概率原理基础上，以样本统计量的值来推断总体参数的一种统计推断方法。单样本t检验是利用来自某一个正态总体的样本数据，来推断该总体的均值是否与指定的检验值存在显著差异。

2.单样本t检验的基本步骤

（1）提出假设

单样本t检验的原假设为总体均值与指定检验值之间不存在显著差异，即

H_0：$\mu = \mu_0$；

H_1：$\mu \neq \mu_0$。

式中：μ为总体均值，μ_0为检验值。

（2）确定检验统计量

单样本 t 检验中的检验统计量为：$t = \dfrac{\bar{x} - \mu_0}{\sqrt{s^2/n}}$，式中：$s^2$ 为样本方差，$\bar{x}$ 为样本均值，n 为样本容量。

（3）统计决策

SPSS 中，单样本 t 检验的决策规则是比较 β 值。在给定显著性水平 α 的前提下，较小的 p 值是拒绝原假设的依据。

SPSS 操作中，双侧检验与单侧检验的步骤一致，检验所得 Sig.（2-tailed）为双侧检验的 p 值，Sig.（2-tailed）/2 即为单侧检验的 p 值。

【实验内容】

从事铅作业工人血红蛋白含量是否与其他人不同？

某医生测量了 12 名从事铅作业男性工人的血红蛋白含量，存储在数据集"data6_1.sav"中，算得其均值为 130.83g/L，标准差为 25.74g/L，试判断从事铅作业男性工人的血红蛋白含量均值是否等于正常男性的均值 140g/L？

【实验步骤】

本实验操作
视频

检验总体均值与已知数值是否有差别，可以使用单样本 t 检验方法。使用单样本 t 检验方法前需确认样本间是否相互独立以及样本分布是否服从正态分布。当总体方差未知且样本容量 n 较小时（如 n<30），理论上要求 t 检验的样本随机地取自正态分布的总体。本实验中各观察值之间相互独立，样本量为 12，需要首先进行正态性检验，若证实总体满足正态分布，则进一步选择单样本 T 检验进行检验。

1.正态性检验

（1）选择菜单：【Analyze（分析）】→【Descriptive Statistics（描述性统计）】→【Explore（探索）】，弹出如图 6-1 所示的"Explore（探索）"对话框。在此对话框中选择待检验的变量"血红蛋白含量_HGB"进入"Dependent List（因变量列表）"框中。

图 6-1　正态性检验主对话框

（2）单击"Plots…"按钮，打开如图 6-2 所示窗口，勾选"Normality plots with tests（含检验的正态图）"后，会输出正态性检验的结果（如图 6-3 所示）。如图 6-3 所示，Shapiro-Wilk 检验的 Sig.（即 p 值）>0.05，表示数据服从正态分布，反之则表示呈非正态分布。

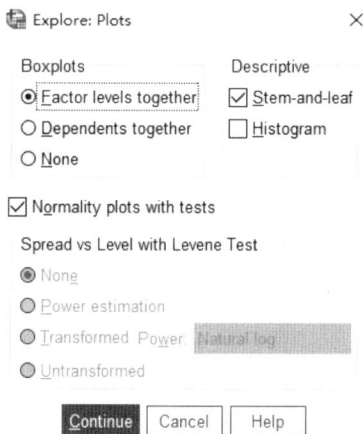

图 6-2　绘制对话框

Tests of Normality

	Kolmogorov-Smirnov[a]			Shapiro-Wilk		
	Statistic	df	Sig.	Statistic	df	Sig.
血红蛋白含量_HGB	.189	12	.200[*]	.906	12	.192

*. This is a lower bound of the true significance.

a. Lilliefors Significance Correction

图 6-3　正态性检验输出结果

2.单样本 t 检验

由于该问题涉及的是单一样本，且需要进行总体均值的检验，因此可采用单样本 t 检验进行推断。本实验中提出假设：H_0：$\mu = 140$；H_1：$\mu \neq 140$。显著性水平 α 为 0.05。

其具体操作步骤如下：

（1）选择菜单：【Analyze（分析）】→【Compare Means（比较平均值）】→【One-Sample T Test（单样本 t 检验）】，弹出如图 6- 所示的单样本 t 检验主对话框。

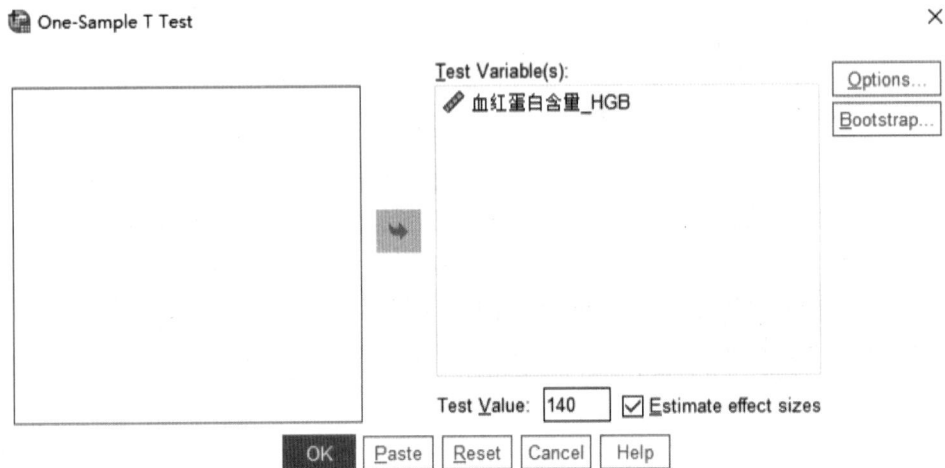

图 6-4 单样本 t 检验主对话框

（2）在此对话框中选择待检验的变量"血红蛋白含量 _HGB"进入"Test Variable（s）（检验变量）"框中，并在"Test Value（检验值）"框中输入检验值"140"。

（3）单击"Options…"按钮，打开如图 6-5 所示的选择对话框。在"Confidence Interval Percentage（置信区间）"框中输入置信区间，系统默认值为95%，本实验中选择系统默认值。

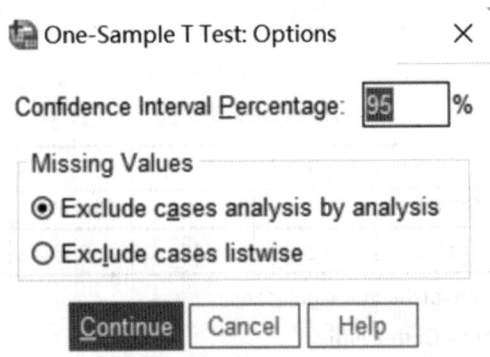

图 6-5 选择对话框

（4）点击【Continue】→【OK】，系统输出t统计量的值及对应的p值（如图6-6所示）。

One-Sample Test

	Test Value = 140					
	t	df	Sig. (2-tailed)	Mean Difference	95% Confidence Interval of the Difference	
					Lower	Upper
血红蛋白含量_HGB	-2.716	11	.020	-19.000	-34.40	-3.60

图6-6 单样本t检验输出结果

3.分析输出结果

根据上述操作中所得到的输出结果（如图6-6所示），可以看到，t统计量为-2.716，"df"自由度为11，"Sig.（2-tailed）"即t统计量观测值的双侧概率p值为0.02，"Mean Difference"为样本均值与检验值的差-19，即$\bar{x} - \mu_0$，"95% Confidence Interval of the Difference"是总体均值与检验值差的95%的置信区间，为（-34.4，-3.6），加上检验值140，即可计算出总体均值的95%的置信区间为（105.6，136.4）。

SPSS中单样本t检验默认使用双侧检验方法，结合事先给定的显著性水平0.05，计算得到的p值为0.02，小于显著性水平0.05，因此拒绝原假设，认为本实验中12名从事铅作业男性工人的血红蛋白含量均值不等于正常男性的均值140g/L。本实验中若使用单侧检验方法，可以得到更加具体的结论。将"Sig.（2-tailed）"对应值除以2，得到单侧概率p值为0.01，小于显著性水平0.05，因此拒绝原假设；另外，t统计量为-2.716，小于检验量t(0.05，12)，可以得出最终结论，从事铅作业男性工人的血红蛋白含量均值明显低于正常男性均值水平。

【问题思考】

1.既然样本均值与待检验总体均值之间存在差异，为什么不直接判断二者不相等，而是需要进行差异的显著性检验呢？

2.SPSS的One-Sample T Test过程输出的是双侧p值，决策时应该注意什么问题？

【实验总结】

假设检验是利用样本数据推断总体特征的重要手段，在进行假设检验时应该根据推断目标和数据情况选择正确的方法。本实验旨在推断单个总体的均值与给定值是否相等，给出的是小样本的样本数据。在这种情况下，在证实总体服从正态分布的前提下，应选择单样本t检验方法进行推断。另一方面，SPSS软件在单样本t检验过程中默认双侧检验，其输出检验统计量的伴随概率Sig.(2 - tailed)是双侧检验条件下的p值结果。当实际中进行双侧检验时，可直接用SPSS输出结果与显著性水平相比较。当进行单侧检验时，应计算Sig.(2 - tailed)/2再与显著性水平相比较。

【课后练习】

1.某品牌矿泉水的商标上标明净含量为550ml。市场监督管理局为了检测净含量是否合格，抽取了16瓶矿泉水进行检测，得到实际净含量数据，参见数据集"data6_2.sav"。在显著性水平α为0.05的条件下，请对矿泉水净含量是否合格进行推断。

2.某品牌市场营销部门为了提高消费者满意度，开展了一系列提高服务质量的活动，包括加强服务人员培训、分发宣传材料、改善消费环境等。为了评估活动效果，该部门收集了30份消费者评价问卷，并记录了"服务质量"得分，参见数据集"data6_3.sav"。根据以往调查，"服务质量"平均得分为75分。在显著性水平α为0.05的条件下，请判断此次评价得分的平均值与以往水平是否有显著差异。

3.2022年全国居民人均收入为36 883元。现收集长三角地区27个城市的人均收入数据，参见数据集"data6_4.sav"。在显著性水平α为0.05的条件下，请判断长三角地区人均收入与全国水平是否有显著差异。

【参考文献】

［1］孙振球，徐勇勇．医学统计学［M］．4版．北京：人民卫生出版社，2014.

［2］薛薇．统计分析与SPSS的应用［M］．6版．北京：中国人民大学出版社，2021.

［3］魏瑾瑞．统计学［M］．2版．北京：中国统计出版社，2022.

实验七 两个独立样本 t 检验

【实验目的】

1. 准确掌握两个独立样本 t 检验的方法原理。
2. 熟练掌握两个独立样本 t 检验的 SPSS 操作。
3. 学会利用两个独立样本 t 检验方法解决实际问题。

【准备知识】

1. 两个独立样本 t 检验的基本概念

两个独立样本 t 检验是利用来自两个正态总体的两个独立样本的数据，来推断两个总体的均值是否存在显著差异的一种统计推断方法。

2. 两个独立样本 t 检验的基本步骤

（1）提出原假设

两个独立样本 t 检验的原假设为两总体均值无显著差异，即 $H_0: \mu_1 - \mu_2 = 0$，$H_1: \mu_1 - \mu_2 \neq 0$。式中 μ_1、μ_2 分别为第一个总体和第二个总体的均值。

（2）选择检验统计量

①比较两个样本的均值，首先要判断两个总体的方差是否相等，即进行方差齐性检验。方差齐性检验的原假设是两总体方差无显著差异，即 $H_0: \sigma_1^2 = \sigma_2^2$。SPSS 中通过 Levene F 检验方法采用 F 统计量进行检验。

②当两总体方差相等时，两个独立样本 t 检验的统计量为：

$$t = \frac{(\bar{x}_1 - \bar{x}_2) - (\mu_1 - \mu_2)}{s_p \sqrt{\dfrac{1}{n_1} + \dfrac{1}{n_2}}}$$

式中：s_p 为合并的样本标准差，其计算公式为：

$$s_p = \sqrt{\frac{(n_1 - 1)s_1^2 + (n_2 - 1)s_2^2}{n_1 + n_2 - 2}}$$

③当两总体方差不相等时，两个独立样本t检验的统计量为：

$$t = \frac{(\bar{x}_1 - \bar{x}_2) - (\mu_1 - \mu_2)}{\sqrt{\dfrac{s_1^2}{n_1} + \dfrac{s_2^2}{n_2}}}$$

t统计量对应的自由度为：

$$\frac{\left(s_1^2/n_1 + s_2^2/n_2\right)^2}{\dfrac{\left(s_1^2/n_1\right)^2}{n_1 - 1} + \dfrac{\left(s_2^2/n_2\right)^2}{n_2 - 1}}$$

（3）统计决策

给定显著性水平 α 后，首先需要利用 Levene F 检验判断两总体方差是否相等。

① 如果 F 统计量的 p 值大于给定的显著性水平 α，则可认为两总体方差并无显著差异，此时可进一步观察方差相等条件下的 t 检验结果。如果 t 统计量的 p 值小于或等于给定的显著性水平 α，则可认为两总体均值之间存在显著性差异。相反，如果 p 值大于给定的显著性水平 α，则可认为两总体均值之间不存在显著性差异。

② 如果进行 F 检验时，F 统计量的 p 值小于给定的显著性水平 α，则认为两总体方差存在显著性差异，此时需要进一步观察方差不相等条件下的 t 检验结果。

【实验内容】

职工工资是否存在性别差异？

为探究男女职工在工资上是否具有明显差异，某地对同一家公司的受访者进行工资调查，共收集了 102 位受访者的工资情况，参见数据集"data7_1.sav"。试根据此数据集检验该家公司男女职员工资是否具有显著差异。

【实验步骤】

本实验操作
视频

本实验是基于该家公司工资调查数据，推断男女职员的工资是否具有显著性差异，需要采用两个独立样本 t 检验的方法。两个独立样本 t 检验的前提是两样本的独立性、正态性。本实验中同一家公司男女职员的工资是相互独立的，符合检验的前提。男女职员的样本量分别为 38 和 64，当样本量超过 30 时，可认为样本均值近似服从正态分布，因此可以利用两个独立样本 t 检验方法检验男女职员的工资是否有显著差异。

1.两个独立样本 t 检验

（1）选择菜单：【Compare Means（比较平均值）】→【Independent-Samples T Test（独立样本 T 检验）】，弹出如图 7-1 所示的独立样本 t 检验主对话框。选择待检验变量"salary"进入"Test Variable（s）（检验变量）"框中，选择分组变量"gender"进入"Grouping Variable（分组变量）"框中。

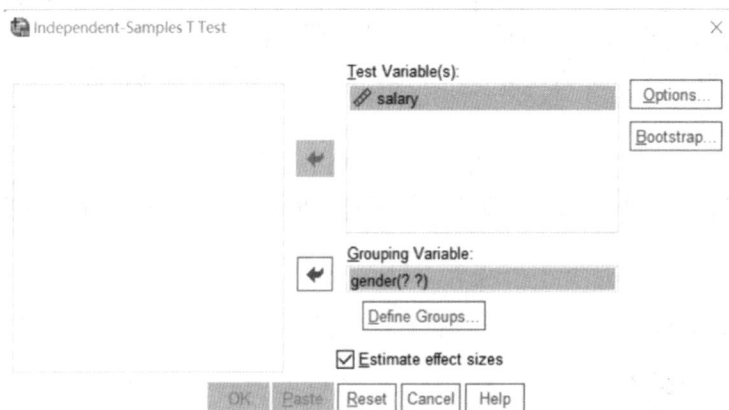

图 7-1　两个独立样本 t 检验主对话框

（2）在此对话框中单击"Define Groups（定义组）…"按钮，弹出如图 7-2 所示的定义组对话框，分别在"Group 1（第一组）"和"Group 2（第二组）"框中填入"男"和"女"。

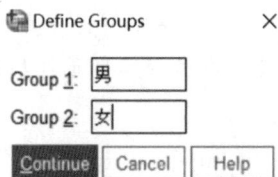

图 7-2　定义组对话框

（3）点击【Continue】 → 【OK】，即可得到如图7-3所示的输出结果。

Independent Samples Test

		Levene's Test for Equality of Variances		t-test for Equality of Means						
		F	Sig.	t	df	Sig. (2-tailed)	Mean Difference	Std. Error Difference	95% Confidence Interval of the Difference	
									Lower	Upper
salary	Equal variances assumed	10.021	.002	3.934	100	<.001	24026.203	6106.592	11910.898	36141.509
	Equal variances not assumed			3.210	42.544	.003	24026.203	7484.984	8926.616	39125.790

图7-3　两个独立样本t检验输出结果

2.分析输出结果

本实验的原假设是：

H_0：$\mu_1 - \mu_2 = 0$；

备择假设是：

H_1：$\mu_1 - \mu_2 \neq 0$。

如图7-3所示，方差齐性检验的F统计量的值为10.021，对应的p值为0.002。显著性水平α为0.05，由于结果p值小于0.05，因此认为两总体方差具有显著差异，即方差不相等。在"方差不相等"的栏中，"t"统计量为3.210，"df"给出自由度为42.544，"Sig.（2-tailed）"给出双尾t检验的显著性概率为0.003，小于0.05，因此可以拒绝男女职员工资没有显著差异的原假设，可以得出该公司男女职员工资具有显著差异的结论。

【问题思考】

1.如果样本量低于30，是否需要先经过正态检验再进行两样本t检验？

2.两样本t检验中，若两样本的方差检验没有显著差异，结果应该选择哪一栏的情况？

【实验总结】

两个独立样本t检验是在独立样本情况下比较两个总体均值是否存在显著性差异的主要方法。在检验过程中需要注意适用条件，在总体方差相等和总体方差不等的情况下，独立样本t检验的计算公式有所区别，计算结果同样存在区别。在SPSS

操作中，Levene F检验和独立样本 t 检验的结果呈现在同一个表格中，要掌握通过 Levene F检验的结果选择使用哪一种独立样本 t 检验结果的方法。

【课后练习】

1.某校为了解全校学生英语四级考试的通过情况，对学生进行了抽样调查，调查数据参见数据集"data7_2.sav"。在显著性水平 α 为 0.05 的条件下，请检验男女学生的通过情况是否有显著差异。

2.为了分析寿命的性别差异，现收集到 2015 年 109 个国家和地区的按性别分组的平均寿命，参见数据集"data7_3.sav"。在显著性水平 α 为 0.05 的条件下，请分析女性的平均寿命是否比男性长。

3.为了了解某校毕业生的收入是否存在专业差异，该校对某一届毕业生进行抽样调查，获得了毕业生按专业分组的收入数据，参见数据集"data7_4.sav"。在显著性水平 α 为 0.05 的条件下，请检验不同专业的毕业生收入是否存在显著差异。

【参考文献】

［1］孙振球，徐勇勇．医学统计学 ［M］．4 版．北京：人民卫生出版社，2014.

［2］薛薇．统计分析与 SPSS 的应用 ［M］．6 版．北京：中国人民大学出版社，2021.

［3］魏瑾瑞．统计学 ［M］．2 版．北京：中国统计出版社，2022.

实验八　两个配对样本t检验

【实验目的】

1.准确掌握两个配对样本t检验的方法原理。

2.熟练掌握两个配对样本t检验的SPSS操作。

3.学会利用两个配对样本t检验方法解决实际问题。

【准备知识】

1.两个配对样本t检验的基本思想

两个配对样本t检验是利用来自两个正态总体的配对样本数据，来推断两个总体的均值是否存在显著性差异。它与独立样本t检验的主要区别是样本必须匹配，抽样过程中两个样本数据的获取不是相互独立的，而是相互关联的。配对样本通常具有两个特征：一是两组样本的样本容量相同；二是两组样本的观测值先后顺序一一对应，不能随意更改。

2.两个配对样本t检验的基本步骤

（1）提出原假设

两个配对样本t检验的原假设为两总体均值无显著差异，备择假设为两总体均值具有显著差异。即 $H_0: \mu_1 - \mu_2 = 0$, $H_1: \mu_1 - \mu_2 \neq 0$。式中：$\mu_1$、$\mu_2$ 分别为第一个总体和第二个总体的均值。

（2）选择检验统计量

两个配对样本 t 检验实际上是先求出每对观测值之差 d，对差值变量求均值 $\bar{d}$，再检验差值变量与均值之间的差异是否显著为 0。如果差值变量均值之间的差异与 0 无显著差异，则说明两总体均值之间无显著差异。

两个配对样本 t 检验的实质是将两个配对样本的 t 检验变换成单样本 t 检验，检验统计量为：

$$t = \frac{\bar{d} - \mu_d}{s_d / \sqrt{n}}$$

（3）做出统计决策

计算检验统计量的观测值和对应的 p 值，并与给定的显著性水平 α 进行比较。SPSS 能够自动计算两组样本的差值，然后再计算差值序列与 0 相比的 t 值及对应的 p 值。如果 p 值小于或等于给定的显著性水平 α，则拒绝 H_0，认为两总体均值之间存在显著性差异；相反，如果 p 值大于给定的显著性水平 α，则没有理由拒绝 H_0，认为两总体均值之间不存在显著性差异。

【实验内容】

减肥药是否有效?

为研究某种减肥药是否具有明显的减肥效果，某医院请 15 名肥胖志愿者在知情的前提下服用了该药，并对他们进行了减肥效果跟踪调研。首先，将其服药以前的体重记录下来，服药后再依次将这 15 名志愿者的体重记录下来，从而获得了一个配对样本数据集 "data8_1.sav"。该数据集包含服药前体重（X1）、服药后体重（X2）两个变量的 15 条观测。

试通过两组数据的对比分析，推断该减肥药是否具有明显的减肥效果。

【实验步骤】

本实验操作
视频

检验同一组观测对象实验前后数据是否有差别，可以使用两个配对样本 t 检验方法。使用两个配对样本 t 检验方法前，须确认两配对样本是否存在一一对应关系以及总体是否服从正态分布。当总体方差未知且样本容量 n 较小时（如 n<30），理论上要

求 t 检验的样本来自正态分布的总体。本实验样本量为15，需通过正态性检验判断是否服从正态分布。若通过正态性检验，选择两个配对样本 t 检验进行检验。

1.正态性检验

（1）选择菜单：【Analyze（分析）】→【Descriptive Statistics（描述性统计）】→【Explore（探索）】，弹出如图8-1所示的"Explore（探索）"对话框。在此对话框中选择待检验的变量"服药前体重［X1］"和"服药后体重［X2］"进入"Dependent List（因变量列表）"框中。

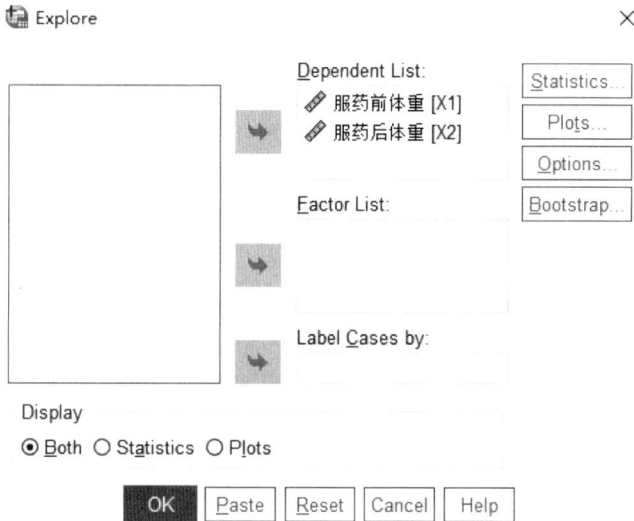

图8-1　正态性检验主对话框

（2）单击"Plots…"按钮，打开如图8-2所示窗口，勾选"Normality plots with tests（含检验的正态图）"后，会输出正态性检验的结果，如图8-3所示。

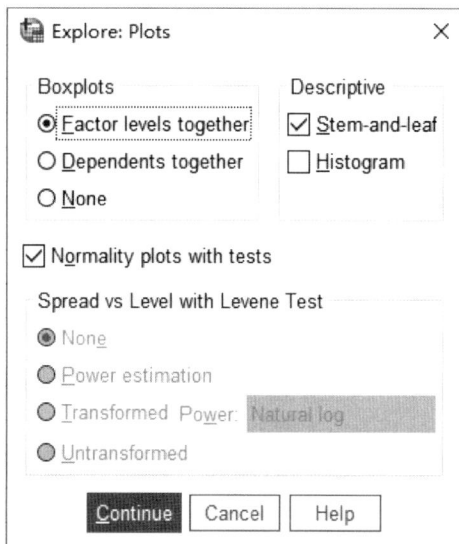

图8-2　绘制对话框

Tests of Normality

	Kolmogorov-Smirnov[a]			Shapiro-Wilk		
	Statistic	df	Sig.	Statistic	df	Sig.
服药前体重	.125	15	.200*	.958	15	.666
服药后体重	.179	15	.200*	.930	15	.274

*. This is a lower bound of the true significance.

a. Lilliefors Significance Correction

图 8-3 正态性检验结果

图 8-3 中，如果 Shapiro-Wilk 检验的 p 值 >0.05，表示数据近似正态分布，反之表示数据呈非正态分布。本实验中服药前体重和服药后体重的 Sig.（即 p 值）均大于 0.05，因此可以认为数据近似正态分布。

2. 两个配对样本 t 检验

根据正态检验结果，体重可以近似认为服从正态分布，从实验设计和样本数据的获取过程可以看出，这两个样本是配对关系，因此可以运用两个配对样本 t 检验方法，通过检验服药前与服药后体重的均值是否发生显著变化来确定减肥药的减肥效果。建立假设

H_0： $\mu_d = 0$;

H_1： $\mu_d \neq 0$。

显著性水平为 0.05。

具体操作步骤如下：

（1）选择菜单：【Analyze（分析）】 → 【Compare Means（比较平均值）】 → 【Paired-Samples T Test（配对样本 T 检验）】，弹出如图 8-4 所示的两个配对样本 t 检验过程主对话框。

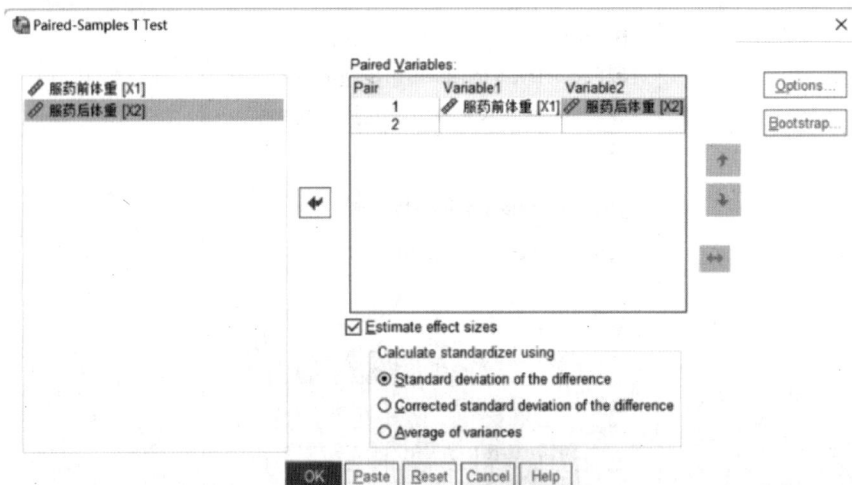

图 8-4 两个配对样本 t 检验过程主对话框

（2）选择两个配对变量"服药前体重［X1］"与"服药后体重［X2］"，进入"Paired Variables（配对变量）"框中。

（3）单击"Options…"按钮，打开如图 8-5 所示的选择对话框，在"Confidence Interval Percentage（置信区间）"框中输入置信区间，系统默认值为95%，本实验采用系统默认值。

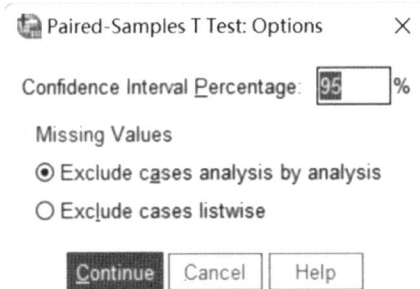

图 8-5　选择对话框

（4）点击【Continue】→【OK】，即可得到 t 统计量的值及对应的 p 值（如图8-6所示）。

Paired Samples Statistics

		Mean	N	Std. Deviation	Std. Error Mean
Pair 1	服药前体重	94.27	15	12.948	3.343
	服药后体重	89.33	15	11.197	2.891

Paired Samples Correlations

		N	Correlation	Sig.
Pair 1	服药前体重 & 服药后体重	15	.981	<.001

Paired Samples Test

		Paired Differences					t	df	Sig. (2-tailed)
					95% Confidence Interval of the Difference				
		Mean	Std. Deviation	Std. Error Mean	Lower	Upper			
Pair 1	服药前体重 - 服药后体重	4.933	2.915	.753	3.319	6.547	6.555	14	<.001

图 8-6　两个配对样本 t 检验输出结果

3.分析输出结果

图 8-6 为两个配对样本 t 检验的输出结果，其中表"Paired Samples Statistics"是对服药前后体重变化的单变量描述统计，表中显示的是配对的变量的标签，对数为 1 对。"Mean"是服药前后的体重均值，分别为 94.27 和 89.33；"N"是观测数目，共 15 人；"Std.Deviation"是服药前后的体重的标准差，分别为 12.948 和 11.197；"Std.Error Mean"为服药前后体重的标准误，分别为 3.343 和 2.891。

表"Paired Samples Correlations"是对服药前后体重的相关系数的计算，"Correlation"是服药前后体重的相关系数，为 0.981，接近 1；"Sig.（2-tailed）"小于 0.001，可以得出结论：服药前后的体重呈高度线性相关。

表"Paired Samples Test"是配对变量差值的 t 检验结果。"Mean"是配对变量差值的均值，为 4.933；"Std. Deviation"是差值的标准差，为 2.915；"Std. Error Mean"是差值的标准误，为 0.753；"95% Confidence Interval of the Difference"是差值 95% 的置信区间上下限，分别为 3.319 和 6.547；"t"统计量为 6.555，"df"自由度为 14，"Sig.（2-tailed）"是双尾 t 检验的结果，小于 0.001，也小于显著性水平，因此拒绝原假设，可以认为两个配对样本具有显著性差异，即减肥药具有明显的减肥效果。

【问题思考】

1. 要使用两个配对样本 t 检验进行均值比较的变量，应该具有什么分布特征？
2. 本实验输出结果中的"Paired Samples Correlations"的内容说明了什么问题？

【实验总结】

两个配对样本 t 检验是利用来自两个正态总体的配对样本数据，来推断两个总体的均值是否存在显著性差异的推断统计方法。在实际研究中，需要根据抽样方法来判断样本之间是否存在——对应的关系。在计算过程中，也因为两组样本之间存在——对应关系，要首先计算每组的差值 d，再计算差值 d 的均值、标准差，进而计算检验统计量和进行假设检验。

【课后练习】

1. 为研究志愿服务活动对大学生学习成绩的影响，现收集了部分志愿者参加志愿服务活动前后的学习成绩，参见数据集"data8_2.sav"。在显著性水平 α 为 0.05 的条件下，请检验大学生在参加志愿服务活动前后的学习成绩是否发生了显著变化。

2. 2020 年某工厂对 8 个生产车间进行制度改革，现收集到 8 个车间改革前后的竞争性测量数据，参见数据集"data8_3.sav"。在显著性水平 α 为 0.05 的条件下，请分析制度改革对车间竞争性是否有显著影响。

3.某企业为提高产量，决定对员工开展为期三个月的培训。为了评估培训效果，收集到 10 名员工参加培训前后的生产数据，参见数据集 "data8_4.sav"。在显著性水平 α 为 0.05 的条件下，请分析企业培训是否产生了积极作用。

【参考文献】

［1］孙振球，徐勇勇．医学统计学［M］．4 版．北京：人民卫生出版社，2014.

［2］薛薇．统计分析与 SPSS 的应用［M］．6 版．北京：中国人民大学出版社，2021.

［3］魏瑾瑞．统计学［M］．2 版．北京：中国统计出版社，2022.

实验九　列联分析

【实验目的】

1.了解列联表的构造。

2.准确理解列联表中卡方检验的方法原理。

3.准确理解列联表各种相关性测量统计量的构造原理。

4.熟练掌握列联分析的SPSS操作。

【准备知识】

1.列联分析的基本内容

列联分析是根据样本数据来推断总体中两个定类变量相互关系的一种统计方法。

列联分析有两项主要内容：列联表中的卡方检验和列联表中的相关性测量。这两项内容分别从不同的途径来分析列联表中两个定类变量之间的相关关系。

2.列联分析的基本步骤

（1）卡方检验的基本步骤

①建立假设。

卡方检验的原假设是：行变量与列变量之间相互独立，备择假设是：行变量与列变量之间不相互独立。

②计算检验统计量的值。

列联分析中卡方检验的统计量是Pearson卡方统计量，其数学公式为：

$$\chi^2 = \sum_{i=1}^{r} \sum_{j=1}^{c} \frac{(f_{ij}^0 - f_{ij}^e)^2}{f_{ij}^e}$$

式中：r为列联表的行数；c为列联表的列数；f^0为观测频数；f^e为期望频数。

③做出统计决策。

有两种决策方式：一是比较临界值的决策方式，即将卡方统计量的值与由给定的显著性水平所决定的临界值相比较。如果卡方统计量大于或等于临界值，则拒绝原假设；小于临界值，则没有理由拒绝原假设。二是比较p值的决策方式，即将卡方统计量的p值与给定的显著性水平相比较。p值大于或等于显著性水平，则没有理由拒绝原假设；小于显著性水平则拒绝原假设。两种决策方式的结论是一致的。SPSS中同时给出了检验统计量和p值，由于p值与显著性水平比较更方便，我们通常采用第二种决策方式。

卡方检验要求样本量足够大，特别是每个单元格的期望频数不能太小，否则应用卡方检验可能会得出错误的结论。如果交叉列联表中有20%以上单元格中的期望频数小于5，则一般不宜使用卡方检验。如果出现这样的情况，可以将期望频数较小的单元格进行合并，使得合并后所有单元格的期望频数都大于5，然后就可以进行卡方检验了。

（2）相关性测量的基本步骤

常用的测量相关性的统计量主要有三个，这些统计量的适用范围有所不同，应根据列联表的结构特点加以适当的选择。

① φ系数。

对于2×2的列联表，φ系数的绝对值在0和1之间。其计算公式为：

$$\varphi = \sqrt{\frac{\chi^2}{n}}$$

② C系数。

C系数的取值范围为$0 \leqslant C < 1$，它随行数和列数的增大而增大。C系数适用于大于2×2的列联表，不同行数或列数的列联表之间所得的列联系数不宜作比较，除非两个列联表中的行数和列数一致。其计算公式为：

$$C = \sqrt{\frac{\chi^2}{\chi^2 + n}}$$

③ V系数。

V系数的取值范围为$0 \leqslant V \leqslant 1$。它适用于任何情形。其计算公式为：

$$V = \sqrt{\frac{\chi^2}{n \cdot \min[(r-1), (c-1)]}}$$

特别地，当列联表的行数或列数为2时，V系数等于φ系数。

【实验内容】

性别与学习效果的关联关系分析

社会发展离不开高质量的人才，国家对高等教育的重视程度不断提高。为了解某大学本科毕业生就业情况及其对学校教育的评价反馈，某高校招生就业处进行了"某大学本科毕业生就业情况调查"。调查问卷内容涉及的范围较广，包括被调查者的基本信息、学校学习情况、工作情况及对学校的评价和建议等多方面内容。具体问卷内容见附录2。回收问卷并剔除无效数据后，将数据储存在数据集"data1_2.sav"中。

成绩依赖于个人的学习习惯和天赋，目前科学研究并没有明确的证据证明性别与成绩有必然的联系，但是性别差异可能会导致家庭教育方式与社会期待等方面存在差异，从而影响学习习惯，进而导致成绩差异。某大学本科毕业生就业情况调查中收集了调查者性别和本科毕业排名情况的信息，可以采用列联分析方法分析二者之间是否存在关联关系。

【实验步骤】

本实验操作
视频

进行列联分析首先要编制交叉分布图表，然后通过观察分析结果中的图表来对数据进行初步定量分析，同时可以进一步通过卡方检验来判断变量之间是否独立，通过相关性测量来反映变量之间的相关关系的强弱。

1.编制交叉分布图表

观察交叉分布图表有助于对数据特征形成一个初步判断。其具体操作步骤如下：

（1）打开数据集"data1_2.sav"，选择菜单：【Analyze（分析）】→【Descriptive Statistics（描述统计）】→【Crosstabs（交叉表）】，弹出如图9-1所示的"Crosstabs（交叉表）"对话框。

（2）分别选择"您的性别是［B1_1］"和"您本科毕业时的专业排名位于［B1_6］"进入"Row（s）（行）"和"Column（s）（列）"框中，并选择"Display clustered bar charts（显示簇状条形图）"选项。

（3）点击"Cells（单元格）…"按钮，弹出如图 9-2 所示的对话框，并在"Counts（计数）"框下选择"Observed（实测）"选项，在"Percentages（百分比）"框下选择"Row（行）"选项。

（4）点击【Continue】→【OK】，系统输出交叉频数分布的描述结果如图 9-3 所示。

图 9-1　"Crosstabs（交叉表）"对话框

图 9-2　"Crosstabs：Cell Display（交叉表：单元格显示）"对话框

您的性别是 * 您本科毕业时的专业排名位于 Crosstabulation

			您本科毕业时的专业排名位于					Total
			排名靠前	中等偏上	中等	中等偏下	排名靠后	
您的性别是	男	Count	139	137	185	67	34	562
		% within 您的性别是	24.7%	24.4%	32.9%	11.9%	6.0%	100.0%
	女	Count	281	348	253	46	17	945
		% within 您的性别是	29.7%	36.8%	26.8%	4.9%	1.8%	100.0%
Total		Count	420	485	438	113	51	1507
		% within 您的性别是	27.9%	32.2%	29.1%	7.5%	3.4%	100.0%

图9-3　交叉频数分布表的输出结果

2.观察分析输出结果

由图9-3的交叉频数分布表的输出结果可以看出，男生与女生的本科毕业排名存在差异。本科毕业排名靠前的男生占24.7%，女生占29.7%；本科毕业排名中等偏上的男生占24.4%，女生占36.8%；本科毕业排名中等的男生占32.9%，女生占26.8%；本科毕业排名中等偏下的男生占11.9%，女生占4.9%；本科毕业排名靠后的男生占6.0%，女生占1.8%。

由图9-4的交叉频数分布条形图的输出结果可以看出，男生和女生的本科毕业排名存在较大差异，下面将进行进一步检验分析。

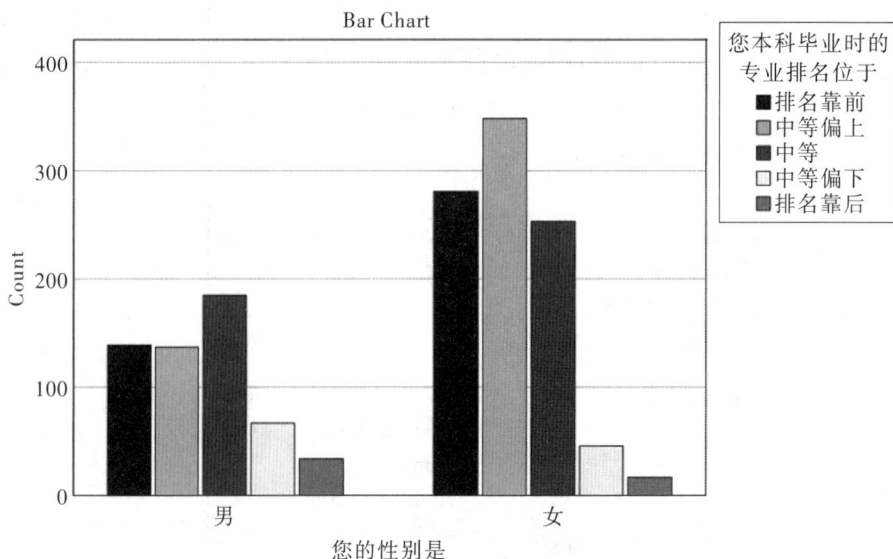

图9-4　交叉频数分布条形图的输出结果

3.卡方检验和相关性测量

（1）在如图9-1所示的"Crosstabs（交叉表）"对话框中点击"Statistics（统计）…"按钮，弹出如图9-5所示的对话框。

（2）由于分析的性别是定类变量，本科毕业排名是定序变量，所以在此对话框中选择"Chi-square（卡方）"选项和"Nominal（名义）"框下的"Contingency coefficient（列联系数）"和"Phi and Cramer's V（Phi和克莱姆V）"选项。

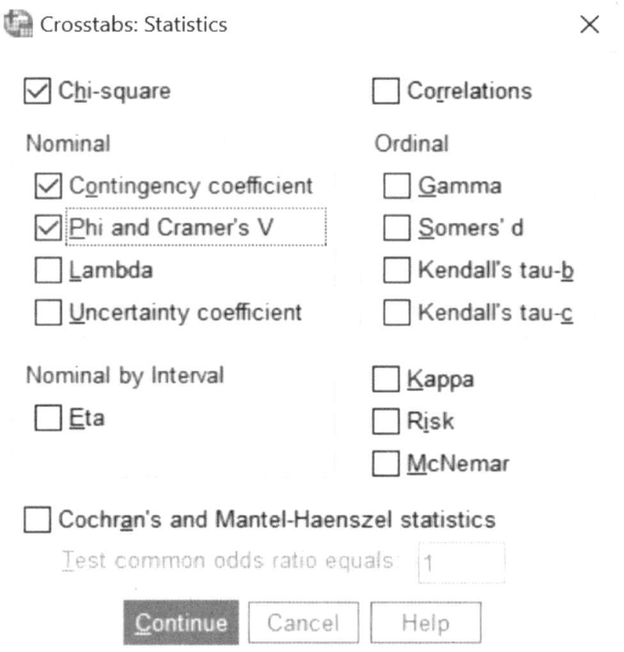

Crosstabs: Statistics　　　　　　　　　　✕

☑ Chi-square　　　　　　　☐ Correlations

Nominal　　　　　　　　　　Ordinal

☑ Contingency coefficient　☐ Gamma
☑ Phi and Cramer's V　　　☐ Somers' d
☐ Lambda　　　　　　　　☐ Kendall's tau-b
☐ Uncertainty coefficient　☐ Kendall's tau-c

Nominal by Interval
☐ Eta

☐ Kappa
☐ Risk
☐ McNemar

☐ Cochran's and Mantel-Haenszel statistics
　Test common odds ratio equals ☐ 1

Continue　Cancel　Help

图9-5　"Crosstabs：Statistics"对话框

（3）点击【Continue】→【OK】，系统输出卡方检验与相关性测量的结果如图9-6和图9-7所示。

Chi-Square Tests

	Value	df	Asymptotic Significance (2-sided)
Pearson Chi-Square	66.916[a]	4	<.001
Likelihood Ratio	65.792	4	<.001
Linear-by-Linear Association	46.066	1	<.001
N of Valid Cases	1507		

a. 0 cells (0.0%) have expected count less than 5. The minimum expected count is 19.02.

图9-6　卡方检验输出结果

Symmetric Measures

		Value	Approximate Significance
Nominal by Nominal	Phi	.211	<.001
	Cramer's V	.211	<.001
	Contingency Coefficient	.206	<.001
N of Valid Cases		1507	

图9-7　相关性测量输出结果

4.做出统计决策

由图 9-6 卡方检验输出结果可以看出，卡方检验值为 66.916，其 p 值小于 0.001，所以性别和本科毕业排名之间不相互独立。

由图 9-7 的相关性测量输出结果可以看出，Cramer's V 系数值为 0.211，说明性别和本科毕业排名之间关联程度较弱。

【问题思考】

1.要在列联表的单元格中同时列出观测频数、期望频数、行间比率、列间比率和总比率，应当如何操作？

2.如果某一单元格中的期望频数小于 5，应当如何处理？

3.在列联表中，如果将两个变量的行列位置互换，其结果是否会影响卡方检验与相关性测量的结果？

【实验总结】

列联分析用于分析两两分组变量之间的交叉分布，然后比较各组的分布状况，以寻找变量间的关系。进行列联分析首先要编制交叉分布图表，通过图表结果可以观察出变量之间的交叉分布特点，在此基础上通过卡方检验和相关性检验对变量间的关系进行进一步分析，最终可以得到行变量和列变量之间是否有联系、联系的紧密程度如何等更深层次的信息。

本次实验通过列联分析最终判断出性别和本科毕业排名之间存在关联关系的结论，结合实验内容重复上述操作步骤，观察、整理、分析输出结果，得出分析结论。SPSS 的列联分析中还提供了其他检验方法，掌握这些方法对进一步深入分析是非常有益的。

【课后练习】

1.好好学习，不负青春韶华。进入大学后，不同特征学生的学习方法和学习效果存在差异，其中生源地可能是影响因素之一。请利用"data1_2.sav"中的数据，分析不同生源地的学生毕业排名之间是否有显著性差异；思考是否还可以通过该数据进行其他变量间的列联分析。

2.北京某大学的学生想了解北京奶茶市场的消费情况，因此在线上发放调查问卷进行调查，实际调查回收有效问卷206份，问卷数据存储在数据集"data9_1.sav"中。请利用列联分析检验性别与购买奶茶频率之间是否有关联关系；思考是否还可以通过调查数据进行其他变量间的列联分析。

3.UCI机器学习存储库是加州大学欧文分校提出的用于机器学习的数据库，是一个常用的机器学习标准测试数据集。数据集"data9_2.sav"数据来自UCI机器学习存储库，包含性别、年龄、身高、体重等17个变量和2111条观测，受访者来自墨西哥、秘鲁和哥伦比亚。请使用列联分析来分析变量"Gender"与变量"NObeyesdad"之间是否有关联关系。

【参考文献】

［1］孙玉环. 统计学（新编）［M］. 北京：中国统计出版社，2016.

［2］薛薇. 统计分析与SPSS的应用［M］. 6版. 北京：中国人民大学出版社，2021.

［3］贾俊平. 统计学——基于SPSS［M］. 4版. 北京：中国人民大学出版社，2022.

实验十　单因素方差分析

【实验目的】

1. 掌握单因素方差分析的基本理论和基本步骤。
2. 熟练掌握单因素方差分析的SPSS操作。
3. 能够利用单因素方差分析工具解决实际问题。

【准备知识】

1. 方差分析中的基本术语

响应变量（因变量）：响应变量是实验中需要研究的目标变量，响应变量应为数值型变量。

因素（自变量）：因素（也可称为"因子"）是实验中施加影响的变量。因素可以是数值型变量，也可以是字符串型变量。

水平：水平就是因素的取值。如果因素是字符串型变量，则水平就是非数值形式的；如果因素是数值型变量，则水平就可以用数值表示。

处理：处理是水平的组合。单因素情况下，每个水平构成一个处理；多因素情况下，处理是水平的组合。

主效应与交互效应：因子水平变化对响应变量的影响称为效应。两因子及两个以上因子的实验中，各因子水平对因变量的独立影响称为主效应，而因子间的相互作用对因变量的影响则称为交互效应。

2.单因素方差分析的基本概念

方差分析用来推断两个或两个以上的总体均值是否相等。它所研究的是分类型自变量对数值型因变量的影响。当只涉及一个分类型自变量时,该分析称为单因素方差分析;涉及两个或两个以上的分类型自变量时,则称为多因素方差分析。

3.单因素方差分析的理论假设

(1)各因素条件下的样本是相互独立的。

(2)各因素条件下的样本分别来自服从正态分布的总体。

(3)各因素条件下的样本所属总体的方差相等。

4.单因素方差分析的基本思路

不同处理下的样本均值之间的误差(SST)有两个来源:

(1)组内误差(SSE)

组内误差由样本的随机性造成。

(2)组间误差(SSA)

组间误差由不同处理下对应的总体均值水平高低不同造成。

SSE、SSA各自除以其自由度,得到组内均方(MSE)和组间均方(MSA):

$$MSE = \frac{SSE}{n-r}, \ MSA = \frac{SSA}{r-1}$$

式中,n为总样本量,r为组数。

组内均方(MSE)和组间均方(MSA)之间的比值服从F分布,分子自由度为(r−1),分母自由度为(n−r)。

$$F = \frac{MSA}{MSE}$$

F统计量的值偏大,是总体均值存在明显差异的证据。

5.单因素方差分析的基本步骤

(1)提出假设。

H_0: $\mu_1 = \mu_2 = \cdots = \mu_r = \mu$;

H_1: μ_1、μ_2、$\cdots$、μ_r不都相等。

(2)计算总样本均值:

$$\bar{\bar{x}} = \frac{\sum_{j=1}^{r} \sum_{i=1}^{n_j} x_{ij}}{n_T}$$

(3)计算组内均值:

$$\bar{x}_j = \frac{\sum_{i=1}^{n_j} x_{ij}}{n_j}$$

(4)计算样本方差:

$$s_j^2 = \frac{\sum_{i=1}^{n_j} (x_{ij} - \bar{x}_j)^2}{n_j - 1}$$

（5）计算总体方差的组间估计：

$$MSA = \frac{SSA}{r-1} = \frac{\sum_{j=1}^{r} n_j (\bar{x}_j - \bar{\bar{x}})^2}{r-1}$$

（6）计算总体方差的组内估计：

$$MSE = \frac{SSE}{n_T - r} = \frac{\sum_{j=1}^{r} (n_j - 1) s_j^2}{n_T - r}$$

（7）给定显著性水平 α。

（8）计算F统计量的值：

$$F = \frac{MSA}{MSE}$$

（9）编制方差分析表。方差分析表的一般格式见表10-1。

表10-1　　　　　　　　　　方差分析表

方差来源	SS 离差平方和	Df 自由度	MS 均方差	F值 检验统计量
组间	SSA	r − 1	$MSA = \dfrac{SSA}{r-1}$	MSA/MSE
组内	SSE	n − r	$MSE = \dfrac{SSE}{n-r}$	—
总差异	SST	n − 1	—	—

（10）做出统计决策。

6. 单因素方差中的多重比较

如果经过上述步骤推断总体均值之间存在显著差异，接下来的问题就是确定自变量的不同水平对因变量的影响程度如何，其中哪些水平的作用明显区别于其他水平，哪些水平的作用不显著。这就要用到多重比较的分析方法。

多重比较是利用样本数据，对各个水平下的总体均值逐一进行两两之间的比较检验。由于所采用的检验统计量不同，多重比较有许多具体方法，最常用的是最小显著性差异法（LSD法）和Bonferroni方法。

最小显著性差异法字面上就体现了其检验敏感性高的特点，即不同水平间的均值只要存在一定程度的微小差异，就可能被检验出来。LSD方法的检验统计量为LSD统计量，与t统计量类似，定义为：

$$LSD = \frac{(\bar{x}_i - \bar{x}_j) - (\mu_i - \mu_j)}{\sqrt{MSE(\frac{1}{n_i} + \frac{1}{n_j})}}$$

式中，$\bar{x}_i$，$\bar{x}_j$ 以及 n_i 和 n_j 分别为第 i 组和第 j 组的样本均值和样本量，MSE 为组内方差估计。LSD 统计量服从 $n-r$ 个自由度的 t 分布，其适用于各总体方差相等的情况，但它并没有对犯弃真错误的概率问题加以有效控制。

Bonferroni 方法与 LSD 方法基本相同，不同的是 Bonferroni 方法对犯弃真错误的概率进行了控制，在每次两两一组的检验中，它将显著性水平 α 除以两两检验的总次数 $r(\dfrac{\alpha}{r})$，使得显著性水平缩小到原有的 $1/r$，从而在总体上控制了犯弃真错误的概率。

【实验内容】

豆粕现货价格是否存在地区差异？

豆粕是大豆提取豆油后得到的一种副产品，是动植物油粕饲料产品中产量最大、用途最广的一种原料，其价格波动会直接影响饲料生产企业和养殖场的利益。基于此，政府会对豆粕的价格进行实时监控，在市场供需出现问题时采用经济手段进行调控。根据豆粕供需情况，全国市场可以划分为六个区域市场，每个区域市场都有特定地区的价格来反映区域情况，现在收集了从 2023 年 2 月初到 2023 年 5 月底六个不同区域的豆粕现货价格，尝试分析不同地区的现货价格是否有显著差异，如果有显著差异，具体是哪几个区域价格存在差异。豆粕现货价格的数据见数据集"data10_1.sav"。

【实验步骤】

本实验操作
视频

1.单因素方差分析

（1）打开数据集"data10_1.sav"，选择菜单：【Analyze（分析）】→【Compare Means（比较平均值）】→【One-Way ANOVA（单因素 ANOVA 检验）】，弹出如图 10-1 所示的"One-Way ANOVA（单因素 ANOVA 检验）"对话框。在此对话框中，选择"价格［Price］"进入"Dependent List（因变量列表）"框中；选择"地区［Area］"进入"Factor（因子）"框中。

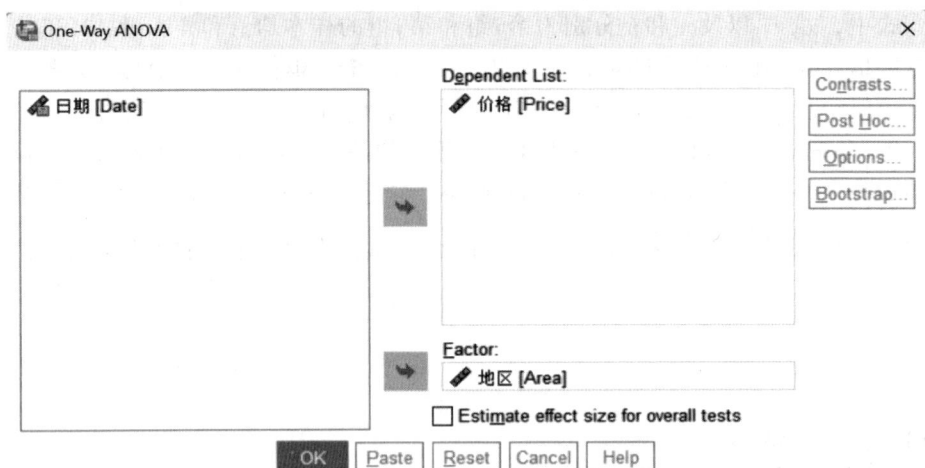

图 10-1 "One-Way ANOVA（单因素 ANOVA 检验）"对话框

（2）单击"Options（选项）…"按钮，弹出如图 10-2 所示的对话框，在此对话框中选择"Homogeneity of variance test（方差齐性检验）"选项。

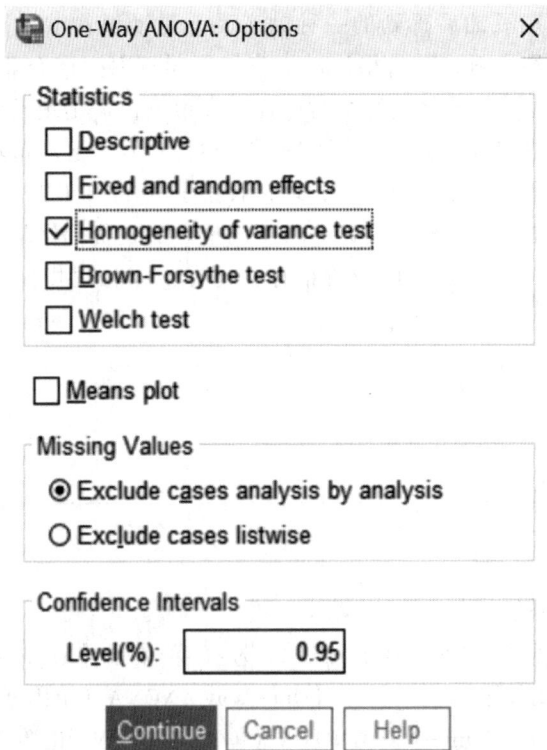

图 10-2 "One-Way ANOVA：Options"对话框

（3）点击【Continue】→【OK】，系统输出单因素方差分析结果如图 10-3 和图 10-4 所示。

Tests of Homogeneity of Variances

		Levene Statistic	df1	df2	Sig.
价格	Based on Mean	.208	5	468	.959
	Based on Median	.191	5	468	.966
	Based on Median and with adjusted df	.191	5	458.912	.966
	Based on trimmed mean	.202	5	468	.962

图 10-3 方差齐性检验输出结果

ANOVA

价格

	Sum of Squares	df	Mean Square	F	Sig.
Between Groups	2755996.624	5	551199.325	8.343	<.001
Within Groups	30918493.67	468	66065.157		
Total	33674490.30	473			

图 10-4 单因素方差分析输出结果

（4）分析输出结果。

由图 10-3 的方差齐性检验结果可以看出，Levene F 统计量的值为 0.208，p 值为 0.959>0.05，可以在 0.05 的显著性水平下认为样本所来自的总体满足方差齐性的要求。

由图 10-4 的单因素方差分析输出结果可以看出，单因素方差分析的 F 统计量的值为 8.343，对应的 p 值小于 0.05，可以认为不同地区的豆粕价格有显著性差异。

2.进行多重比较

单因素方差分析的结果只能说明六个地区的豆粕现货价格是有差异的，但不能给出各地区价格两两之间的差异情况。因此，要进一步确定到底哪些地区的豆粕价格之间存在差异，这需要进行多重比较检验。其具体步骤如下：

（1）在"One-Way ANOVA（单因素 ANOVA 检验）"主对话框中点击"Post Hoc（事后比较）…"按钮，弹出如图 10-5 所示的"One-Way ANOVA：Post Hoc Multiple Comparisons（单因素 ANOVA 检验：事后多重比较）"对话框。在此对话框中选择"LSD"和"Bonferroni（邦弗伦尼）"选项。

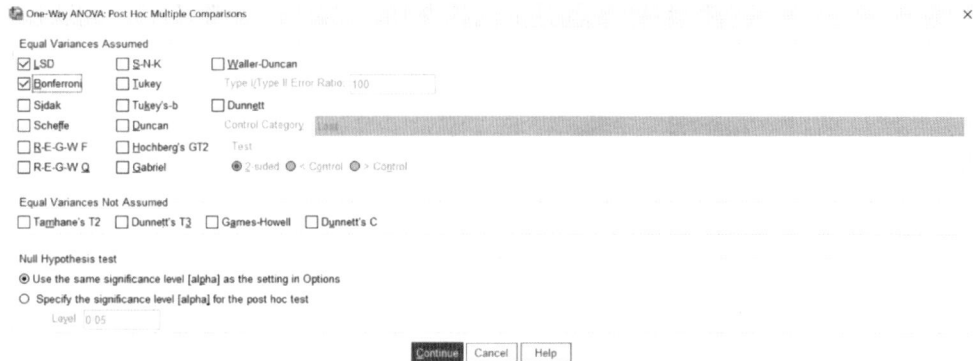

图 10-5 "One-Way ANOVA：Post Hoc Multiple Comparisons（单因素 ANOVA 检验：事后多重比较）"对话框

（2）点击【Continue】→【OK】，系统输出多重比较检验结果如图10-6所示。

Multiple Comparisons

Dependent Variable: 价格

	(I) 地区	(J) 地区	Mean Difference (I-J)	Std. Error	Sig.	95% Confidence Interval Lower Bound	95% Confidence Interval Upper Bound
LSD	铁岭	天津	102.025*	40.897	.013	21.66	182.39
		荣成	175.823*	40.897	<.001	95.46	256.19
		张家港	197.215*	40.897	<.001	116.85	277.58
		东莞	215.570*	40.897	<.001	135.21	295.93
		防城港	203.797*	40.897	<.001	123.43	284.16
	天津	铁岭	-102.025*	40.897	.013	-182.39	-21.66
		荣成	73.797	40.897	.072	-6.57	154.16
		张家港	95.190*	40.897	.020	14.83	175.55
		东莞	113.544*	40.897	.006	33.18	193.91
		防城港	101.772*	40.897	.013	21.41	182.14
	荣成	铁岭	-175.823*	40.897	<.001	-256.19	-95.46
		天津	-73.797	40.897	.072	-154.16	6.57
		张家港	21.392	40.897	.601	-58.97	101.76
		东莞	39.747	40.897	.332	-40.62	120.11
		防城港	27.975	40.897	.494	-52.39	108.34
	张家港	铁岭	-197.215*	40.897	<.001	-277.58	-116.85
		天津	-95.190*	40.897	.020	-175.55	-14.83
		荣成	-21.392	40.897	.601	-101.76	58.97
		东莞	18.354	40.897	.654	-62.01	98.72
		防城港	6.582	40.897	.872	-73.78	86.95
	东莞	铁岭	-215.570*	40.897	<.001	-295.93	-135.21
		天津	-113.544*	40.897	.006	-193.91	-33.18
		荣成	-39.747	40.897	.332	-120.11	40.62
		张家港	-18.354	40.897	.654	-98.72	62.01
		防城港	-11.772	40.897	.774	-92.14	68.59
	防城港	铁岭	-203.797*	40.897	<.001	-284.16	-123.43
		天津	-101.772*	40.897	.013	-182.14	-21.41
		荣成	-27.975	40.897	.494	-108.34	52.39
		张家港	-6.582	40.897	.872	-86.95	73.78
		东莞	11.772	40.897	.774	-68.59	92.14
Bonferroni	铁岭	天津	102.025	40.897	.194	-18.63	222.68
		荣成	175.823*	40.897	<.001	55.16	296.48
		张家港	197.215*	40.897	<.001	76.56	317.87
		东莞	215.570*	40.897	<.001	94.91	336.23
		防城港	203.797*	40.897	<.001	83.14	324.46
	天津	铁岭	-102.025	40.897	.194	-222.68	18.63
		荣成	73.797	40.897	1.000	-46.86	194.46
		张家港	95.190	40.897	.305	-25.47	215.85
		东莞	113.544	40.897	.086	-7.12	234.20
		防城港	101.772	40.897	.198	-18.89	222.43
	荣成	铁岭	-175.823*	40.897	<.001	-296.48	-55.16
		天津	-73.797	40.897	1.000	-194.46	46.86
		张家港	21.392	40.897	1.000	-99.27	142.05
		东莞	39.747	40.897	1.000	-80.91	160.41
		防城港	27.975	40.897	1.000	-92.68	148.63
	张家港	铁岭	-197.215*	40.897	<.001	-317.87	-76.56
		天津	-95.190	40.897	.305	-215.85	25.47
		荣成	-21.392	40.897	1.000	-142.05	99.27
		东莞	18.354	40.897	1.000	-102.30	139.01
		防城港	6.582	40.897	1.000	-114.08	127.24
	东莞	铁岭	-215.570*	40.897	<.001	-336.23	-94.91
		天津	-113.544	40.897	.086	-234.20	7.12
		荣成	-39.747	40.897	1.000	-160.41	80.91
		张家港	-18.354	40.897	1.000	-139.01	102.30
		防城港	-11.772	40.897	1.000	-132.43	108.89
	防城港	铁岭	-203.797*	40.897	<.001	-324.46	-83.14
		天津	-101.772	40.897	.198	-222.43	18.89
		荣成	-27.975	40.897	1.000	-148.63	92.68
		张家港	-6.582	40.897	1.000	-127.24	114.08
		东莞	11.772	40.897	1.000	-108.89	132.43

*. The mean difference is significant at the 0.05 level.

图10-6 多重比较检验的输出结果

3.做出统计决策

图10-6的多重比较的输出结果中给出了两两比较的均值差及其对应的p值，如果p值小于显著性水平0.05，则说明存在显著性差异。LSD法和Bonferroni方法得出的结论不同，LSD法可以判断出铁岭豆粕现货价格与天津和其他区域市场都存在显著性差异，荣成豆粕现货价格仅与铁岭存在显著性差异，张家港、东莞和防城港的豆粕现货价格都仅与铁岭和天津存在显著性差异，而Bonferroni方法得出铁岭豆粕现货价格与天津市场并不存在显著性差异，其他市场间的豆粕现货价格也不存在显著性差异。

【问题思考】

1.单因素方差分析适合对什么类型的数据进行分析？

2.如果方差齐性检验结果显示数据不满足方差齐性要求，那么应该如何检验多个总体的均值是否相等？

【实验总结】

单因素方差分析用来研究一个因素的不同水平是否对响应变量产生了显著影响。单因素方差分析的第一步是明确响应变量和因素，例如在本实验中，首先确定豆粕现货价格是响应变量，地区是因素。第二步是提出假设并进行单因素方差分析和方差齐性检验，本实验中的原假设是各地区的豆粕现货价格不存在显著性差异，通过单因素方差分析的结果得出了地区间豆粕现货价格存在显著性差异的结论，同时使用的方差齐性检验统计量Levene F的输出结果得出了方差齐性的结论。第三步在此基础上进行多重比较检验，得出了哪些地区间的豆粕现货价格存在显著性差异的结论。

【课后练习】

1.城市生活用水量预测在城市水资源利用和节约用水规划管理中起着非常重要

的作用。2016年9月,《长江经济带发展规划纲要》正式印发,确立了长江经济带"一轴、两翼、三极、多点"的发展新格局。为了解长江经济带各省市在协同发展的制度制定后,不同年份人均日生活用水量是否存在显著性差异,现收集了2016—2021年长江经济带11个省市人均日生活用水量的数据,数据存储在数据集"data10_2"中,试使用单因素方差分析对比不同年份各省市的人均日生活用水量是否存在显著性差异,并对结果进行解读。

2.百年大计,教育为本。党的十九大报告明确指出,建设教育强国是中华民族伟大复兴的基础工程,必须把教育事业放在优先位置,深化教育改革,加快教育现代化,办好人民满意的教育。随着政府教育投入的加大,越来越多的人走入大学校门接受良好的高等教育。现根据国家统计局公布的2018—2021年的不同地区的普通本专科在校学生数,筛选出八个在校学生数量比较接近的地区,数据存储在数据集"data10_3.sav"中,请使用单因素方差分析对比不同年份各地区普通本专科在校学生数是否存在显著性差异,如果存在显著性差异的话进一步检验哪些年份间差异最大,并对结果进行解读。

3.俗话说"三百六十行,行行出状元。高矮胖瘦人,人人有长处"。我们每个人都应干一行,爱一行,这样才能体现自我价值,创造出属于自己的幸福生活。但是在实际工作中,也要意识到,不同的劳动服务获得的劳动报酬是不同的,相同劳动服务在不同地区的劳动报酬也是不同的,这是由社会不同分工和经济发展差异所造成的正常现象。为了研究2021年辽宁省不同行业间的平均工资是否有差异,现收集了辽宁省2021年14个地区19个行业的城镇平均工资,数据存储在数据集"data10_4.sav"中,试使用单因素方差分析对比不同地区的同行业城镇平均工资是否存在显著性差异,如果存在显著性差异,请进一步检验哪些地区间存在显著性差异,并对结果进行解读。

【参考文献】

[1] 孙玉环. 统计学(新编)[M]. 北京:中国统计出版社,2016.

[2] 薛薇. 统计分析与SPSS的应用 [M]. 6版. 北京:中国人民大学出版社,2021.

[3] 贾俊平. 统计学——基于SPSS [M]. 4版. 北京:中国人民大学出版社,2022.

实验十一　多因素方差分析

【实验目的】

1.准确理解多因素方差分析的方法原理。

2.熟练掌握多因素方差分析的SPSS操作实现过程。

3.能够运用多因素方差分析方法解决实际问题。

【准备知识】

1.多因素方差分析的基本思想

方差分析中当涉及两个或两个以上的分类型自变量时，需要进行多因素方差分析。进行多因素方差分析时，需要首先确定因变量和若干个自变量，其次分析数值型因变量的方差，最后分别比较因变量总离差平方和各部分所占比例，进而推断自变量以及自变量的交互作用是否给因变量带来了显著影响。

多因素方差分析将因变量观测值的总变差分解为三个部分：自变量独立作用的影响、自变量交互作用的影响和随机因素的影响。

以双因素方差分析为例，即：

$$SST=SSA+SSB+SSAB+SSE$$

式中：SST为因变量的总变差；SSA和SSB分别为自变量A和B独立作用引起的变差；SSAB为自变量A和B两两交互作用引起的变差；SSE为随机因素引起的变差。通常称SSA+SSB为主效应，称SSAB为交互效应，称SSE为剩余变差。

SST 的数学表达式如下：

$$SST = \sum_{i=1}^{k} \sum_{j=1}^{n_i} (x_{ij} - \bar{x})^2$$

式中：k 为自变量的水平数；x_{ij} 为自变量第 i 个水平下第 j 个样本值；n_i 为自变量第 i 个水平下的样本个数；$\bar{x}$ 为因变量均值。

SSA 的数学表达式为：

$$SSA = \sum_{i=1}^{k} \sum_{j=1}^{r} n_{ij} (\bar{x}_i{}^A - \bar{x})^2$$

式中：n_{ij} 为因素 A 第 i 个水平和因素 B 第 j 个水平下的样本观测值个数；$\bar{x}_i{}^A$ 为因素 A 第 i 个水平下因变量的均值。

SSB 的数学表达式为：

$$SSB = \sum_{i=1}^{y} \sum_{j=1}^{k} n_{ij} (\bar{x}_i{}^B - \bar{x})^2$$

式中：n_{ij} 为因素 B 第 i 个水平和因素 A 第 j 个水平下的样本观测值个数；$\bar{x}_i{}^B$ 为因素 B 第 i 个水平下因变量的均值。

SSE 的数学定义为：

$$SSE = \sum_{i=1}^{y} \sum_{j=1}^{k} \sum_{k=1}^{n_{ij}} (x_{ijk} - \bar{x}_{ij}^{AB})^2$$

式中：$\bar{x}_{ij}^{AB}$ 为因素 A 和因素 B 在水平 i 和水平 j 下的因变量均值。

2.多因素方差分析的理论假设

（1）各因素条件下的样本是相互独立的。

（2）各因素条件下的样本来自正态总体。

（3）各因素条件下的样本所属总体的方差相等。

3.多因素方差分析的基本步骤

（1）提出假设。

H_0：不同分组条件下的总体均值都相等，自变量各主效应和交互作用效应同时为零；

H_1：不同分组条件下的总体均值不都相等，自变量各主效应和交互作用效应不同时为零。

（2）选择检验统计量。

多因素方差分析中采用的检验统计量为 F 统计量。固定效应模型中，如果有 A、B 两个自变量，通常对应 3 个 F 检验统计量：

$$F_A = \frac{SSA/(k-1)}{SSE/kr(l-1)} = \frac{MSA}{MSE}$$

$$F_B = \frac{SSB/(r-1)}{SSE/kr(l-1)} = \frac{MSB}{MSE}$$

$$F_{AB} = \frac{SSAB/(r-1)(k-1)}{SSE/kr(l-1)} = \frac{MSAB}{MSE}$$

（3）计算检验统计量的值及相应的p值。

（4）给定显著性水平α，并做出决策。依据给定的显著性水平α，依次与各个检验统计量的p值进行比较，如果p值小于显著性水平α，则应拒绝原假设；如果p值大于或等于显著性水平α，则没有理由拒绝原假设。

【实验内容】

幸福感、宗教活动频率对体重的影响分析

Kaggle是由安东尼·高德布卢姆（Anthony Goldbloom）于2010年在墨尔本创立的，主要为开发商和数据科学家提供举办机器学习竞赛、托管数据库、编写和分享代码的平台。为了研究幸福感指数相关问题，我们从Kaggle平台幸福度数据中选择了中国各省市的幸福感、宗教活动频率和体重三个指标，并将相关数据存储在了数据集"data11_1.sav"中，试分析幸福感和宗教活动频率是否对体重有显著性影响，如果有显著性影响，再分析各个因素的不同水平对其影响是否显著。

【实验步骤】

本实验操作
视频

本实验以幸福感和宗教活动频率为自变量，以体重为因变量，原假设为：不同程度的幸福感对体重没有显著性影响，不同宗教活动频率对体重也没有显著性影响，幸福感和宗教活动频率没有产生显著的交互影响；备择假设为：不同程度的幸福感对体重产生显著影响，不同宗教活动频率对体重产生显著影响，幸福感和宗教活动频率具有显著的交互影响。

实验具体操作步骤如下：

（1）选择菜单：【Analyze（分析）】→【General Linear Model（一般线性模型）】→【Univariate（单变量）】，弹出如图11-1所示的对话框。

（2）选择"体重［Weight］"到"Dependent Variable（因变量）"框中，选择"幸福感［Happiness］"和"宗教活动频率［Religion］"到"Fixed Factor（s）（固定因子）"框中。

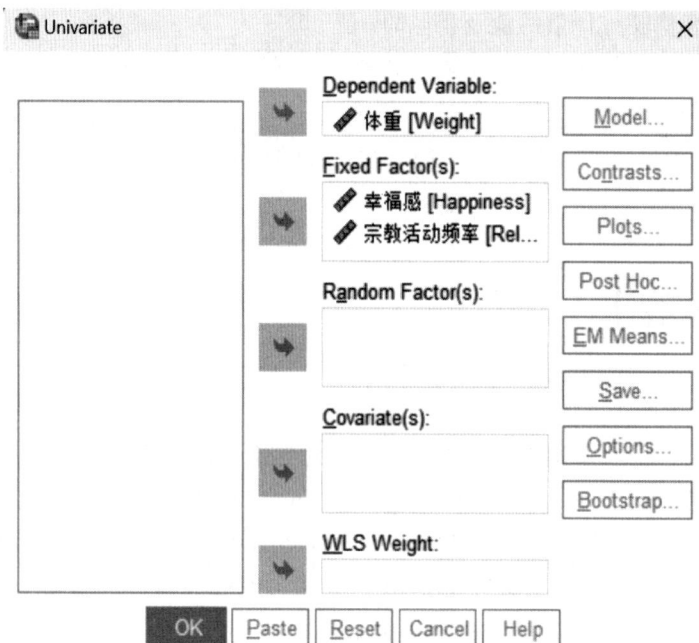

图 11-1　多因素方差分析对话框

（3）点击"Model（模型）…"按钮，弹出如图 11-2 所示的对话框。

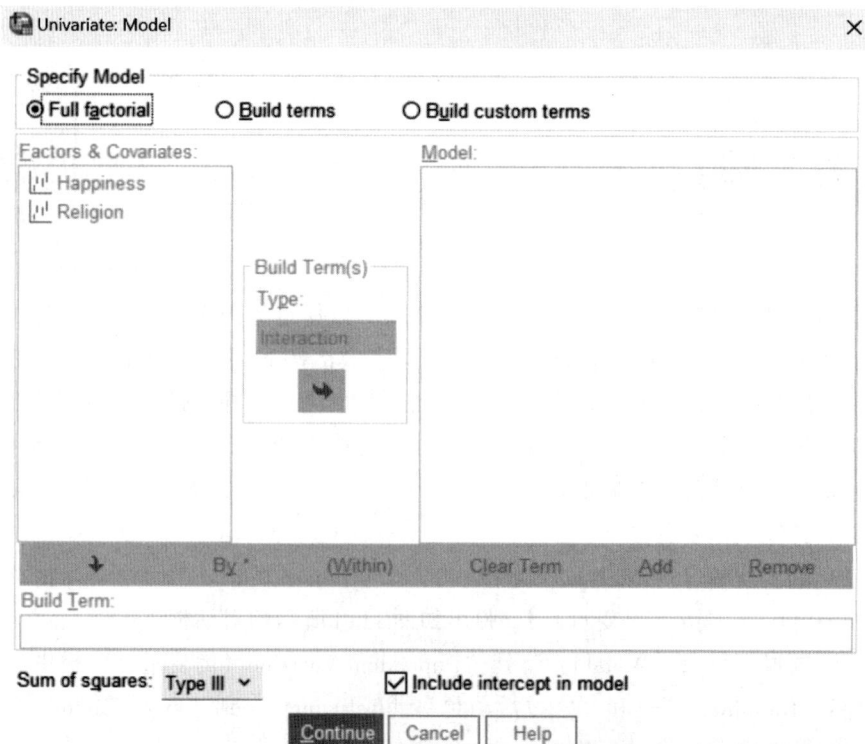

图 11-2　"Univariate：Model"对话框

（4）在"Specify Model（指定模型）"框下，选择"Full factorial（全因子）"选项，该选项为全模型选项，是系统默认的选项。全模型分析中包括所有自变量的主效应和因素与因素之间的交互效应。本实验中选用全模型。单击"Continue"按钮返回主对话框。

（5）点击"Options（选项）…"按钮，弹出如图11-3所示的对话框。选择"Display（显示）"框下的"Homogeneity tests（齐性检验）"选项进行方差齐性检验。点击"Continue"，返回主对话框。

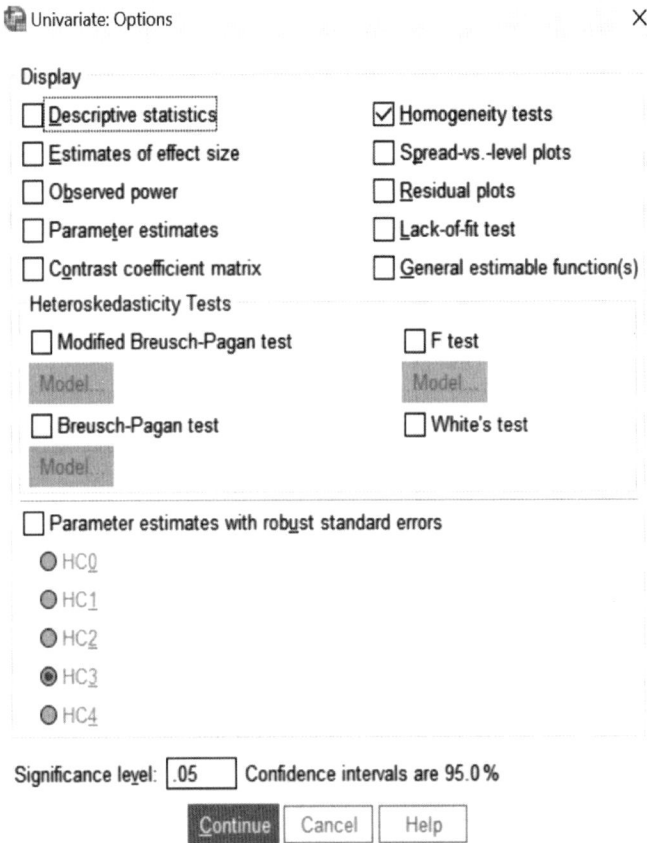

图 11-3　"Univariate：Options"对话框

（6）在主对话框中点击"Post Hoc（事后比较）…"按钮，弹出如图11-4所示的对话框。在此对话框中选择"幸福感［Happiness］"和"宗教活动频率［Religion］"进入"Post Hoc Tests for（下列各项的事后检验）"框内；选择"Equal Variances Assumed（假定等方差）"框下的"LSD"和"Bonferroni（邦弗伦尼）"选项。

（7）点击【Continue】→【OK】，系统输出的分析结果如图11-5至图11-8所示。

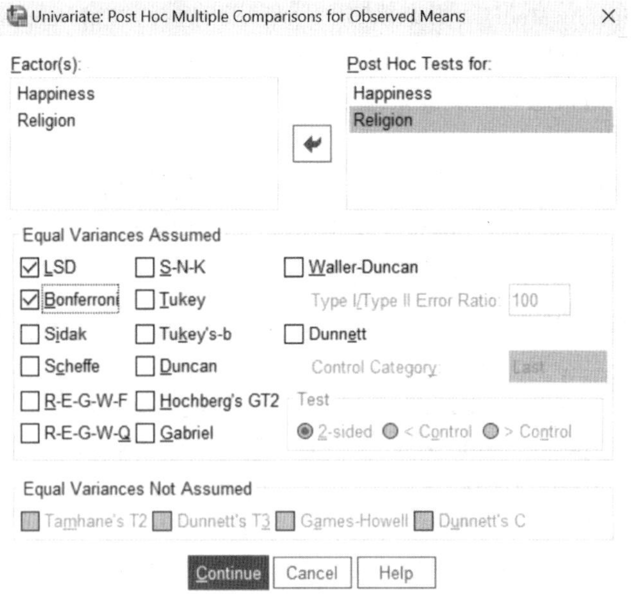

图11-4 "Post Hoc Multiple Comparisons for Observed Means" 选项窗口对话框

Levene's Test of Equality of Error Variances[a,b]

		Levene Statistic	df1	df2	Sig.
体重	Based on Mean	1.148	39	7899	.243
	Based on Median	.985	39	7899	.497
	Based on Median and with adjusted df	.985	39	7716.264	.497
	Based on trimmed mean	1.092	39	7899	.320

Tests the null hypothesis that the error variance of the dependent variable is equal across groups.

a. Dependent variable: 体重

b. Design: Intercept + Happiness + Religion + Happiness * Religion

图11-5 方差齐性检验输出结果

Tests of Between-Subjects Effects

Dependent Variable: 体重

Source	Type III Sum of Squares	df	Mean Square	F	Sig.
Corrected Model	66211.094[a]	42	1576.455	3.063	<.001
Intercept	3112803.411	1	3112803.411	6048.460	.000
Happiness	3390.678	4	847.670	1.647	.159
Religion	8756.599	8	1094.575	2.127	.030
Happiness * Religion	13324.545	30	444.152	.863	.681
Error	4065172.965	7899	514.644		
Total	122060166.0	7942			
Corrected Total	4131384.059	7941			

a. R Squared = .016 (Adjusted R Squared = .011)

图11-6 多因素方差分析输出结果

Multiple Comparisons

Dependent Variable: 体重

	(I) 幸福感	(J) 幸福感	Mean Difference (I-J)	Std. Error	Sig.	95% Confidence Interval	
						Lower Bound	Upper Bound
LSD	非常不幸福	比较不幸福	.66	2.447	.786	-4.13	5.46
		说不上幸福不幸福	-3.44	2.323	.139	-7.99	1.12
		比较幸福	-5.57*	2.249	.013	-9.98	-1.17
		非常幸福	-7.67*	2.305	<.001	-12.19	-3.15
	比较不幸福	非常不幸福	-.66	2.447	.786	-5.46	4.13
		说不上幸福不幸福	-4.10*	1.219	<.001	-6.49	-1.71
		比较幸福	-6.24*	1.070	<.001	-8.34	-4.14
		非常幸福	-8.34*	1.185	<.001	-10.66	-6.01
	说不上幸福不幸福	非常不幸福	3.44	2.323	.139	-1.12	7.99
		比较不幸福	4.10*	1.219	<.001	1.71	6.49
		比较幸福	-2.14*	.745	.004	-3.60	-.68
		非常幸福	-4.23*	.902	<.001	-6.00	-2.47
	比较幸福	非常不幸福	5.57*	2.249	.013	1.17	9.98
		比较不幸福	6.24*	1.070	<.001	4.14	8.34
		说不上幸福不幸福	2.14*	.745	.004	.68	3.60
		非常幸福	-2.10*	.688	.002	-3.45	-.75
	非常幸福	非常不幸福	7.67*	2.305	<.001	3.15	12.19
		比较不幸福	8.34*	1.185	<.001	6.01	10.66
		说不上幸福不幸福	4.23*	.902	<.001	2.47	6.00
		比较幸福	2.10*	.688	.002	.75	3.45
Bonferroni	非常不幸福	比较不幸福	.66	2.447	1.000	-6.21	7.53
		说不上幸福不幸福	-3.44	2.323	1.000	-9.96	3.09
		比较幸福	-5.57*	2.249	.132	-11.89	.74
		非常幸福	-7.67*	2.305	.009	-14.14	-1.20
	比较不幸福	非常不幸福	-.66	2.447	1.000	-7.53	6.21
		说不上幸福不幸福	-4.10*	1.219	.008	-7.52	-.68
		比较幸福	-6.24*	1.070	<.001	-9.24	-3.23
		非常幸福	-8.34*	1.185	<.001	-11.66	-5.01
	说不上幸福不幸福	非常不幸福	3.44	2.323	1.000	-3.09	9.96
		比较不幸福	4.10*	1.219	.008	.68	7.52
		比较幸福	-2.14*	.745	.041	-4.23	-.04
		非常幸福	-4.23*	.902	<.001	-6.77	-1.70
	比较幸福	非常不幸福	5.57	2.249	.132	-.74	11.89
		比较不幸福	6.24*	1.070	<.001	3.23	9.24
		说不上幸福不幸福	2.14*	.745	.041	.04	4.23
		非常幸福	-2.10*	.688	.023	-4.03	-.16
	非常幸福	非常不幸福	7.67*	2.305	.009	1.20	14.14
		比较不幸福	8.34*	1.185	<.001	5.01	11.66
		说不上幸福不幸福	4.23*	.902	<.001	1.70	6.77
		比较幸福	2.10*	.688	.023	.16	4.03

Based on observed means.
The error term is Mean Square(Error) = 514.644.

*. The mean difference is significant at the .05 level.

图 11-7 幸福感各水平多重比较输出结果

Multiple Comparisons

Dependent Variable: 体重
LSD

(I) 宗教活动频率	(J) 宗教活动频率	Mean Difference (I-J)	Std. Error	Sig.	95% Confidence Interval	
					Lower Bound	Upper Bound
从来没有参加过	一年不到1次	.11	1.681	.948	-3.19	3.40
	一年大概1到2次	4.18*	1.242	<.001	1.75	6.61
	一年几次	6.63*	1.527	<.001	3.64	9.63
	大概一月1次	1.57	3.393	.645	-5.09	8.22
	一月2到3次	7.88*	2.320	<.001	3.33	12.43
	差不多每周都有	1.82	3.597	.614	-5.24	8.87
	每周都有	1.34	2.407	.577	-3.38	6.06
	一周几次	.40	3.128	.897	-5.73	6.54
一年不到1次	从来没有参加过	-.11	1.681	.948	-3.40	3.19
	一年大概1到2次	4.07*	2.054	.047	.05	8.10
	一年几次	6.52*	2.238	.004	2.14	10.91
	大概一月1次	1.46	3.767	.699	-5.93	8.84
	一月2到3次	7.77*	2.839	.006	2.21	13.34
	差不多每周都有	1.71	3.952	.666	-6.04	9.45
	每周都有	1.23	2.910	.671	-4.47	6.94
	一周几次	.29	3.530	.934	-6.63	7.21
一年大概1到2次	从来没有参加过	-4.18*	1.242	<.001	-6.61	-1.75
	一年不到1次	-4.07*	2.054	.047	-8.10	-.05
	一年几次	2.45	1.930	.204	-1.33	6.24
	大概一月1次	-2.61	3.592	.467	-9.66	4.43
	一月2到3次	3.70	2.602	.155	-1.40	8.80
	差不多每周都有	-2.36	3.786	.532	-9.79	5.06
	每周都有	-2.84	2.680	.290	-8.09	2.42
	一周几次	-3.78	3.343	.259	-10.33	2.78
一年几次	从来没有参加过	-6.63*	1.527	<.001	-9.63	-3.64
	一年不到1次	-6.52*	2.238	.004	-10.91	-2.14
	一年大概1到2次	-2.45	1.930	.204	-6.24	1.33
	大概一月1次	-5.07	3.701	.171	-12.32	2.19
	一月2到3次	1.25	2.750	.650	-4.14	6.64
	差不多每周都有	-4.82	3.889	.215	-12.44	2.81
	每周都有	-5.29	2.824	.061	-10.83	.25
	一周几次	-6.23	3.459	.072	-13.01	.55
大概一月1次	从来没有参加过	-1.57	3.393	.645	-8.22	5.09
	一年不到1次	-1.46	3.767	.699	-8.84	5.93
	一年大概1到2次	2.61	3.592	.467	-4.43	9.66
	一年几次	5.07	3.701	.171	-2.19	12.32
	一月2到3次	6.32	4.092	.123	-1.71	14.34
	差不多每周都有	.25	4.930	.960	-9.41	9.91
	每周都有	-.22	4.142	.957	-8.34	7.90
	一周几次	-1.16	4.599	.800	-10.18	7.85
一月2到3次	从来没有参加过	-7.88*	2.320	<.001	-12.43	-3.33
	一年不到1次	-7.77*	2.839	.006	-13.34	-2.21
	一年大概1到2次	-3.70	2.602	.155	-8.80	1.40
	一年几次	-1.25	2.750	.650	-6.64	4.14
	大概一月1次	-6.32	4.092	.123	-14.34	1.71
	差不多每周都有	-6.07	4.263	.155	-14.42	2.29
	每周都有	-6.54*	3.320	.049	-13.05	-.03
	一周几次	-7.48	3.875	.054	-15.07	.12
差不多每周都有	从来没有参加过	-1.82	3.597	.614	-8.87	5.24
	一年不到1次	-1.71	3.952	.666	-9.45	6.04
	一年大概1到2次	2.36	3.786	.532	-5.06	9.79
	一年几次	4.82	3.889	.215	-2.81	12.44
	大概一月1次	-.25	4.930	.960	-9.91	9.41
	一月2到3次	6.07	4.263	.155	-2.29	14.42
	每周都有	-.47	4.311	.913	-8.92	7.98
	一周几次	-1.41	4.751	.766	-10.73	7.90
每周都有	从来没有参加过	-1.34	2.407	.577	-6.06	3.38
	一年不到1次	-1.23	2.910	.671	-6.94	4.47
	一年大概1到2次	2.84	2.680	.290	-2.42	8.09
	一年几次	5.29	2.824	.061	-.25	10.83
	大概一月1次	.22	4.142	.957	-7.90	8.34
	一月2到3次	6.54*	3.320	.049	.03	13.05
	差不多每周都有	.47	4.311	.913	-7.98	8.92
	一周几次	-.94	3.928	.811	-8.64	6.76
一周几次	从来没有参加过	-.40	3.128	.897	-6.54	5.73
	一年不到1次	-.29	3.530	.934	-7.21	6.63
	一年大概1到2次	3.78	3.343	.259	-2.78	10.33
	一年几次	6.23	3.459	.072	-.55	13.01
	大概一月1次	1.16	4.599	.800	-7.85	10.18
	一月2到3次	7.48	3.875	.054	-.12	15.07
	差不多每周都有	1.41	4.751	.766	-7.90	10.73
	每周都有	.94	3.928	.811	-6.76	8.64

Based on observed means.
The error term is Mean Square(Error) = 514.644.
*. The mean difference is significant at the .05 level.

Multiple Comparisons

Dependent Variable: 体重
Bonferroni

(I) 宗教活动频率	(J) 宗教活动频率	Mean Difference (I-J)	Std. Error	Sig.	95% Confidence Interval	
					Lower Bound	Upper Bound
从来没有参加过	一年不到1次	.11	1.681	1.000	-5.27	5.49
	一年大概1到2次	4.18*	1.242	.027	.21	8.15
	一年几次	6.63*	1.527	<.001	1.75	11.52
	大概一月1次	1.57	3.393	1.000	-9.29	12.42
	一月2到3次	7.88*	2.320	.025	.46	15.30
	差不多每周都有	1.82	3.597	1.000	-9.69	13.32
	每周都有	1.34	2.407	1.000	-6.35	9.04
	一周几次	.40	3.128	1.000	-9.60	10.41
一年不到1次	从来没有参加过	-.11	1.681	1.000	-5.49	5.27
	一年大概1到2次	4.07	2.054	1.000	-2.50	10.64
	一年几次	6.52	2.238	.128	-.63	13.68
	大概一月1次	1.46	3.767	1.000	-10.59	13.50
	一月2到3次	7.77	2.839	.223	-1.31	16.85
	差不多每周都有	1.71	3.952	1.000	-10.93	14.35
	每周都有	1.23	2.910	1.000	-8.07	10.54
	一周几次	.29	3.530	1.000	-11.00	11.58
一年大概1到2次	从来没有参加过	-4.18*	1.242	.027	-8.15	-.21
	一年不到1次	-4.07	2.054	1.000	-10.64	2.50
	一年几次	2.45	1.930	1.000	-3.72	8.62
	大概一月1次	-2.61	3.592	1.000	-14.10	8.87
	一月2到3次	3.70	2.602	1.000	-4.62	12.02
	差不多每周都有	-2.36	3.786	1.000	-14.47	9.74
	每周都有	-2.84	2.680	1.000	-11.41	5.74
	一周几次	-3.78	3.343	1.000	-14.47	6.91
一年几次	从来没有参加过	-6.63*	1.527	<.001	-11.52	-1.75
	一年不到1次	-6.52	2.238	.128	-13.68	.63
	一年大概1到2次	-2.45	1.930	1.000	-8.62	3.72
	大概一月1次	-5.07	3.701	1.000	-16.90	6.77
	一月2到3次	1.25	2.750	1.000	-7.55	10.04
	差不多每周都有	-4.82	3.889	1.000	-17.25	7.62
	每周都有	-5.29	2.824	1.000	-14.32	3.74
	一周几次	-6.23	3.459	1.000	-17.29	4.83
大概一月1次	从来没有参加过	-1.57	3.393	1.000	-12.42	9.29
	一年不到1次	-1.46	3.767	1.000	-13.50	10.59
	一年大概1到2次	2.61	3.592	1.000	-8.87	14.10
	一年几次	5.07	3.701	1.000	-6.77	16.90
	一月2到3次	6.32	4.092	1.000	-6.77	19.40
	差不多每周都有	.25	4.930	1.000	-15.52	16.02
	每周都有	-.22	4.142	1.000	-13.47	13.02
	一周几次	-1.16	4.599	1.000	-15.87	13.54
一月2到3次	从来没有参加过	-7.88*	2.320	.025	-15.30	-.46
	一年不到1次	-7.77	2.839	.223	-16.85	1.31
	一年大概1到2次	-3.70	2.602	1.000	-12.02	4.62
	一年几次	-1.25	2.750	1.000	-10.04	7.55
	大概一月1次	-6.32	4.092	1.000	-19.40	6.77
	差不多每周都有	-6.07	4.263	1.000	-19.70	7.57
	每周都有	-6.54	3.320	1.000	-17.16	4.08
	一周几次	-7.48	3.875	1.000	-19.87	4.91
差不多每周都有	从来没有参加过	-1.82	3.597	1.000	-13.32	9.69
	一年不到1次	-1.71	3.952	1.000	-14.35	10.93
	一年大概1到2次	2.36	3.786	1.000	-9.74	14.47
	一年几次	4.82	3.889	1.000	-7.62	17.25
	大概一月1次	-.25	4.930	1.000	-16.02	15.52
	一月2到3次	6.07	4.263	1.000	-7.57	19.70
	每周都有	-.47	4.311	1.000	-14.26	13.31
	一周几次	-1.41	4.751	1.000	-16.61	13.78
每周都有	从来没有参加过	-1.34	2.407	1.000	-9.04	6.35
	一年不到1次	-1.23	2.910	1.000	-10.54	8.07
	一年大概1到2次	2.84	2.680	1.000	-5.74	11.41
	一年几次	5.29	2.824	1.000	-3.74	14.32
	大概一月1次	.22	4.142	1.000	-13.02	13.47
	一月2到3次	6.54	3.320	1.000	-4.08	17.16
	差不多每周都有	.47	4.311	1.000	-13.31	14.26
	一周几次	-.94	3.928	1.000	-13.50	11.62
一周几次	从来没有参加过	-.40	3.128	1.000	-10.41	9.60
	一年不到1次	-.29	3.530	1.000	-11.58	11.00
	一年大概1到2次	3.78	3.343	1.000	-6.91	14.47
	一年几次	6.23	3.459	1.000	-4.83	17.29
	大概一月1次	1.16	4.599	1.000	-13.54	15.87
	一月2到3次	7.48	3.875	1.000	-4.91	19.87
	差不多每周都有	1.41	4.751	1.000	-13.78	16.61
	每周都有	.94	3.928	1.000	-11.62	13.50

Based on observed means.
 The error term is Mean Square(Error) = 514.644.
 *. The mean difference is significant at the .05 level.

图11-8 宗教活动频率各水平多重比较输出结果

由图 11-5 的方差齐性检验输出结果可以看出，Levene F 统计量的值为 1.148，p 值为 0.243，说明在 0.05 的显著性水平下满足方差齐性的要求。

由图 11-6 的多因素方差分析的输出结果可以看出，幸福感作用的 F 统计量的值是 1.647，p 值为 0.159；宗教活动频率的 F 统计量的值是 2.127，p 值为 0.030；由幸福感和宗教活动频率交互作用的 F 统计量的值是 0.863，p 值为 0.681；可以得出在 0.05 显著性水平下宗教活动频率对体重有显著影响的结论。

由于本实验中的方差齐性检验结果是具有方差齐性的，所以应就 LSD 和 Bonferroni 的输出结果进行分析，如图 11-7 和图 11-8 所示，比较相应的两组均值的 p 值与显著性水平的大小。在 0.05 的显著性水平下，如果 p 值≥0.05，则两组均值不存在显著性差异；如果 p 值<0.05，则两组均值存在显著性差异。

【问题思考】

1.多因素方差分析的前提条件是什么？单因素方差分析和多因素方差分析的方差齐性检验有什么不同？

2.尝试选用自定义模型中的不饱和模型进行多因素方差分析，观察结果如何。

【实验总结】

多因素方差分析用来研究两个及两个以上自变量是否对因变量产生显著影响。多因素方差分析不仅能够分析多个因素对因变量的独立影响，还能够分析多个自变量的交互作用能否对因变量的分布产生显著影响，进而找到有利于因变量的最优组合。多因素方差分析的第一步是确定因变量和若干自变量，在本实验中，因变量为体重，自变量为幸福感和宗教活动频率。第二步为提出假设并进行多因素方差分析和方差齐性检验，通过 Levene F 统计量结果得出了方差齐性的结论。本实验的原假设是体重与幸福感和宗教活动频率间并无显著性相关关系，且幸福感与宗教活动频率间无显著交互影响，通过检验结果我们拒绝了原假设，并得出了体重与宗教活动频率显著性相关的结论。第三步进行多重比较，通过结果中的 p 值判定两两因素间是否存在显著性差异。

【课后练习】

1.玉米是我国最大的粮食品种、重要的饲料原料和工业原料，在国家粮食安全和国民经济中占有重要地位。玉米主要供需区域可以划分为东北、华北和南方，三个区域的价格可以分别由锦州港口、沧州地区和蛇口港口的价格作为代表，不同地区间的价格相互影响，现收集了不同月份的三个地区的玉米价格并保存在数据集"data11_2.sav"中，试用多因素方差分析来分析不同月份和地区对玉米价格的影响。

2.为准确反映国外进口棉花在中国报价的变动趋势、比较国内外棉花在中国的报价水平，给进口棉花企业提供一个真实的价格"晴雨表"，中国棉花协会在中国棉花价格指数（CC Index）中增发"高、中、低"三个等级进口棉花品种报价，综合简称"FC Index"，反映发布当日即期装船进口棉花到中国主港的CNF价（即成本加运费，不包括关税、增值税、港口费用和保险费）。现收集了不同进口月份的三个等级的进口棉花价格指数数据并保存在数据集"data11_3.sav"中，试用多因素方差分析来分析不同进口月份和等级对进口棉花价格指数的影响。

3.豆油期货是以豆油为标的物的期货品种，于2006年1月9日在大连商品交易所上市交易，其主要交易的期货合约为1月、5月和9月合约，三个合约的价格在不同的时间段互相影响并带来交易机会。现收集了不同周度、不同合约的期货价格数据并储存在数据集"data11_4.sav"中，试用多因素方差分析方法分析不同周度、不同合约的期货价格变动情况。

【参考文献】

［1］孙玉环.统计学（新编）［M］.北京：中国统计出版社，2016.

［2］薛薇.统计分析与SPSS的应用［M］.6版.北京：中国人民大学出版社，2021.

［3］贾俊平.统计学——基于SPSS［M］.4版.北京：中国人民大学出版社，2022.

实验十二　协方差分析

【实验目的】

1.准确掌握协方差分析的方法原理。
2.熟练掌握协方差分析的SPSS操作。
3.培养运用协方差分析方法解决实际问题的能力。

【准备知识】

1.协方差分析的基本思想

协方差分析是传统方差分析方法的一种延续。不论是单因素方差分析，还是多因素方差分析，都不考虑协变量的存在，但协变量会对因变量产生显著影响。为了更准确地研究自变量不同水平对因变量的影响，需要考虑协变量在其中的影响程度，这就是协方差分析所要解决的问题。从方法原理上看，协方差分析是介于方差分析与线性回归分析之间的一种统计分析方法。协方差分析将那些人为很难控制的因素作为协变量，并在排除协变量对因变量影响的条件下，分析自变量对因变量的作用，从而更加准确地对控制因素进行评价。

例如，通过服用某种新型的糖尿病药物，糖尿病患者的血糖都出现了明显的下降，但是不同患者血糖下降究竟是由新药影响的还是因为初始血糖水平的差异造成的呢？研究新型药物对糖尿病患者血糖影响的问题，需要排除糖尿病患者初始血糖水平对最终血糖水平的影响，初始血糖水平即为进行分析时的协变量。

在协方差分析中，作为协变量的变量一般是数值型变量，如糖尿病患者的初始血糖水平等。

2.协方差分析的理论假设

（1）协变量对因变量的线性影响不显著。

（2）在剔除协变量影响的条件下，自变量各水平下因变量的总体均值无显著差异。

（3）自变量各水平对因变量效应同时为零。

3.协方差分析的数学模型

全模型：

$$y_{ij} = \beta_0 + \alpha_i + \beta_1 x_{ij} + \varepsilon_{ij}$$

简略模型Ⅰ：

$$y_{ij} = \beta_0 + \alpha_i + \varepsilon_{ij}$$

简略模型Ⅱ：

$$y_{ij} = \beta_0 + \beta_1 x_{ij} + \varepsilon_{ij}$$

式中：x为协变量，α_i为处理。全模型既考虑了协变量，又考虑了处理对因变量的影响；简略模型I仅考虑了处理对因变量的影响；简略模型Ⅱ仅考虑了协变量对因变量的影响。

4.协方差分析的基本步骤

（1）计算$F_1 = \dfrac{SSE_{RI} - SSE_F}{SSE_F/(N - t - 1)}$，其自由度为(1，N - t - 1)，若$F_1 \geq F(\alpha, 1, N - t - 1)$，则认为协变量和观测值有显著线性关系。

（2）计算$F_2 = \dfrac{(SSE_{RII} - SSE_F)/(t - 1)}{SSE_F/(N - t - 1)}$，其自由度为(t - 1，N - t - 1)，若$F_2 \geq F(\alpha, t - 1, N - t - 1)$，则认为经过协变量调整后的观测值按照不同处理分组后，各组之间差异显著。

式中：SSE_F为模型的误差平方和；SSE_{RI}为简略模型I的误差平方和；SSE_{RII}为简略模型Ⅱ的误差平方和。

（3）计算经协变量调整后各组处理的观测值均值（剔除协变量因素），调整方程为：

$$\hat{\mu}_{Adj, i} = \hat{\beta}_0 + \hat{\beta}_i + \hat{\beta}_1 \bar{x}$$

式中：i = 2，3，…，t，t等于处理个数加1，$\bar{x}$为协变量的平均值。

【实验内容】

不同地区现货价格是否对期货价格有显著影响

期货，英文名是Futures，是以某种大宗产品（如棉花、大豆、石油等）以及金融资产（如股票、债券等）为标的的可交易的标准化合约。玉米期货即以玉米为标的的标准化合约，是大连商品交易所 2004 年 9 月 22 日上市的农产品期货品种。运用玉米期货，可以有效利用发现价格和规避风险功能来引导玉米产地的种植结构调整，促进农民增收，还能吸引社会游资分担产业风险，提高企业市场竞争力，对于提高我国在国际玉米市场中的竞争优势有着重要的现实意义。玉米期货价格主要受基本面和技术面的影响，基本面即不同地区的玉米现货市场供需情况的波动带来的现货价格的变化，技术面是由于资金出入市场带来的价格波动。为了解不同地区的玉米现货价格对期货价格的影响，可以采用单因素协方差分析进行深入研究，相关数据存储在数据集"data12_1.sav"中。

【实验步骤】

本实验操作视频

为确认现货价格［P_Corn］是否能够作为协变量，绘制"现货价格［P_Corn］"与"期货价格［P_Futures］"的散点图如图 12-1 所示。

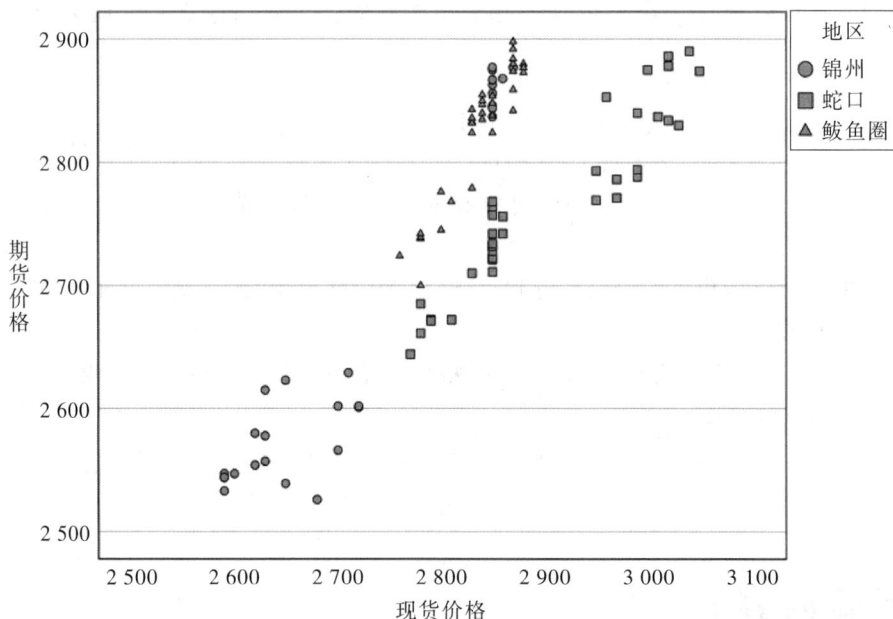

图 12-1 "现货价格［P_Corn］"与"期货价格［P_Futures］"的散点图

由图 12-1 可以看出，"现货价格［P_Corn］"与"期货价格［P_Futures］"呈较为明显的线性关系，而且斜率基本一致。由此初步确认"现货价格［P_Corn］"可以作为协变量参与下一步的协方差分析。协方差分析的具体步骤如下：

1.全模型协方差分析步骤

（1）打开数据集"data12_1.sav"，选择菜单：【Analyze（分析）】→【General Linear Model（一般线性模型）】→【Univariate（单变量）】，弹出如图 12-2 所示的"Univariate（单变量）"对话框。

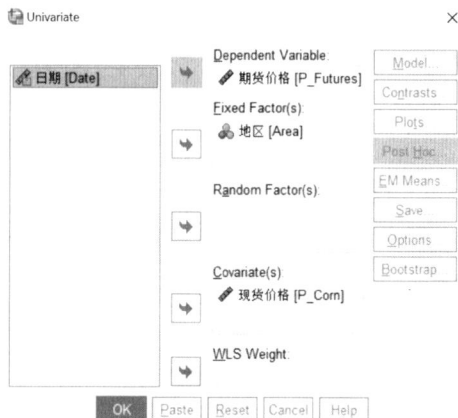

图 12-2　"Univariate（单变量）"对话框

（2）选择变量"期货价格［P_Futures］"进入"Dependent Variable（因变量）"框内；选择变量"现货价格［P_Corn］"进入"Covariate（s）（协变量）"框内；选择变量"地区［Area］"进入"Fixed Factor（s）（固定因子）"框内。

（3）点击"Options（选项）…"按钮，弹出如图 12-3 所示的"Univariate：Options（单变量：选项）"对话框。在此对话框中选择"Parameter estimates（参数估算值）"选项。

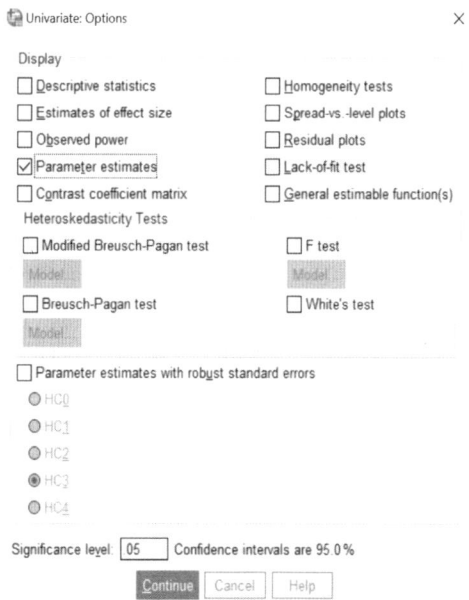

图 12-3　"Univariate：Options（单变量：选项）"对话框

（4）点击【Continue】→【OK】，系统输出的协方差分析结果如图12-4和图12-5所示。

Tests of Between-Subjects Effects

Dependent Variable: 期货价格

Source	Type III Sum of Squares	df	Mean Square	F	Sig.
Corrected Model	1036922.64ᵃ	3	345640.881	242.539	<.001
Intercept	3227.791	1	3227.791	2.265	.136
P_Corn	691812.034	1	691812.034	485.449	<.001
Area	255680.148	2	127840.074	89.706	<.001
Error	131108.845	92	1425.096		
Total	732761263.0	96			
Corrected Total	1168031.490	95			

a. R Squared = .888 (Adjusted R Squared = .884)

图12-4　全模型协方差分析输出结果

Parameter Estimates

Dependent Variable: 期货价格

Parameter	B	Std. Error	t	Sig.	95% Confidence Interval	
					Lower Bound	Upper Bound
Intercept	-149.378	135.162	-1.105	.272	-417.822	119.066
P_Spot	1.049	.048	22.033	<.001	.954	1.143
[Area=1]	-27.823	11.178	-2.489	.015	-50.023	-5.623
[Area=2]	-130.491	9.750	-13.383	<.001	-149.856	-111.126
[Area=3]	0ᵃ	.	.	.	.	.

a. This parameter is set to zero because it is redundant.

图12-5　协方差分析参数估计输出结果

2.简略模型Ⅰ协方差分析步骤

（1）选择菜单：【Analyze（分析）】→【General Linear Model（一般线性模型）】→【Univariate（单变量）】，弹出如图12-6所示的"Univariate（单变量）"对话框。

图12-6　"Univariate（单变量）"对话框

（2）选择变量"期货价格［P_Futures］"进入"Dependent Variable（因变量）"框内；选择变量"地区［Area］"进入"Fixed Factor（s）（固定因子）"框内。

（3）点击"OK"，系统输出的简略模型I协方差分析结果如图12-7所示。

Tests of Between-Subjects Effects

Dependent Variable:　期货价格

Source	Type III Sum of Squares	df	Mean Square	F	Sig.
Corrected Model	345110.610a	2	172555.305	19.501	<.001
Intercept	722753104.9	1	722753104.9	81679.831	<.001
Area	345110.610	2	172555.305	19.501	<.001
Error	822920.879	93	8848.612		
Total	732761263.0	96			
Corrected Total	1168031.490	95			

a. R Squared = .295 (Adjusted R Squared = .280)

图12-7　简略模型I协方差分析输出结果

3.简略模型II协方差分析步骤

（1）选择菜单：【Analyze（分析）】→【General Linear Model（一般线性模型）】→【Univariate（单变量）】，弹出如图12-8所示的"Univariate（单变量）"对话框。

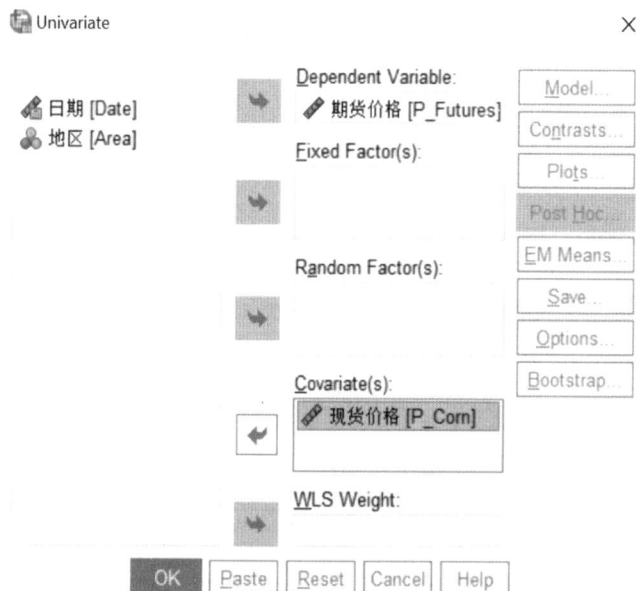

图12-8　"Univariate（单变量）"对话框

（2）将因变量"期货价格［P_Futures］"移入"Dependent Variable（因变

量）"框内；将协变量"现货价格［P_Corn］"移入"Covariate（s）（协变量）"框内。

（3）点击"OK"，系统输出简略模型Ⅱ的协方差分析结果（如图12-9所示）。

Tests of Between-Subjects Effects

Dependent Variable: 期货价格

Source	Type III Sum of Squares	df	Mean Square	F	Sig.
Corrected Model	781242.496[a]	1	781242.496	189.863	<.001
Intercept	30513.178	1	30513.178	7.416	.008
P_Spot	781242.496	1	781242.496	189.863	<.001
Error	386788.993	94	4114.777		
Total	732761263.0	96			
Corrected Total	1168031.490	95			

a. R Squared = .669 (Adjusted R Squared = .665)

图12-9　简略模型Ⅱ协方差分析输出结果

4.对SPSS输出结果进行计算

（1）$F_1 = \dfrac{SSE_{R\,I} - SSE_F}{SSE_F/(N-t-1)} = \dfrac{386\,788.993 - 131\,108.845}{131\,108.845 \div (96-3-1)} = 179.413 > F_{(0.05,\,1.75)}$

可以得出结论，玉米现货价格和期货价格有显著的线性相关性（即斜率β_1不为0）。

（2）$F_2 = \dfrac{(SSE_{R\,II} - SSE_F)/(t-1)}{SSE_F/(N-t-1)} = \dfrac{(822\,920.879 - 131\,108.845)/(3-1)}{131\,108.845 \div (96-3-1)} = 242.725$

$> F_{(0.05,\,3.75)}$ 可以得出结论，按照不同地区分类调整后的玉米期货价格之间有显著差异。

（3）计算调整后的观测值。

将图12-4中的参数估计值，即$\hat{\beta}_0 = -149.378$，$\hat{\beta}_1 = 1.049$，$\hat{\beta}_2 = -27.823$，$\hat{\beta}_3 = -130.491$，代入调整方程$\hat{\mu}_{Adj.\,i} = \hat{\beta}_0 + \hat{\beta}_i + \hat{\beta}_1 \bar{x}$（$\bar{x}$为协变量的平均值），得：

$(\beta_0 + \beta_2) + \beta_1 \bar{x}_1 = (-149.378 - 27.823) + 1.049 \times 2\,719.64 = 2\,675.70$

$(\beta_0 + \beta_3) + \beta_1 \bar{x}_2 = (-149.378 - 130.491) + 1.049 \times 2\,906.57 = 2\,769.12$

$\beta_0 + \beta_1 \bar{x}_3 = -149.378 + 1.049 \times 2\,836.36 = 2\,825.96$

整理结果见表12-1。

表12-1　　　　　　　　　调整后各处理下观测值的均值表

期货价格	地区1	地区2	地区3
调整后	2 675.70	2 769.12	2 825.96

【问题思考】

1.比较各处理下调整前与调整后的观测值的均值之间的差异。

2.尝试做出没有截距项的模型，然后利用本实验中的数据进行分析。

（提示：在协方差分析的"Univariate（单变量）"对话框中点击"Model（模型）…"按钮，弹出"Model（模型）"对话框，在此对话框中消掉"Include Intercept in Model（在模型中包括截距）"前面的"√"，即取消了模型的截距项，点击"Continue"返回"Univariate（单变量）"对话框，再进行其他操作）

【实验总结】

协方差分析将那些人为很难控制的数值型控制因素作为协变量，并在剔除协变量对因变量影响的条件下，分析自变量对因变量的作用，从而更加准确地对水平可控因素进行评价。协方差分析的步骤与方差分析的步骤基本一致，但是在协方差分析中，分析前需要先确定协变量，可以通过绘制散点图来直观反映拟选择的变量是否可以作为协变量，本实验中拟选择现货价格作为协变量，通过绘制散点图可以看出不同地区的玉米期现货价格均呈现出相似的线性关系，各斜率基本相同，所以现货价格可以作为协变量进行协方差分析，随后即可进行具体的协方差分析的操作。

【课后练习】

1.我国是世界上最大的纺织品生产国，产量接近全球纺织品总规模的一半，国内供应不足以满足生产需求，缺口主要靠进口棉纱弥补。印度和巴基斯坦是我国进口棉纱的主要国家，现收集了相关数据并存储在数据集"data12_2.sav"中，试用协方差分析方法来分析不同地区进口棉纱价格对棉花期货价格的影响。

2.菜籽油富含维生素 E、胡萝卜素、饱和及不饱和脂肪酸、磷脂等，可用作食用油、润滑油等，也用于制肥皂和碘化油。郑州商品交易所于 2007 年挂牌上市菜籽油期货。现收集了菜籽油现货和不同期货合约的价格数据，并存储在数据集"data12_3.sav"中，试用协方差分析方法来分析现货价格对不同期货合约价格的影响。

3.食糖作为一种甜味食料，是人体所必需的三大养分（糖类、蛋白质、脂肪）之一，食用后能供给人体较高的热量。白砂糖、绵白糖俗称白糖，现收集了广西现货白糖价格和相关进口价格数据并存储在数据集"data12_4.sav"中，试用协方差分析方法来分析不同进口价格对广西现货价格的影响。

【参考文献】

[1] 孙玉环．统计学（新编）［M］．北京：中国统计出版社，2016．

[2] 薛薇．统计分析与SPSS的应用［M］．6版．北京：中国人民大学出版社，2021．

[3] 贾俊平．统计学——基于SPSS［M］．4版．北京：中国人民大学出版社，2022．

实验十三　相关分析

【实验目的】

1.准确掌握相关分析的方法原理。

2.熟练掌握相关分析的SPSS操作。

3.了解 Pearson 相关系数、Spearman 相关系数、Kendall's tau-b 相关系数的计算方法及其对数据的要求。

4.培养运用相关分析解决实际问题的能力。

【准备知识】

1.简单相关分析的概念

相关分析是研究变量间关系密切程度的一种统计方法。线性相关分析研究两个数值型变量间线性关系的强弱程度，相关系数是描述这种线性关系强弱的统计量，通常用r表示。

如果变量 y 随变量 x 的增加而增加或随着变量 x 的减少而减少，则称为两者变化方向一致，这种相关称为正向相关，其相关系数大于0；反之，相关系数小于0。如果一个变量 y 可以确切地用另一个变量 x 的线性函数表示，则两个变量间的相关系数是1或-1。

2.相关系数的计算方法

（1）Pearson 相关系数

正态分布的定距尺度的变量 x 与变量 y 间的 Pearson 相关系数，可以采用 Pearson 积矩相关公式计算，公式为：

$$r_{xy} = \frac{\sum_{i=1}^{n}(x_i - \bar{x})(y_i - \bar{y})}{\sqrt{\sum_{i=1}^{n}(x_i - \bar{x})^2 \sum_{i=1}^{n}(y_i - \bar{y})^2}}$$

式中：$\bar{x}$、$\bar{y}$ 分别是变量 x、y 的均值；x_i、y_i 分别是变量 x、y 的第 i 个观测值；Pearson 相关系数的取值在 -1 和 1 之间，绝对值越大，表明相关性越强。

（2）Spearman 相关系数

Spearman 相关系数是 Pearson 相关系数的非参数形式，是根据数据的秩而不是根据实际值计算的。也就是说，先对原始变量的数据排秩，根据秩使用 Spearman 相关系数公式进行计算。它适合定序尺度数据或不满足正态分布假设的定距尺度数据。其取值也在 -1 和 1 之间，绝对值越大，表明相关性越强。变量 x 与变量 y 间的 Spearman 相关系数计算公式为：

$$\theta = \frac{\sum(R_i - \bar{R})(S_i - \bar{S})}{\sqrt{\sum(R_i - \bar{R})^2(S_i - \bar{S})^2}}$$

式中：R_i 是第 i 个 x 值的秩；S_i 是第 i 个 y 值的秩；$\bar{R}$、$\bar{S}$ 分别是变量 R_i、S_i 的平均值。

（3）Kendall's tau-b 相关系数

Kendall's tau-b 相关系数也是一种对两个有序变量或两个秩变量间的关系程度的测度。它在分析时考虑了节点（秩次相同）的影响，适用于两个变量均为定序尺度数据的情况。Kendall's tau-b 相关系数计算公式如下：

$$\tau = \frac{\sum_{i<j} \text{sgn}((x_i - \bar{x})(y_i - \bar{y}))}{\sqrt{(T_0 - T_1)(T_0 - T_2)}}$$

其中，

$$\text{sgn}(z) = \begin{cases} 1 & \text{if } z > 0 \\ 0 & \text{if } z = 0 \\ -1 & \text{if } z < 0 \end{cases}$$

$$T_0 = n(n-2)/2 \quad T_1 = \sum t_i(t_i - 1)/2 \quad T_2 = \sum u_i(u_i - 1)/2$$

式中：t_i 是 x 的第 i 组节点 x 值的数目；u_i 是 y 的第 i 组节点 y 值的数目；n 为观测数。Kendall's tau-b 相关系数的数值也在 -1 和 1 之间，绝对值越大，表明相关性越强。

3.关于相关系数统计意义的检验

我们通常利用样本来研究总体的特性。由于抽样误差的存在，样本中两个变量之间的相关系数不为零，不能说明总体中这两个变量间的相关系数不是零，因此必须进行检验。检验的原假设是：总体中两个变量间的相关系数为零。Pearson 相关系数和Spearman相关系数进行假设检验的计算公式为：

$$t = \frac{\sqrt{n-2} \cdot r}{\sqrt{1-r^2}}$$

式中：r是相关系数，n是样本观测数，n－2是自由度。当 $t > t_{0.05}(n-2)$ 时，$p < 0.05$，拒绝原假设。在SPSS的相关分析过程中，只输出相关系数和假设成立的概率p值。

4.偏相关分析

（1）偏相关分析的概念

由于受其他变量的影响，相关系数往往不能真实反映两个变量间的线性相关程度，偏相关分析是在研究两个变量之间的线性相关关系时控制可能对其产生影响的变量。

（2）偏相关系数的计算

控制了一个变量z，变量x、y之间的偏相关系数计算公式为：

$$r_{xy,z} = \frac{r_{xy} - r_{xz}r_{yz}}{\sqrt{(1-r_{xz}^2)(1-r_{yz}^2)}}$$

式中：$r_{xy,z}$ 是控制了z的条件下，x、y之间的偏相关系数。r_{xy} 是变量x、y间的简单相关系数或称零阶相关系数。r_{xz}、r_{yz} 分别是变量x、z间和变量y、z间的简单相关系数，以此类推。

控制了两个变量 z_1、z_2，变量x、y之间的偏相关系数计算公式为：

$$r_{xy,z_1z_2} = \frac{r_{xyz_1} - r_{xz_2,z_1}r_{yz_2,z_1}}{\sqrt{(1-r_{xz_2,z_1}^2)(1-r_{yz_2,z_1}^2)}}$$

（3）偏相关系数的检验

偏相关系数检验的原假设为：总体中两个变量间的偏相关系数为0。使用t检验方法，公式如下：

$$t = \frac{\sqrt{n-k-2} \cdot r}{\sqrt{1-r^2}}$$

式中：r是相应的偏相关系数，n是样本观测数，k是自变量的数目，n-k-2是自由度。当 $|t| > t_{0.05}(n-k-2)$ 时，$p < 0.05$，拒绝原假设。在SPSS的相关分析过程中，只输出偏相关系数及其p值。

【实验内容】

不同农产品期货价格的相关关系分析

猪肉和鸡蛋价格和普通百姓的生活息息相关。由于猪肉和鸡蛋都是重要的蛋白质来源，二者的消费具有替代关系，因此猪肉和鸡蛋价格存在一定的相关性。生猪和鸡蛋期货分别以生猪和鸡蛋现货为标的，所以生猪和鸡蛋期货价格可能存在相关关系。同时，生猪和鸡蛋的价格与整体经济形势也存在相关性，经济越好，消费量越高，价格也会越高。为了了解生猪期货价格变动是否与鸡蛋期货价格相关，以及其与代表国家宏观经济形势变化的3个月Shibor（上海银行间同业拆放利率）是否相关，现收集了2023年3月1日至2023年5月31日的相关数据，数据存放在数据集"data13_1.sav"中。

要求：

（1）根据上述内容，计算生猪期货价格、鸡蛋期货价格与3个月Shibor之间的相关性。

（2）在控制其他变量的情况下，分别计算鸡蛋价格与3个月Shibor与生猪价格间的偏相关系数。

【实验步骤】

本实验操作
视频

针对实验目的首先提出假设：

H_0：生猪期货价格、鸡蛋期货价格和3个月Shibor之间无线性相关关系；

H_1：生猪期货价格、鸡蛋期货价格和3个月Shibor之间存在线性相关关系。

具体实验步骤如下：

1.计算简单相关系数

（1）选择菜单：【Analyze（分析）】→【Correlate（相关）】→【Bivariate（双变量）】，弹出如图13-1所示的对话框。

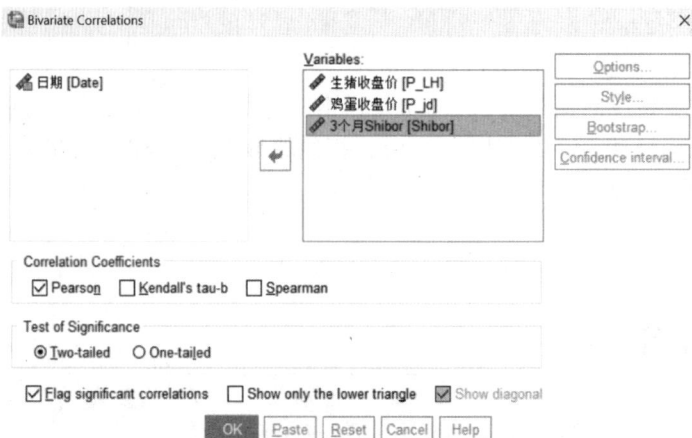

图13-1 简单相关系数计算对话框

（2）在图13-1的对话框中选择变量"生猪收盘价［P_LH］"、"鸡蛋收盘价［P_jd］"和"3个月Shibor［Shibor］"移入"Variables（变量）"框内。选择

"Correlation Coefficients（相关系数）"框下的"Pearson（皮尔逊）"选项；选择"Test of Significance（显著性检验）"框下的"Two-tailed（双尾）"选项；选中"Flag significant correlations（标记显著性相关性）"复选项。

（3）点击"OK"，系统输出简单相关系数的计算结果如图13-2所示。

Correlations

		生猪收盘价	鸡蛋收盘价	3个月Shibor
生猪收盘价	Pearson Correlation	1	.226	.263*
	Sig. (2-tailed)		.082	.043
	N	60	60	60
鸡蛋收盘价	Pearson Correlation	.226	1	.839**
	Sig. (2-tailed)	.082		<.001
	N	60	60	60
3个月Shibor	Pearson Correlation	.263*	.839**	1
	Sig. (2-tailed)	.043	<.001	
	N	60	60	60

*. Correlation is significant at the 0.05 level (2-tailed).

**. Correlation is significant at the 0.01 level (2-tailed).

图13-2　简单相关系数计算输出结果

由输出结果可以看出，生猪收盘价、鸡蛋收盘价和3个月Shibor存在显著性线性相关关系，由此可以进行偏相关分析。

2.计算偏相关系数

进行偏相关分析前首先要确定自变量，本实验中首先将3个月Shibor作为自变量，然后提出假设：H_0：生猪收盘价和鸡蛋收盘价不存在偏相关关系；H_1：生猪收盘价和鸡蛋收盘价存在偏相关关系。

具体实验步骤如下：

（1）选择菜单：【Analyze（分析）】→【Correlate（相关）】→【Partial（偏相关）】，弹出如图13-3所示的偏相关系数计算对话框。

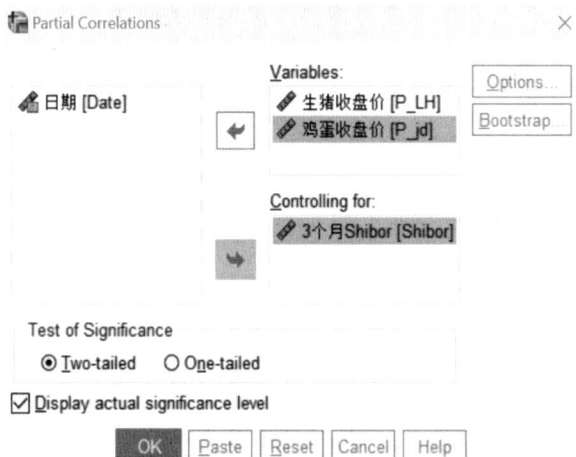

图13-3　偏相关系数计算对话框

（2）在此框中选择变量"生猪收盘价［P_LH］"和"鸡蛋收盘价［P_jd］"移入"Variables（变量）"框内；选择变量"3个月Shibor［Shibor］"移入"Controlling for（控制）"框内。选择"Test of Significance（显著性检验）"框下的"Two-tailed（双尾）"选项；选中"Display actual significance level（显示实际显著性水平）"复选项。

（3）点击"OK"，系统输出偏相关系数的计算结果如图13-4所示。

Correlations

Control Variables			生猪收盘价	鸡蛋收盘价
3个月Shibor	生猪收盘价	Correlation	1.000	.011
		Significance (2-tailed)	.	.937
		df	0	57
	鸡蛋收盘价	Correlation	.011	1.000
		Significance (2-tailed)	.937	.
		df	57	0

图13-4 偏相关系数输出结果

由输出结果可以看出，在3个月Shibor作为自变量的条件下，生猪收盘价和鸡蛋收盘价的相关系数为0.011，低于简单相关系数0.226，相关性明显降低。

（4）以此类推，还可以得到3个月Shibor与生猪收盘价的偏相关系数。

【问题思考】

1.SPSS提供了几种求相关系数的方法？各适合分析什么类型的变量？

2.什么情况下在进行相关测度时需要考虑偏相关问题？

3.正相关和负相关的散点图及相关系数有什么区别？

【实验总结】

相关分析是分析客观事物之间关系的数量分析方法。相关系数以数值的方式精确地反映了两个变量间线性相关的强弱程度，利用相关系数进行变量间线性关系的分析通常需要首先提出假设（本实验的原假设是三个变量间存在显著的线性相关关系），然后计算变量间的相关系数，最后通过相关系数及检验结果的p值，得出变量间是否存在显著线性相关关系的结论。本实验中，三个变量的分析结果显示变量间存在显著线性相关关系，从而可以进一步对变量进行偏相关分析。偏相关分析是在控制其他变量的线性影响的条件下，分析两变量间的线性相关性。偏相关分析首先提出假设（本实验的原假设是在把3个月Shibor作为自变量的情况下，生猪收盘价和鸡蛋收盘价不存在偏相关关系），然后进行偏相关系数的计算，最后通过偏相关系数和检验结果的p值判断变量间的偏相关性，本实验结果表明，把3个月Shibor作为自变量的情况下，生猪收盘价和鸡蛋收盘价的偏相关系数仅为0.011。

【课后练习】

1.豆粕是大豆提取豆油后得到的一种副产品，其价格波动会直接影响饲料生产企业和养殖场的利益，给普通居民的生活带来压力。根据豆粕供需情况，全国可以划分为六个豆粕市场，六个市场分别以特定区域价格作为代表，不同区域的价格之间互相影响和制约。现收集了从2015年初到2023年5月底六个不同区域的豆粕现货价格，请分析不同地区的现货价格是否有显著相关性。如果有显著相关性，计算不同地区价格的偏相关系数。豆粕现货价格的数据见数据集"data13_2.sav"。

2.豆油和棕榈油是我国消费排名前两位的油脂品种，由于二者是替代性较强的商品，所以豆油价格和棕榈油价格变动存在一定的相关性。豆油期货和棕榈油期货的标的分别是豆油现货和棕榈油现货，所以二者价格变动之间也存在明显的相关性。豆油和棕榈油在期货市场上的交易量非常大，分析二者价格之间的关系，是日常油脂购销者和政府都非常关心的事情。现收集了2023年2月1日至2023年5月31日的期货收盘价数据，并存储在数据集"data13_3.sav"中，请分析豆油和棕榈油期货收盘价的相关性。

3.党的十八大以来，以习近平同志为核心的党中央高度重视高校毕业生就业工作。研究生毕业后的收入情况与多个方面的因素相关，为了解影响研究生毕业后收入的主要因素，某大学开展了"某大学硕士毕业生就业情况调查"。为探究研究生毕业后收入的影响因素，本书选取调查数据中的12个相关指标，存放在"data13_4.sav"中，请分析月薪和其他各指标的相关性，并找出相关性最高的变量进行具体分析。

【参考文献】

［1］孙玉环. 统计学（新编）［M］. 北京：中国统计出版社，2016.

［2］薛薇. 统计分析与SPSS的应用［M］. 6版. 北京：中国人民大学出版社，2021.

［3］贾俊平. 统计学——基于SPSS［M］. 4版. 北京：中国人民大学出版社，2022.

实验十四　简单线性回归分析

【实验目的】

1.准确理解简单线性回归分析的方法原理。

2.熟练掌握简单线性回归分析的SPSS操作。

3.熟练掌握运用简单线性回归方程进行预测的方法。

4.培养运用简单线性回归分析解决实际问题的能力。

【准备知识】

1.简单线性回归分析的基本思想

回归分析是定量反映数值型变量之间明显存在的相关关系的一种统计推断方法。回归分析根据自变量的多少可分为简单回归分析和多元回归分析，根据关系类型可分为线性回归分析和非线性回归分析。其中，简单线性回归分析是在一个因变量与一个自变量之间进行的线性相关关系的统计推断，其理论模型为：

$$y = \beta_0 + \beta_1 x + \varepsilon$$

其理论假设为：

$$\begin{cases} E(\varepsilon_i) = 0 \\ var(\varepsilon_i) = \sigma^2 \\ \varepsilon \sim N(0, \ \sigma^2) \\ Cov(\varepsilon_i \varepsilon_j) = 0 \end{cases}$$

对于所有的 i 和 j，i ≠ j。

简单线性回归的核心任务是根据样本数据求出未知参数 β_0 和 β_1 的估计值 $\hat{\beta}_0$ 和 $\hat{\beta}_1$，从而得出估计的回归方程：

$$y = \hat{\beta}_0 + \hat{\beta}_1 x + \varepsilon$$

用于检验 β_1 是否显著的统计量为 t 统计量。其计算公式为：

$$t = \frac{\hat{\beta}_1}{S_{\hat{\beta}_1}}$$

式中：

$$S_{\hat{\beta}_1} = \sqrt{\frac{\sum(y_i - \hat{y}_i)^2}{(n-2)\sum(x_i - \bar{x})^2}}$$

当 $|t| > t_{\frac{\alpha}{2}}(n-2)$ 时，线性关系成立。

2.简单线性回归分析中的拟合优度检验

判定线性回归直线拟合优度的检验统计量为：

$$R^2 = \frac{\sum(\hat{y}_i - \bar{y})^2}{\sum(y_i - \bar{y})^2}$$

式中：$\sum(y_i - \bar{y})^2 = SST$，称为总平方和，$\sum(\hat{y}_i - \bar{y})^2 = SSR$，称为回归平方和，$SSE = SST - SSR = \sum(y_i - \hat{y}_i)^2$，称为残差平方和。

为消除自变量个数与样本量大小对判定系数的影响，又引入了调整的 R^2，计算公式为：

$$\text{调整的 } R^2 = \frac{\sum(\hat{y}_i - \bar{y})^2/(n-k-1)}{\sum(y_i - \bar{y})^2/(n-1)} = 1 - \frac{\sum(y_i - \hat{y}_i)^2/(n-k-1)}{\sum(y_i - \bar{y})^2/(n-1)}$$

式中：k 为自变量的个数，n 为样本观测数目。对于一元线性回归方程，k = 1。

3.简单线性回归分析中的 F 检验

回归方程显著性检验的统计量为 F 统计量：

$$F = \frac{\sum(\hat{y}_i - \bar{y})^2/k}{\sum(y_i - \hat{y}_i)^2/(n-k-1)} = \frac{R^2/k}{(1-R^2)/(n-k-1)} \sim F(k, n-k-1)$$

式中：k 为解释变量的个数，n 为样本数。对于一元线性回归方程，k = 1。

4.简单线性回归分析中的残差分析

所谓残差，指由回归方程计算所得的预测值与实际值之间的差距，定义为：

$$e_i = y_i - \hat{y}_i = y_i - \left(\hat{\beta}_0 + \hat{\beta}_1 x_i\right) \ (i=1, 2, \cdots, p)$$

它是回归模型中 ε_i 的估计值，由多个 e_i 形成的序列称为残差序列。可通过残差分析来证实模型假设。

5.简单线性回归分析中的 DW 检验

在对回归模型的诊断中，需要诊断回归模型中残差序列的独立性。如果残差序列不相互独立，那么依据回归模型的任何估计与假设做出的结论都是不可靠的。检验残差序列相互独立性的统计量称为 DW 统计量，其取值范围为 $0 < DW < 4$。其统计学意义为：①若 $DW = 2$，表明相邻两点的残差项相互独立；②若 $0 < DW < 2$，表明相邻两点的残差项正相关；③若 $2 < DW < 4$，表明相邻两点的残差项负相关。

6.简单线性回归分析的基本步骤

（1）由样本数据绘制散点图，判断变量之间是否存在线性相关关系。

（2）确定因变量与自变量，并初步设定回归方程。

（3）估计参数，建立回归预测模型。

（4）利用检验统计量对回归预测模型进行各项显著性检验。

（5）检验通过后，可利用回归模型进行预测，分析评价预测值。

【实验内容】

玉米期货价格对玉米淀粉期货价格的影响分析

玉米淀粉又称玉蜀黍淀粉、苞米面，是白色微带淡黄色的粉末，其用途广泛，可用于制作淀粉糖、氨基酸、变性淀粉、药品、食品、啤酒等，是非常重要的生产原料。玉米淀粉以玉米为主要原料，通过破碎、过筛、沉淀、干燥、磨细等工序制成，所以玉米价格的变化对玉米淀粉价格的变化有非常大的影响。大连商品交易所分别于 2004 年和 2014 年上市了玉米期货和玉米淀粉期货，玉米期货和玉米淀粉期货的标的物分别是玉米现货和玉米淀粉现货，所以玉米期货价格的波动会对玉米淀粉期货价格有较大的影响。现收集了 2023 年 3 月 1 日至 2023 年 5 月 31 日的玉米淀粉期货和玉米期货的收盘价格，并存储于数据集"data14_1.sav"中。

要求：

（1）对这些数据进行图表描述。

（2）利用回归分析研究玉米淀粉期货和玉米期货价格之间的关系。

（3）根据这些数据求出估计的回归方程。

【实验步骤】

本实验操作
视频

首先通过绘制散点图，判断玉米淀粉期货价格和玉米期货价格之间是否存在明显的线性相关关系。

具体实验步骤如下：

1.绘制散点图，判断变量之间是否存在相关关系

（1）选择菜单：【Graphs（图形）】 →【Scatter（散点图/点图）】 →【Simple Scatter（简单散点图）】，弹出如图 14-1 所示的 "Simple Scatterplot（简单散点图）" 对话框。在对话框中选择 "玉米淀粉期货价格 [P_CS]" 进入 "Y Axis（Y轴）" 框内，选择 "玉米期货价格 [P_C]" 进入 "X Axis（X轴）" 框内。

图 14-1 "Simple Scatterplot（简单散点图）" 对话框

（2）点击 "OK"，得出如图 14-2 所示的输出结果。

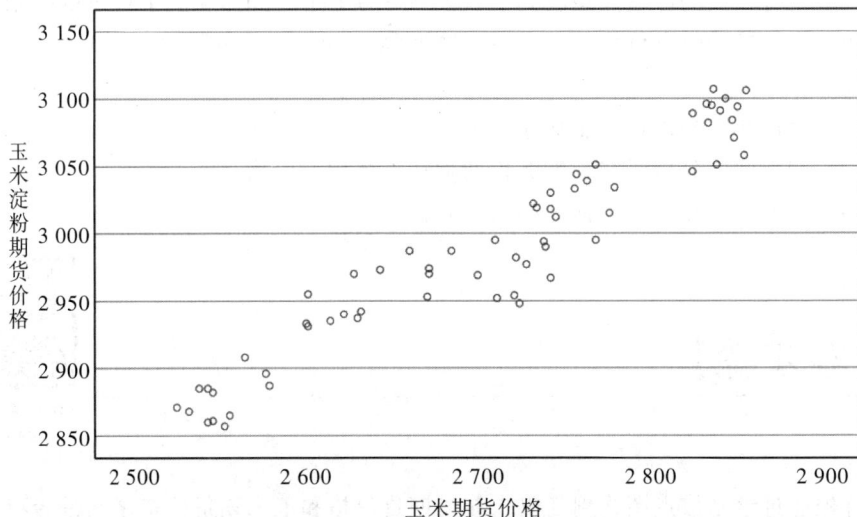

图 14-2 玉米期货价格与玉米淀粉期货价格散点图输出结果

　　由图14-2所示的输出结果，可以初步判断出玉米淀粉期货价格与玉米期货价格呈线性关系，该数据集适合建立简单线性回归模型。

　　2.确定因变量与自变量，初步设定回归方程

　　以玉米淀粉期货价格为因变量，以玉米期货价格为自变量，建立简单线性回归方程：

$$y = \beta_0 + \beta_1 x + \varepsilon$$

　　3.估计参数，确定估计的简单线性回归方程

　　（1）选择菜单：【Analyze（分析）】→【Regression（回归）】→【Linear（线性）】，弹出如图14-3所示的"Linear Regression（线性回归）"对话框。

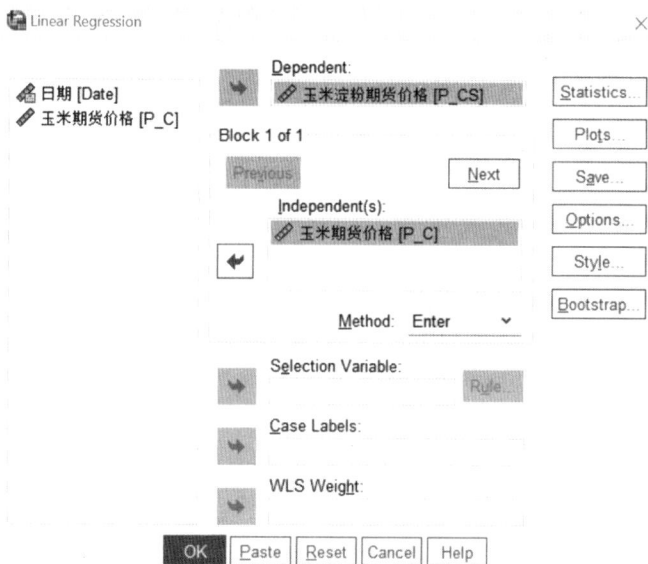

图14-3　"Linear Regression（线性回归）"对话框

　　（2）在此对话框中，选择变量"玉米淀粉期货价格［P_CS］"进入"Dependent（因变量）"框内，选择"玉米期货价格［P_C］"进入"Independent（s）（自变量）"框内。

　　（3）因为只有一个自变量，所以，在"Method（方法）"框中选择"Enter（输入）"选项即可。

　　（4）点击"Statistics（统计）"按钮，打开如图14-4所示的对话框，该对话框用来定义输出各种常用判别统计量。

　　① 选择"Estimates（回归系数）"，输出回归系数、回归系数的标准差、对回归系数检验的t值、t值双侧检验的P值。

　　② 选择"Confidence intervals（置信区间）Level：95%"，输出每个非标准化回归系数的95%的置信区间；选择"Covariance matrix（协方差矩阵）"，输出回归系数的协方差。

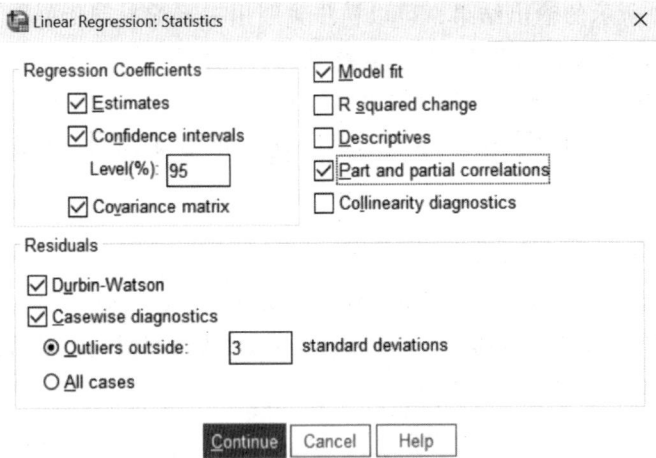

图14-4　输出统计量对话框

③选择"Model fit（模型拟合）"输出各种默认值，包括判定系数 R^2、调整的判定系数 R^2、回归方程的标准误差、回归方程显著性的 F 检验的方差分析表。

④选择"Part and partial correlations（部分相关性和偏相关性）"，输出解释变量与被解释变量之间的相关系数。

⑤选择"Durbin-Watson（德宾-沃森）"判断相邻残差序列的相关性。

⑥选择"Casewise diagnostics（样本诊断）"进行样本异常值判断，并在"Outliers outside（离群值）"的参数框中键入"3"，设置观测标准差≥3为异常值。

⑦单击"Continue"按钮返回"Linear Regression（线性回归）"对话框。

（5）在"Linear Regression（线性回归）"对话框中点击"Plots（图）"按钮，弹出如图14-5所示的对话框。该对话框主要通过图形进行残差序列分析。

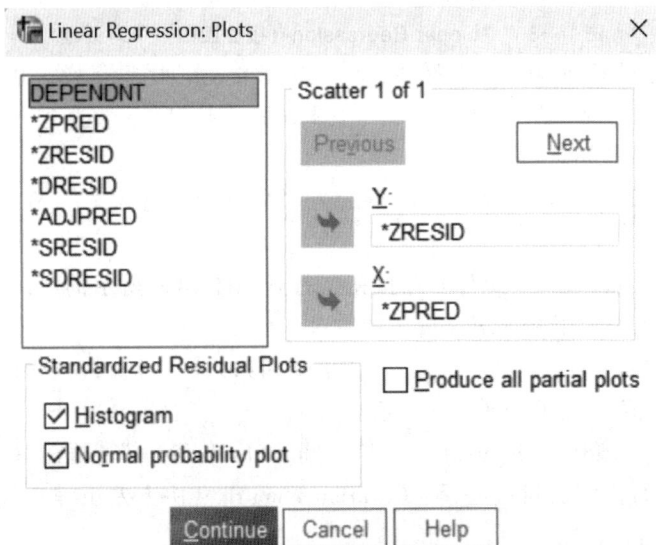

图14-5　选择图形对话框

窗口左边各变量名的含义如下："DEPENDNT"表示被解释变量，"*ZPRED"表示标准化预测值，"*ZRESID"表示标准化残差，"*DRESID"表示剔除残差，"*ADJPRED"表示调整的预测值，"*SRESID"表示学生化残差，"*SDRESID"表示剔除学生化残差。

① 选取"*ZRESID"为Y轴、"*ZPRED"为X轴，绘制图形研究因变量的分布规律、异常值，点击"Next"可以选择其他组合进行观察。

② 在"Standardized Residual Plots（标准化残差图）"中，选择"Histogram（直方图）"输出带有正态曲线的标准化残差的直方图，观测残差序列是否服从正态分布。

③ 选取"Normal probability plot（正态概率图）"，输出标准化残差图，观测残差波动幅度。

④ 点击"Continue"返回"Linear Regression（线性回归）"对话框。

（6）在"Linear Regression（线性回归）"对话框中点击"Save"按钮，弹出如图14-6所示的对话框，该对话框用于在数据编辑窗口中保存一些变量。

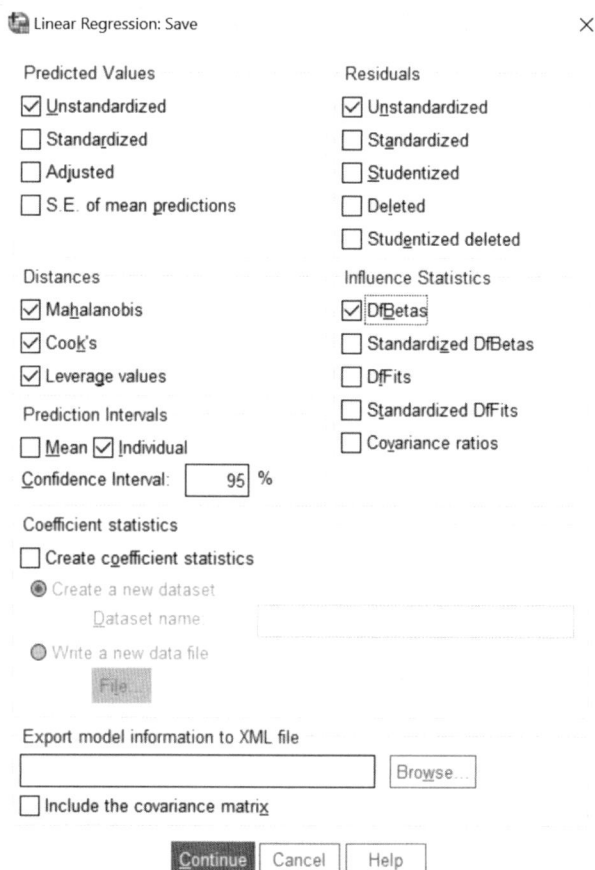

图 14-6 保存变量对话框

① 在 "Predicted Values（预测值）" 框中选择 "Unstandardized（未标准化）"，输出由方程计算出的因变量的非标准化预测值。

② 在 "Distances（距离）" 框中，选择 "Mahalanobis（马氏距离）" 计算马氏距离，选择 "Cook's（库克距离）" 计算库克距离，选择 "Leverage values（杠杆值）" 计算中心化杠杆值，这三个统计量的计算都是为了找到强影响点和高杠杆点。

③ 在 "Prediction Intervals（预测区间）" 框中，选择输出预测区间。选择 "Individual（单值）" 项，输出个别值预测区间。

④ 在 "Residuals（残差）" 框中，选择 "Unstandardized（未标准化）" 项，输出非标准化残差。

⑤ 在 "Influence Statistics（影响统计）" 框中，选择 "DfBeta（s）" 输出因排除一个特定的观测值所引起的回归系数的变化值。一般情况下，如果此值大于临界值 $2/\sqrt{n}$，则认为被排除的观测值有可能是影响点。

⑥ 选择 "Export model information to XML file（将模型信息导出到 XML 文件）" 并指定文件夹，可将模型的信息输出到指定的文件夹中。

⑦ 点击 "Continue" 按钮，返回 "Linear Regression（线性回归）" 对话框。

（7）在 "Linear Regression（线性回归）" 对话框中点击 "Options（选项）" 按钮，弹出如图 14-7 所示的对话框，做出有关选择。

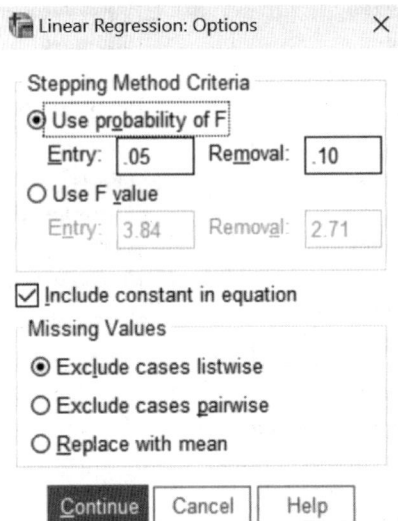

图 14-7　选择对话框

① 在 "Stepping Method Criteria（步进法条件）" 框中，选择 "Use probability of F（使用 F 的概率）" 选项，采用 F 检验的概率值作为依据。系统默认 "Entry（进入）" 值为 0.05，"Removal（剔除）" 值为 0.10。当一个变量的 Sig 值小于 Entry 值时，该变量被引入方程；当一个变量的 Sig 值大于 Removal 值时，该变量被从方程中剔除。

② 选择 "Include constant in equation（在方程中包括常量）" 选项，在回归方程中加入常数项。

③ 在"Missing Values（缺失值）"框中，选择"Exclude cases listwise（成列排除样本）"选项，排除缺失值。

④ 点击【Continue】→【OK】，输出全部结果。上述步骤的输出结果如图14-8至图14-14所示。

Model Summary[b]

Model	R	R Square	Adjusted R Square	Std. Error of the Estimate	Durbin-Watson
1	.958[a]	.917	.916	21.238	.452

a. Predictors: (Constant), 玉米期货价格

b. Dependent Variable: 玉米淀粉期货价格

图14-8　模型基本描述输出结果

ANOVA[a]

Model		Sum of Squares	df	Mean Square	F	Sig.
1	Regression	300592.185	1	300592.185	666.447	<.001[b]
	Residual	27062.202	60	451.037		
	Total	327654.387	61			

a. Dependent Variable: 玉米淀粉期货价格

b. Predictors: (Constant), 玉米期货价格

图14-9　模型方差分析输出结果

Coefficients[a]

Model		Unstandardized Coefficients B	Std. Error	Standardized Coefficients Beta	t	Sig.	95.0% Confidence Interval for B Lower Bound	Upper Bound	Correlations Zero-order	Partial	Part
1	(Constant)	1152.515	71.067		16.217	<.001	1010.359	1294.670			
	玉米期货价格	.678	.026	.958	25.816	<.001	.626	.731	.958	.958	.958

a. Dependent Variable: 玉米淀粉期货价格

图14-10　回归系数输出结果

Residuals Statistics[a]

	Minimum	Maximum	Mean	Std. Deviation	N
Predicted Value	2865.52	3088.63	2985.84	70.198	62
Std. Predicted Value	-1.714	1.464	.000	1.000	62
Standard Error of Predicted Value	2.699	5.385	3.718	.859	62
Adjusted Predicted Value	2865.15	3089.56	2985.82	70.140	62
Residual	-51.795	37.939	.000	21.063	62
Std. Residual	-2.439	1.786	.000	.992	62
Stud. Residual	-2.460	1.816	.001	1.006	62
Deleted Residual	-52.679	39.188	.023	21.676	62
Stud. Deleted Residual	-2.572	1.852	-.004	1.020	62
Mahal. Distance	.001	2.938	.984	.897	62
Cook's Distance	.000	.056	.015	.016	62
Centered Leverage Value	.000	.048	.016	.015	62

a. Dependent Variable: 玉米淀粉期货价格

图14-11　残差统计量输出结果

Histogram
Dependent Variable：玉米淀粉期货价格

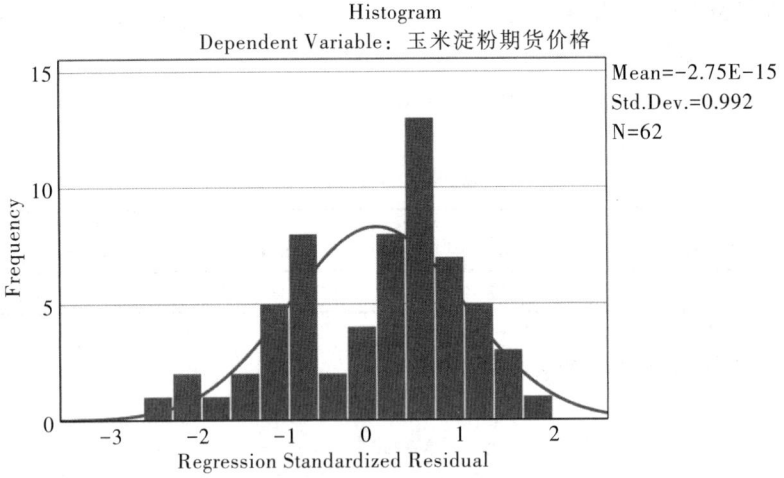

Mean=−2.75E−15
Std.Dev.=0.992
N=62

图14-12　残差直方图输出结果

Normal P-P Plot of Regression Standardized Residual
Dependent Variable：玉米淀粉期货价格

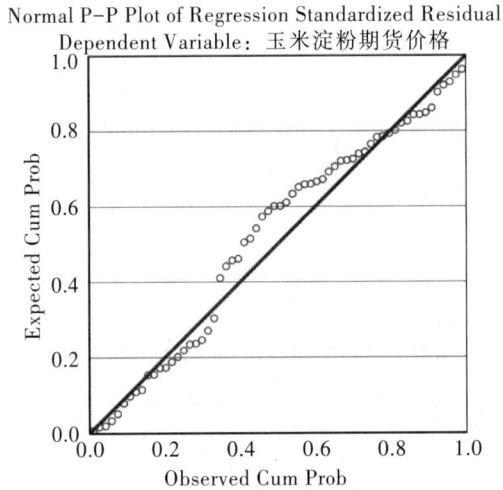

图14-13　残差P-P图输出结果

Scatterplot
Dependent Variable：玉米淀粉期货价格

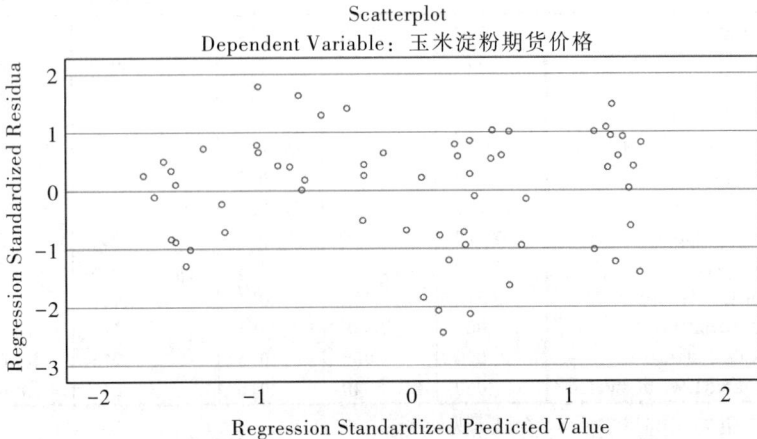

图14-14　残差散点图输出结果

4.全面分析上述步骤的输出结果

由图14-8的模型基本描述输出结果可以看出，玉米期货价格和玉米淀粉期货价格之间的相关系数为0.958，说明二者存在明显的线性相关关系。回归方程的R^2为0.917，说明回归模型拟合优度较好。

由图14-9模型方差分析输出结果可以看出，显著性检验统计量p值小于0.05，说明采用线性回归模型是合理的。

由图14-10回归系数输出结果可以看出，回归方程的系数检验是显著的。

进行回归分析后，通过图14-11到图14-14残差检验结果可以看出，残差的正态性图形结果显示残差服从正态分布，且通过标准化残差散点图可以看出残差不存在明显的异方差线性，所以基于回归分析的结果，可以得出回归方程如下：

玉米淀粉期货价格$=1\,152.515 + 0.678 \times$玉米期货价格

回归方程表明，玉米期货价格每提高1个百分点，玉米淀粉期货价格平均提高0.678个百分点。

由图14-15和图14-16可以看到进行回归分析后保存的新的变量及数据。其中新变量"PRE_1"表示未标准化的因变量预测值；新变量"RES_1"表示未标准化的残差值；新变量"MAH_1"表示马氏距离；新变量"COO_1"表示库克距离；"LEV_1"表示杠杆值，用于度量某个点对回归拟合的影响；"DFB0_1"和"DFB1_1"分别表示常数项和自变量的beta值的差分，是由于排除了某个特定样本而导致的回归系数的变化；"LICI_1"和"UICI_1"表示置信区间。

	Name	Type	Width	Decimals	Label	Values	Missing	Columns	Align	Measure	Role
1	Date	Date	10	0	日期	None	None	12	Right	Scale	Input
2	P_C	Numeric	5	0	玉米期货价格	None	None	12	Right	Scale	Input
3	P_CS	Numeric	5	0	玉米淀粉期货价	None	None	12	Right	Scale	Input
4	PRE_1	Numeric	11	5	Unstandardized...	None	None	13	Right	Scale	Input
5	RES_1	Numeric	11	5	Unstandardized...	None	None	13	Right	Scale	Input
6	MAH_1	Numeric	11	5	Mahalanobis Di...	None	None	13	Right	Scale	Input
7	COO_1	Numeric	11	5	Cook's Distance	None	None	13	Right	Scale	Input
8	LEV_1	Numeric	11	5	Centered Lever...	None	None	13	Right	Scale	Input
9	DFB0_1	Numeric	11	5	DFBETA Interc...	None	None	13	Right	Scale	Input
10	DFB1_1	Numeric	11	5	DFBETA P_C	None	None	13	Right	Scale	Input
11	LICI_1	Numeric	11	5	95% CI for P_...	None	None	13	Right	Scale	Input
12	UICI_1	Numeric	11	5	95% U CI for P...	None	None	13	Right	Scale	Input
13											
14											
15											
16											
17											
18											
19											
20											
21											
22											

Data View　Variable View

图14-15　变量窗口输出结果

	PRE_1	RES_1	MAH_1	COO_1	LEV_1	DFB0_1	DFB1_1	LICI_1	UICI_1
1	2938.08382	3.91618	.46279	.00042	.00759	1.23303	-.00043	2895.10145	2981.06618
2	2936.72752	.27248	.48946	.00000	.00802	.08814	-.00003	2893.73598	2979.71906
3	2931.30232	8.69768	.60357	.00230	.00989	3.11435	-.00110	2888.27153	2974.33310
4	2925.87712	9.12288	.72962	.00274	.01196	3.58413	-.00127	2882.80302	2968.95122
5	2900.78557	-4.78557	1.46802	.00111	.02407	-2.66686	.00096	2857.45863	2944.11250
6	2886.54441	-21.54441	2.00079	.02783	.03280	-14.08390	.00507	2843.03596	2930.05286
7	2902.14187	-15.14187	1.42158	.01086	.02330	-8.30104	.00298	2858.83079	2945.45294
8	2884.50996	-27.50996	2.08362	.04677	.03416	-18.36880	.00662	2840.97336	2928.04657
9	2879.76291	-18.76291	2.28341	.02334	.03743	-13.14560	.00474	2836.15848	2923.36735
10	2877.72846	-17.72846	2.37184	.02146	.03888	-12.67268	.00458	2834.09404	2921.36289
11	2879.76291	2.23709	2.28341	.00033	.03743	1.56734	-.00057	2836.15848	2923.36735
12	2877.72846	7.27154	2.37184	.00361	.03888	5.19785	-.00188	2834.09404	2921.36289
13	2870.26881	-2.26881	2.71045	.00039	.04443	-1.74126	.00063	2826.51975	2914.01788
14	2874.33771	10.66229	2.52296	.00816	.04136	7.87561	-.00285	2830.65209	2918.02333
15	2865.52176	5.47824	2.93769	.00244	.04816	4.39065	-.00159	2821.69593	2909.34759
16	2892.64776	15.35224	1.76238	.01290	.02889	9.39648	-.00338	2849.22045	2936.07508
17	2917.06117	37.93883	.95994	.05425	.01574	17.07035	-.00608	2873.90805	2960.21429
18	2935.37122	34.62878	.51686	.03438	.00847	11.50031	-.00404	2892.37025	2978.37219
19	2917.06117	13.93883	.95994	.00732	.01574	6.27169	-.00223	2873.90805	2960.21429
20	2916.38302	16.61698	.97897	.01052	.01605	7.55013	-.00269	2873.22337	2959.54246

Data View | Variable View

图14-16　数据窗口输出结果

【问题思考】

1.你认为能利用实验中得到的回归方程估计其他日期的玉米淀粉期货价格吗？

2.请在大连商品交易所网站收集最近一段时间的玉米期货价格和玉米淀粉期货价格，使用简单线性回归分析得出分析结果，并与本实验的结果进行对比。

【实验总结】

回归分析是一种应用极为广泛的数量分析方法，它用于分析事物之间的统计关系，侧重考察变量之间的数量变化规律，并通过回归方程的形式描述和反映这种关系。简单线性回归分析是在一个因变量与一个自变量之间进行的线性相关关系的统计推断。进行简单线性相关分析，第一步是绘制散点图，通过散点图来判断拟分析的变量之间是否存在明显的线性相关关系，本实验中通过绘制玉米期货价格和玉米淀粉期货价格散点图，可以看出二者存在明显的线性相关关系；第二步即可进行回归分析和相关检验，本实验中基于回归分析结果得出回归方程，且经检验证明回归方程是有效的。

【课后练习】

1.豆粕是牲畜和家禽饲料的重要蛋白原料，其是大豆压榨的主要产品，所以价格受大豆价格的影响较大。大连商品交易所于1993年上市了大豆期货，于2000年上市了豆粕期货，现收集了二者自2023年2月初至2023年5月底的期货价格数据并存储于数据集"data14_2.sav"中，试用简单线性回归方法分析二者的关系。

2.螺纹钢是热轧带肋钢筋的俗称，被广泛用于房屋、桥梁、道路等土建工程建设，铁矿石是螺纹钢的重要原材料，其价格波动会对螺纹钢的价格产生影响。为了给相关产业企业提供风险管理和套期保值的工具，上海期货交易所于2009年上市了螺纹钢期货，大连商品交易所于2013年上市了铁矿石期货。现将2020年初至2023年5月底二者的期货价格指数数据存储于数据集"data14_3.sav"中，试用简单线性回归方法分析二者的关系。

3.DDGS饲料是酒糟中蛋白饲料的商品名，即含有可溶固形物的干酒糟。DDGS以玉米为原料，所以玉米价格波动会对DDGS价格产生影响，现收集了二者2022年1月初至2023年6月初在黑龙江地区的价格数据并存储在数据集"data14_4.sav"中，试利用简单线性回归方法分析二者的关系。

【参考文献】

［1］孙玉环．统计学（新编）［M］．北京：中国统计出版社，2016．

［2］薛薇．统计分析与SPSS的应用［M］．6版．北京：中国人民大学出版社，2021．

［3］贾俊平．统计学——基于SPSS［M］．4版．北京：中国人民大学出版社，2022．

实验十五　多元线性回归分析

【实验目的】

1.准确理解多元线性回归分析的方法原理。

2.掌握多元线性回归分析的 SPSS 操作。

3.掌握回归方程和回归系数显著性检验的方法。

4.掌握如何利用回归方程进行预测。

5.培养运用多元线性回归分析方法解决实际问题的能力。

【准备知识】

1.多元线性回归分析的基本原理

多元线性回归模型是指含有多个自变量的线性回归模型，用于解释因变量与多个自变量之间的线性关系。

多元线性回归模型的数学表达式为：

$$y = \beta_0 + \beta_1 x_1 + \beta_2 x_2 + \cdots + \beta_k x_k + \varepsilon$$

式中：因变量 y 的变化可由两个部分解释：一是由 k 个自变量 x 的变化引起的 y 的变化部分；二是由其他随机因素引起的 y 的变化部分，即 ε。β_0，β_1，β_2，$\cdots$，β_k 是模型中的未知参数，分别称为回归常数和偏回归系数，ε 称为随机误差，是一个随机变量。

根据样本数据得到未知参数 β_0，β_1，β_2，$\cdots$，β_k 的估计量 $\hat{\beta}_0$，$\hat{\beta}_1$，$\hat{\beta}_2$，$\cdots$，

$\hat{\beta}_k$，于是有：

$$\hat{y} = \hat{\beta}_0 + \hat{\beta}_1 x_1 + \hat{\beta}_2 x_2 + \cdots + \hat{\beta}_k x_k$$

2. 多元线性回归方程的检验

多元线性回归方程显著性检验的原假设为

H_0：$\beta_1 = \beta_2 = \cdots = \beta_k = 0$

备择假设为

H_1：$\exists \beta_i \neq 0$（i=1，2，…，k）

检验的统计量为 F 统计量：

$$F = \frac{\sum (\hat{y}_i - \bar{y})^2 / k}{\sum (\hat{y}_i - y_i)^2 / (n - k - 1)} = \frac{R^2 / k}{(1 - R^2) / (n - k - 1)} \sim F(k, n-k-1)$$

式中：k 为解释变量的个数，n 为样本数。SPSS 自动计算 F 值与概率 p 值，如果 p 值小于给定的显著性水平 α，则拒绝原假设。

3. 多元线性回归系数的检验

多元线性回归分析中，回归系数显著性检验的原假设为

H_0：$\beta_i = 0$（i=1，2，…，k）

即第 i 个偏回归系数与 0 无显著差异。

检验 β_i 的显著性的统计量为 t 统计量：

$$t_i = \frac{\hat{\beta}_i}{S_{\hat{\beta}_i}}$$

式中：$S_{\hat{\beta}_i} = \sqrt{\dfrac{\sum (y_i - \hat{y}_i)^2}{(n - k - 1) \sum (x_{ji} - \bar{x}_i)^2}}$

当 $|t| > t_{\alpha/2}(n-k-1)$ 时，拒绝原假设。

4. 多元线性回归分析的基本步骤

（1）确定因变量与自变量，并初步设定多元线性回归方程的形式。

（2）估计参数，确定估计的多元线性回归方程。

（3）利用检验统计量对估计的回归方程进行各项显著性检验。

（4）检验通过后，可利用估计的回归方程进行预测，分析评价预测值。

【实验内容】

消费者信心指数影响因素分析

中国消费者信心指数是衡量中国消费者对当前经济状况和未来消费趋势信心程度的指标，由消费者满意指数和消费者预期指数构成。消费者满意指数反映消费者

对当前经济生活的评价，消费者预期指数反映消费者对未来经济生活发生变化的预期。研究中国消费者信心指数，能够为了解消费者行为、指导政府政策和协助企业决策提供重要的参考依据。

数据集 "data15_1.sav" 包含2007—2021年中国消费者信心指数（CCI）的月度数据，此外包含9个在一定程度上与CCI之间存在一定联系的变量。例如，居民消费价格指数（CPI_YoYgrowth）是衡量消费品和服务价格的指标，它统计了一揽子商品和服务的价格变动情况。当居民消费价格指数上升较快时，消费者可能感受到生活成本的增加，对未来的经济状况持谨慎态度，从而对消费者信心指数带来负面影响。工业生产者出厂价格指数（PPI_YoYgrowth）是衡量生产者物价水平的指标，它反映了生产者购买原材料和生产设备的成本变动情况。生产者的成本变动可能会传导到最终产品的价格上，进而影响消费者的购买意愿和信心，同样会对消费者信心指数带来负面影响。

综上所述，居民消费价格指数同比增长等因素会影响消费者信心指数。因此，本实验以中国消费者信心指数为因变量，选取以下9个变量作为自变量：居民消费价格指数同比增长、工业生产者出厂价格指数同比增长、国家财政收入累计值亿元同比增长、国家财政支出不含债务还本累计值亿元同比增长、流通中现金 M_0 供应量同比增长、出口总值同比增长、进口总值同比增长、社会消费品零售总额同比增长、快递量同比增长。本实验通过建立多元线性回归模型，研究不同自变量对因变量造成的影响以及影响程度的大小，以此来估计自变量发生变化时，因变量的变动情况。

【实验步骤】

本实验操作
视频

本实验中主要包含3个步骤，分别为：
① 根据已有变量设定回归方程的形式；
② 用SPSS估计参数，确定估计的回归方程；
③ 分析回归模型的输出结果。

1.确定因变量与自变量，初步设定回归方程的形式

以中国消费者信心指数（CCI）为因变量，选择9个与CCI之间存在一定联系的变量作为自变量，建立多元线性回归模型：

$$CCI=\beta_0+\beta_1 CPI\_YoYgrowth+\beta_2 PPI\_YoYgrowth+\beta_3 NCFR\_YoYgrowth+\beta_4 NCEX\_YoYgrowth+$$
$$\beta_5 CNS\_YoYgrowth+\beta_6 TEV\_YoYgrowth+\beta_7 TIV\_YoYgrowth+\beta_8 RTS\_YoYgrowth+$$
$$\beta_9 PEC\_YoYgrowth+\varepsilon$$

2.估计参数，确定估计的回归方程

（1）打 开 数 据 集 "data15_1.sav"，选 择 菜 单：【Analyze（分析）】→【Regression（回归）】→【Linear（线性）】，弹出如图15-1所示的对话框。

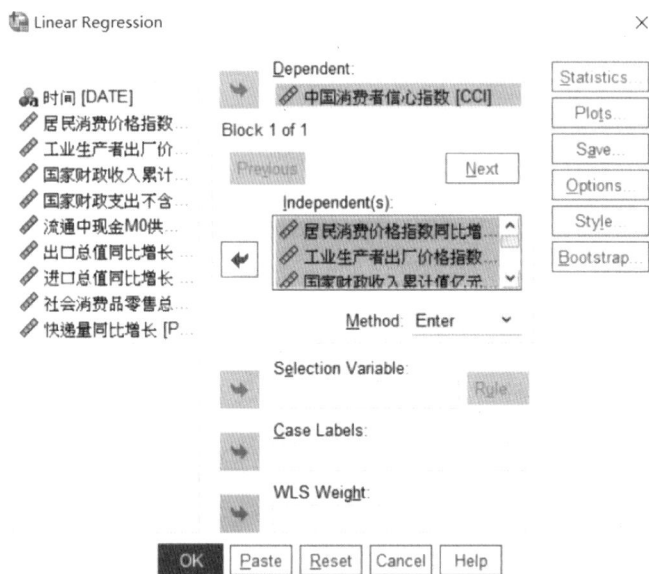

图15-1　线性回归主对话框（一）

（2）在此对话框中选择"中国消费者信心指数［CCI］"进入"Dependent（因变量）"框内；选择"居民消费价格指数同比增长［CPI_YoYgrowth］"至"快递量同比增长［PEC_YoYgrowth］"共计9个变量进入"Independent（s）（自变量）"框内。

（3）在"Method（方法）"下拉框中有5个选项，代表5种回归方法。

①"Enter（进入）"选项是强行进入法，即所选变量全部进入回归模型，该选项是默认项。

②"Remove（删除）"选项是消去法，建立回归方程时根据设定的条件剔除部分自变量。

③"Forward（向前）"选项是向前选择法，从模型中无自变量开始，然后依据在"Options（选项）"对话框中所设定的内容，每次将一个最符合条件的变量引入模型，直至所有符合条件的变量都进入模型为止。系统默认第一次进入回归模型的变量是与因变量的相关系数绝对值最大的变量，如果指定的判断依据是F值，则每次将方差分析中F值最大的变量引入模型。

④"Backward（向后）"选项是向后剔除法，先建立全模型，然后根据在"Options（选项）"对话框中所设定的判断依据，每次剔除一个最不符合进入模型判断依据的变量，直到回归方程中不再含有不符合条件的自变量为止。

⑤"Stepwise（逐步）"选项是逐步回归法，它是向前选择法与向后剔除法的结合。根据在"Options（选项）"对话框中所设定的判断依据，选择符合条件且

对因变量贡献最大的自变量进入回归方程，然后根据向后剔除法，将模型中F值最小且符合剔除判断依据的变量剔除出模型。重复进行这一过程，直到回归方程中的自变量均不符合剔除模型的条件，模型外的变量均不符合进入模型条件为止。

上述五种回归方法所得出的有效回归方程表达式不一定相同，其中逐步回归法应用较为普遍，在"Method（方法）"对话框中选择"Stepwise（逐步）"选项（如图15-2所示）实现。

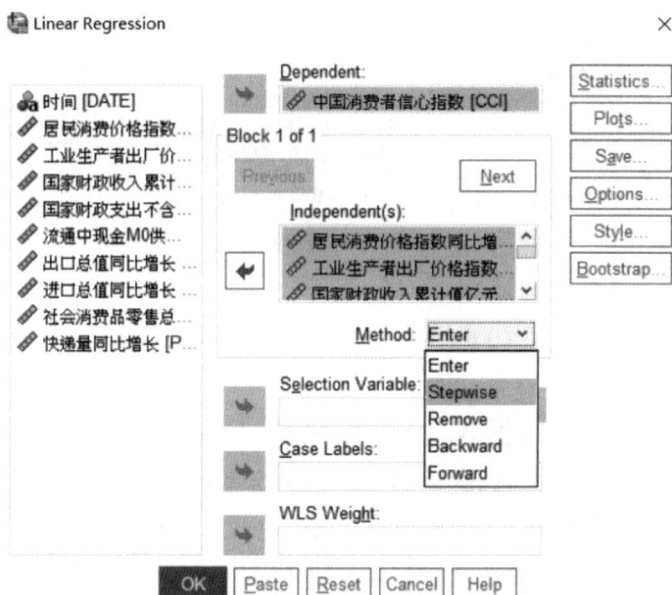

图 15-2　线性回归主对话框（二）

（4）点击"Statistics（统计量）…"按钮，弹出如图15-3所示的对话框，输出各种常用判别统计量。

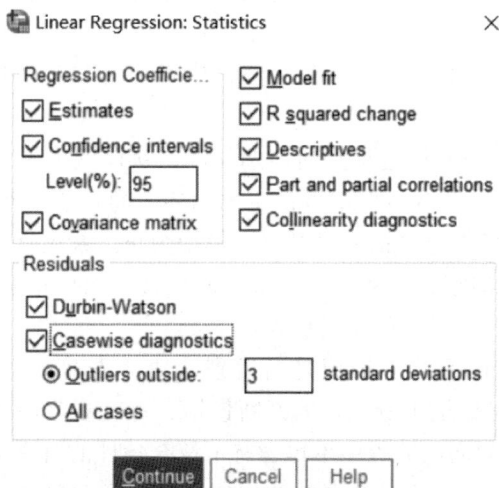

图 15-3　输出统计量对话框

① 在 "Regression Coefficients（回归系数）" 框 中，选择 "Estimates（估计）"，输出回归系数、回归系数的标准差、对回归系数检验的 t 统计量及 p 值。

② 选择 "Confidence intervals（置信区间）"，输出每个非标准化回归系数的 95% 的置信区间。

③ 选择 "Covariance matrix（协方差矩阵）"，输出非标准化回归系数的协方差矩阵、各变量的相关系数矩阵。

④ 选择 "Model fit（模型拟合度）"，输出各种默认值：判定系数、调整后的判定系数、回归方程的标准误差、回归方程显著的 F 检验的方差分析表。

⑤ 选择 "R squared change（R 方变化）" 复选项，输出当回归方程中引入或剔除一个变量后 R^2 的变化，如果该变化较大，说明进入和从方程中剔除的这个变量可能是一个较好的回归自变量。

⑥ 选择 "Descriptives（描述性）" 选项输出的是合法观测量的数量、变量的平均值、标准差、相关系数矩阵及单侧检验显著性水平矩阵。

⑦ 选择 "Part and partial correlations（部分相关和偏相关性）" 选项，输出部分相关系数、偏相关系数与零阶相关系数。

⑧ 选择 "Collinearity diagnostics（共线性诊断）" 选项，输出用来诊断自变量共线性的各种统计量，如容忍度、方差膨胀因子、特征值、条件指标、方差比例等。其中，容忍度 Tolerance 越接近于 0，表示复共线性越强；容忍度 Tolerance 越接近于 1，表示复共线性越弱。方差膨胀因子 VIF 的值越接近于 1，解释变量之间的多重共线性越弱，如果 VIF 值 ≥10，说明一个解释变量与其他解释变量之间具有严重的多重共线性。条件指数判断法，是根据最大特征根与第 i 个特征根比值的大小判断共线性，定义第 i 个条件指标为 $k_i = \sqrt{\dfrac{\lambda_m}{\lambda_i}}$，如果 $0 \leqslant k_i < 10$，则认为多重共线性较弱；如果 $10 \leqslant k_i < 100$，则认为多重共线性较强；如果 $k_i \geqslant 100$，则认为多重共线性严重。在诊断自变量的多重共线性时，往往需要综合考虑多个判断指标。

⑨ 在 "Residuals（残差）" 框中，选择 "Durbin-Watson" 选项，判断相邻残差序列的相关性（截面数据一般不存在序列相关性）。

⑩ 选择 "Casewise diagnostics（样本诊断）" 选项，要求进行样本异常值判断，并在 "Outliers outside（离群值）" 的参数框中键入 "3"，设置观测标准差 ≥3 为异常值。

（5）点击 "Continue"，返回主对话框。

（6）在主对话框中点击 "Plots（图）…" 按钮，弹出如图 15-4 所示的对话框，该对话框主要通过图形进行残差序列分析。

图 15-4 选择图形对话框

① 选取 ""ZRESID" 为 Y 轴、""ZPRED" 为 X 轴绘制图形，研究观测变量的分布规律、异常值，点击 "Next" 可以选择其他组合进行观测。

② 在 "Standardized Residual Plots（标准化残差图）" 框中选择 "Histogram（直方图）"，输出带有正态曲线的标准化残差的直方图。

③ 选择 "Normal probability plot（正态概率图）" 输出标准化残差图，观测残差波动幅度。

（7）点击 "Continue"，返回主对话框。

（8）在主对话框中点击 "Save（保存）" 按钮，弹出如图 15-5 所示的对话框，该对话框的操作目的是保存选定的统计量值。

图 15-5 保存变量对话框

① 在 "Predicted Values（预测值）" 框中选择 "Unstandardized（未标准化）"，输出由方程计算出的因变量的非标准化预测值。

② 在 "Distances（距离）" 框中，选择 "Mahalanobis（马氏距离）"，计算马氏距离；选择 "Cook's（库克距离）"，计算库克距离；选择 "Leverage values（杠杆值）"，计算中心化杠杆值。通过计算这些距离发现强影响点和高杠杆点。

③ 在 "Prediction Intervals（预测区间）" 框下选择输出预测区间。选择 "Individual（单值）" 项，将输出个别值预测区间。

④ 在 "Residuals（残差）" 框中，选择 "Unstandardized（未标准化）" 项，输出非标准化残差。

⑤ 通过 "Influence Statistics（影响统计量）" 框中的选项，输出强影响点的统计量，选择 "DfBetas" 查看因排除一个特定的观测值所引起的回归系数的变化值。一般情况下，如果此值大于临界值 $2/\sqrt{n}$，则认为被排除的观测值有可能是影响点。

⑥ 在 "Coefficient Statistics（系数统计）" 框中选择 "Create Coefficient Statistics（创建系数统计）"，将回归系数保存在一个指定的文件中。

⑦ 选择 "Export model information to XML file（写入新数据文件）" 并指定文件夹，可将模型的信息输出到指定的文件夹中。

（9）点击 "Continue" 按钮，返回主对话框。

（10）在主对话框中点击 "Options（选项）" 按钮，弹出如图15-6所示的对话框。

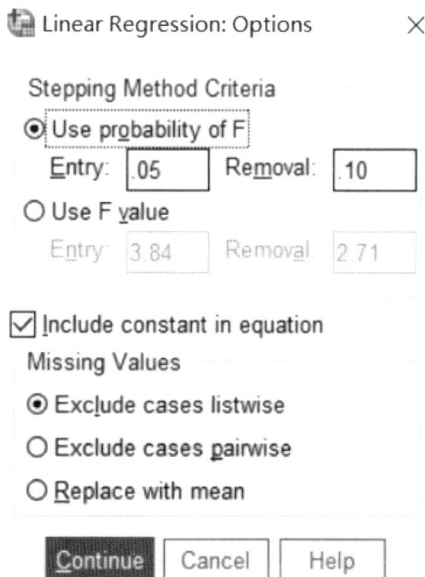

图 15-6　选择对话框

① 在 "Stepping Method Criteria（步进方法标准）" 框中，选择 "Use probability of F（使用F的概率）" 项，采用F检验的概率值作为依据。系统默认的 Entry 值为 0.05，Removal 值为 0.10。当一个变量的 t 检验的 p 值（Sig 值）≤Entry 值时，该变量被引入方程，当一个变量的 t 检验的 p 值（Sig 值）≥Removal 值时，该变量被从方程中剔除。

② 选择 "Include constant in equation（在等式中包含常量）" 选项，在回归方程中加入常数项。

③ 在 "Missing Values（缺失值）" 框中，选择 "Exclude cases listwise（按列表排除样本）" 项，排除缺失值。

（11）点击【Continue】→【OK】，系统输出全部结果。

3.分析回归模型的输出结果

回归过程的输出结果由三部分组成，分别是回归方程的参数估计和显著性检验结果（图 15-7 至图 15-9）、异常值检测输出结果（图 15-10）、残差分析输出结果（图 15-11 至图 15-13）。

回归方程的参数估计和显著性检验结果部分，包括回归模型总结、方差分析表以及回归系数和检验结果，如图 15-7 所示。回归模型总结（Model Summary），也就是对方程拟合情况的简单描述，从中可以看出，模型 6 的判定系数 R^2 为 59.8%，说明因变量的变异性中 59.8% 是由自变量引起的，回归方程能够解释因变量变异性的 59.8%。

Model Summary^g

Model	R	R Square	Adjusted R Square	Std. Error of the Estimate	Change Statistics					Durbin-Watson
					R Square Change	F Change	df1	df2	Sig. F Change	
1	.459^a	.210	.206	7.56896	.210	47.450	1	178	.000	
2	.657^b	.432	.426	6.43719	.222	69.093	1	177	.000	
3	.701^c	.491	.482	6.11261	.059	20.296	1	176	.000	
4	.745^d	.555	.545	5.73291	.064	25.086	1	175	.000	
5	.767^e	.588	.576	5.53044	.033	14.048	1	174	.000	
6	.773^f	.598	.584	5.47908	.010	4.277	1	173	.040	.760

a. Predictors: (Constant), 社会消费品零售总额同比增长

b. Predictors: (Constant), 社会消费品零售总额同比增长, 工业生产者出厂价格指数同比增长

c. Predictors: (Constant), 社会消费品零售总额同比增长, 工业生产者出厂价格指数同比增长, 快递量同比增长

d. Predictors: (Constant), 社会消费品零售总额同比增长, 工业生产者出厂价格指数同比增长, 快递量同比增长, 流通中现金M0供应量同比增长

e. Predictors: (Constant), 社会消费品零售总额同比增长, 工业生产者出厂价格指数同比增长, 快递量同比增长, 流通中现金M0供应量同比增长, 出口总值同比增长

f. Predictors: (Constant), 社会消费品零售总额同比增长, 工业生产者出厂价格指数同比增长, 快递量同比增长, 流通中现金M0供应量同比增长, 出口总值同比增长, 国家财政支出不含债务还本累计值亿元同比增长

g. Dependent Variable: 中国消费者信心指数

图 15-7 估计的回归方程及显著性检验输出结果

ANOVA[a]

Model		Sum of Squares	df	Mean Square	F	Sig.
1	Regression	2718.383	1	2718.383	47.450	.000[b]
	Residual	10197.461	178	57.289		
	Total	12915.845	179			
2	Regression	5581.427	2	2790.713	67.348	.000[c]
	Residual	7334.418	177	41.437		
	Total	12915.845	179			
3	Regression	6339.774	3	2113.258	56.559	.000[d]
	Residual	6576.071	176	37.364		
	Total	12915.845	179			
4	Regression	7164.242	4	1791.060	54.495	.000[e]
	Residual	5751.603	175	32.866		
	Total	12915.845	179			
5	Regression	7593.925	5	1518.785	49.657	.000[f]
	Residual	5321.920	174	30.586		
	Total	12915.845	179			
6	Regression	7722.325	6	1287.054	42.873	.000[g]
	Residual	5193.519	173	30.020		
	Total	12915.845	179			

a. Dependent Variable: 中国消费者信心指数
b. Predictors: (Constant), 社会消费品零售总额同比增长
c. Predictors: (Constant), 社会消费品零售总额同比增长, 工业生产者出厂价格指数同比增长
d. Predictors: (Constant), 社会消费品零售总额同比增长, 工业生产者出厂价格指数同比增长, 快递量同比增长
e. Predictors: (Constant), 社会消费品零售总额同比增长, 工业生产者出厂价格指数同比增长, 快递量同比增长, 流通中现金M0供应量同比增长
f. Predictors: (Constant), 社会消费品零售总额同比增长, 工业生产者出厂价格指数同比增长, 快递量同比增长, 流通中现金M0供应量同比增长, 出口总值同比增长
g. Predictors: (Constant), 社会消费品零售总额同比增长, 工业生产者出厂价格指数同比增长, 快递量同比增长, 流通中现金M0供应量同比增长, 出口总值同比增长, 国家财政支出不含债务还本累计值亿元同比增长

图15-8　估计的线性回归方程方差分析表输出结果

Coefficients[a]

Model		Unstandardized Coefficients B	Std. Error	Standardized Coefficients Beta	t	Sig.	95.0% Confidence Interval for B Lower Bound	Upper Bound	Correlations Zero-order	Partial	Part	Collinearity Statistics Tolerance	VIF
1	(Constant)	118.586	1.335		88.803	.000	115.951	121.221					
	社会消费品零售总额同比增长	-.668	.097	-.459	-6.888	.000	-.859	-.476	-.459	-.459	-.459	1.000	1.000
2	(Constant)	119.561	1.142		104.717	.000	117.307	121.814					
	社会消费品零售总额同比增长	-.837	.085	-.575	-9.861	.000	-1.005	-.670	-.459	-.595	-.559	.942	1.061
	工业生产者出厂价格指数同比增长	.860	.103	.485	8.312	.000	.656	1.064	.347	.530	.471	.942	1.061
3	(Constant)	123.318	1.368		90.155	.000	120.618	126.017					
	社会消费品零售总额同比增长	-.823	.081	-.565	-10.191	.000	-.982	-.663	-.459	-.609	-.548	.941	1.063
	工业生产者出厂价格指数同比增长	.733	.102	.413	7.162	.000	.531	.934	.347	.475	.385	.870	1.150
	快递量同比增长	-.098	.022	-.252	-4.505	.000	-.141	-.055	-.350	-.322	-.242	.922	1.084
4	(Constant)	126.045	1.394		90.445	.000	123.294	128.795					
	社会消费品零售总额同比增长	-.670	.082	-.460	-8.213	.000	-.831	-.509	-.459	-.527	-.414	.810	1.235
	工业生产者出厂价格指数同比增长	.737	.096	.415	7.680	.000	.547	.926	.347	.502	.387	.870	1.150
	快递量同比增长	-.131	.021	-.336	-6.095	.000	-.173	-.088	-.350	-.418	-.307	.838	1.194
	流通中现金M0供应量同比增长	-.381	.076	-.287	-5.009	.000	-.532	-.231	-.285	-.354	-.253	.773	1.293
5	(Constant)	126.347	1.347		93.812	.000	123.688	129.005					
	社会消费品零售总额同比增长	-.673	.079	-.463	-8.554	.000	-.829	-.518	-.459	-.544	-.416	.810	1.235
	工业生产者出厂价格指数同比增长	.520	.109	.293	4.772	.000	.305	.736	.347	.340	.232	.626	1.597
	快递量同比增长	-.143	.021	-.367	-6.820	.000	-.184	-.101	-.350	-.459	-.332	.818	1.223
	流通中现金M0供应量同比增长	-.446	.075	-.336	-5.913	.000	-.595	-.297	-.285	-.409	-.288	.733	1.365
	出口总值同比增长	.100	.027	.225	3.748	.000	.047	.152	.221	.273	.182	.655	1.527
6	(Constant)	126.322	1.334		94.669	.000	123.688	128.955					
	社会消费品零售总额同比增长	-.611	.084	-.419	-7.294	.000	-.776	-.445	-.459	-.485	-.352	.703	1.423
	工业生产者出厂价格指数同比增长	.509	.108	.287	4.701	.000	.295	.722	.347	.337	.227	.625	1.601
	快递量同比增长	-.144	.021	-.371	-6.948	.000	-.185	-.103	-.350	-.467	-.335	.817	1.224
	流通中现金M0供应量同比增长	-.433	.075	-.336	-5.778	.000	-.581	-.285	-.285	-.402	-.279	.728	1.374
	出口总值同比增长	.101	.026	.229	3.847	.000	.049	.153	.221	.281	.185	.654	1.528
	国家财政支出不含债务还本累计值亿元同比增长	-.054	.026	-.110	-2.068	.040	-.105	-.002	-.295	-.155	-.100	.814	1.228

a. Dependent Variable: 中国消费者信心指数

图15-9　估计的回归系数及其检验输出结果

由方差分析表（ANOVA）可知，模型6的F值=42.873，p值（Sig.）<0.01，表明模型整体通过了显著性检验。

由回归系数及其检验结果表（Coefficients）可知，最终有6个自变量的回归系数具有统计意义上的显著性，分别是社会消费品零售总额同比增长（t=-7.294，p<0.01）、工业生产者出厂价格指数同比增长（t=4.701，p<0.01）、快递量同比增长（t=-6.948，p<0.01）、流通中现金M0供应量同比增长（t=-5.778，p<0.01）、出口总值同比增长（t=3.847，p<0.01）、国家财政支出不含债务还本累计值亿元同比增长（t=-2.068，p<0.05）。据此可以构造出回归方程：

$$CCI = 126.322 - 0.611 \times RTS\_YoYgrowth + 0.509 \times PPI\_YoYgrowth - 0.144 \times PEC\_YoYgrowth - 0.433 \times CNS\_YoYgrowth + 0.101 \times TEV\_YoYgrowth - 0.054 \times NCEX\_YoYgrowth$$

该方程表明，社会消费品零售总额同比增长1%，中国消费者信心指数下降0.611；工业生产者出厂价格指数同比增长1%，中国消费者信心指数上升0.509；快递量同比增长1%，中国消费者信心指数下降0.144；流通中现金M0供应量同比增长1%，中国消费者信心指数下降0.433；出口总值同比增长1%，中国消费者信心指数上升0.101；国家财政支出不含债务还本累计值亿元同比增长1%，中国消费者信心指数下降0.054。

由自变量共线性检验结果（Collinearity diagnostics）可知，容忍度Tolerance均大于0.5，方差膨胀因子VIF值接近1，说明解释变量之间的多重共线性较弱。

异常值检测输出结果如图15-10所示。在本实验中，设置标准化残差的绝对值≥3时识别为异常值，检测结果显示有1个异常值，为第171条观测。

Casewise Diagnostics[a]

Case Number	Std. Residual	中国消费者信心指数	Predicted Value	Residual
171	3.665	122.20	102.1204	20.07962

a. Dependent Variable: 中国消费者信心指数

Residuals Statistics[a]

	Minimum	Maximum	Mean	Std. Deviation	N
Predicted Value	94.9384	128.5237	110.2486	6.56822	180
Std. Predicted Value	-2.331	2.782	.000	1.000	180
Standard Error of Predicted Value	.544	3.873	.984	.447	180
Adjusted Predicted Value	93.0110	129.1325	110.2289	6.71409	180
Residual	-10.28548	20.07962	.00000	5.38647	180
Std. Residual	-1.877	3.665	.000	.983	180
Stud. Residual	-1.913	3.979	.002	1.009	180
Deleted Residual	-10.68663	23.67476	.01973	5.67893	180
Stud. Deleted Residual	-1.928	4.163	.004	1.017	180
Mahal. Distance	.771	88.445	5.967	9.421	180
Cook's Distance	.000	.405	.008	.033	180
Centered Leverage Value	.004	.494	.033	.053	180

a. Dependent Variable: 中国消费者信心指数

图 15-10 异常值检测输出结果

残差分析输出结果包括标准化残差直方图、标准化残差P-P图和标准化残差散点图，分别如图15-11至图15-13所示。从标准化残差直方图（图15-11）可以看出，超过99%的标准化残差介于-3和+3之间，结合异常值检测结果可以确定只有1个标准化残差的绝对值大于3，占总数的0.56%；此外，标准化残差分布直方图呈现为大体上以0为中心的对称的钟形分布。因此，建立的多元线性回归模型满足残差的基本假定。从标准化残差P-P图（图15-12）可以看出，实际累积分布函数曲线与理论累积分布函数曲线大致重合，即散点大部分分布在45°曲线附近，说明残差分布近似于正态分布。从标准化残差散点图（图15-13）可以看出，模型不存在明显的异方差现象。

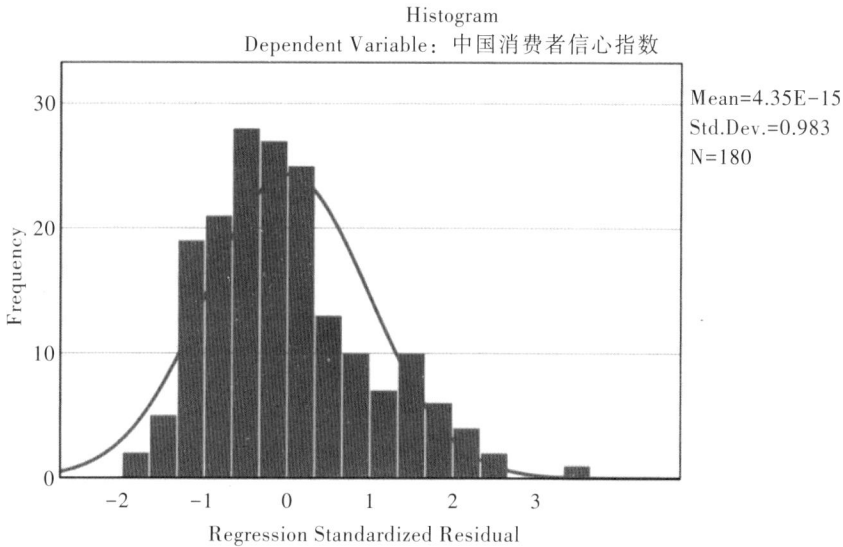

图 15-11　标准化残差直方图

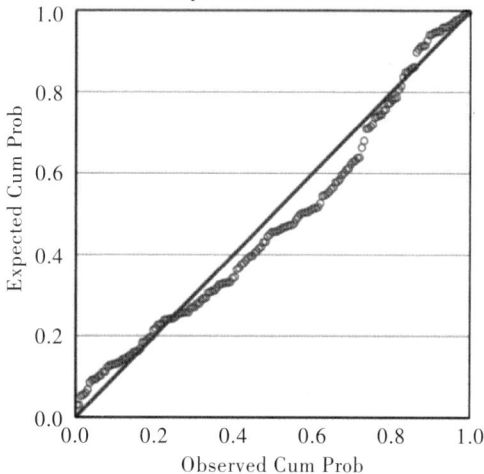

图 15-12　标准化残差 P-P 图

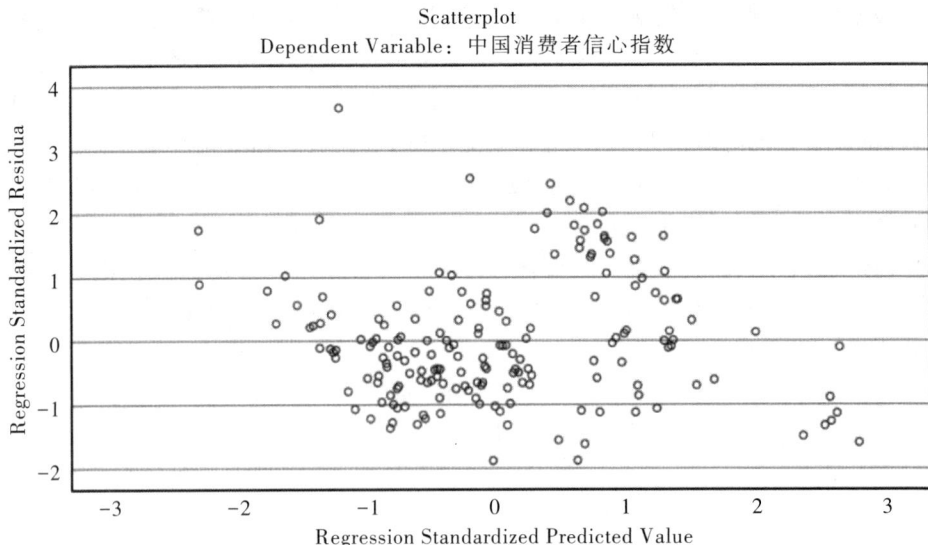

图15-13　标准化残差散点图

【问题思考】

1.对比实验中模型6和其他5个模型，观察模型整体的差异和自变量参数的差异。

2.尝试分析工业生产者出厂价格指数同比增长系数为正的原因。

3.本实验中部分变量，如国家财政收入累计值亿元同比增长，并未加入到模型中，试分析如果将该变量加到回归模型之中可能会产生什么问题。

【实验总结】

回归分析是一种应用极为广泛的数量分析方法，它能够通过回归方程的形式分析事物之间的统计关系。多元线性回归模型指含有多个自变量的线性回归模型，用于解释因变量与其他多个自变量之间的线性关系。本实验以中国消费者信心指数为因变量，以居民消费价格指数同比增长、工业生产者出厂价格指数同比增长、国家财政收入累计值亿元同比增长等变量为自变量，建立了多元线性回归模型。最终结果表明，共有6个自变量对因变量存在显著影响，以社会消费品零售总额同比增长为例，估计的回归方程表明社会消费品零售总额同比增长1%，中国消费者信心指数下降0.611。

【课后练习】

1.对参加英语六级考试者的成绩进行随机调查，获得受访者在六级考试中写作、听力、翻译、阅读理解四部分的成绩。通常写作、翻译和阅读理解之间具有一定的线性关系，请在排除性别差异的条件下，分析翻译成绩和阅读理解成绩对写作成绩的线性影响是否显著。

2.肥胖已成为全球性的健康问题，不再局限于发达国家，许多发展中国家也面临肥胖率不断上升的问题。数据集"data15_2.csv"包含性别、年龄、身高、体重等17个变量和2 111条观测，受访者来自墨西哥、秘鲁和哥伦比亚，数据来自UCI机器学习存储库（https://archive-beta.ics.uci.edu/）。请将数据集"data15_2.csv"导入SPSS，进行数据预处理，通过建立多元线性回归模型，分析影响肥胖水平的影响因素及其影响程度。

3.近年来，我国国民经济总量和人均收入水平不断提高，经济结构不断调整，城乡居民人均可支配收入持续增长，人民生活水平不断提高。请根据提供的数据集"data15_3.csv"，通过建立适合的多元回归模型，分析我国经济增长与财政收入、经济结构和居民收入之间的关系，并预测2023年我国经济增长的幅度。

【参考文献】

［1］薛薇. 统计分析与SPSS的应用［M］. 6版. 北京：中国人民大学出版社，2021.

［2］徐映梅. 市场调查理论与分析［M］. 北京：高等教育出版社，2020.

［3］何剑. 统计综合实验［M］. 大连：东北财经大学出版社，2014.

实验十六　曲线估计

【实验目的】

1.准确理解曲线回归的方法原理。

2.了解如何将非线性关系中的本质线性关系模型转化为线性关系模型进行回归分析。

3.熟练掌握曲线估计的 SPSS 操作。

4.掌握如何就样本数据在 11 种不同的曲线模型中，选择建立简单又适合的模型。

5.掌握建立适合的曲线模型的判断依据。

6.掌握如何利用曲线回归方程进行预测。

7.培养运用曲线估计解决实际问题的能力。

【准备知识】

1.非线性模型的基本内容

变量之间的非线性关系可以划分为本质线性关系和本质非线性关系。本质线性关系，是指变量关系形式上虽然呈非线性关系，但可以通过变量变换转化为线性关系，并可最终进行线性回归分析，建立线性模型。本质非线性关系，是指变量之间不仅形式上呈非线性关系，而且也无法通过变量变换转化为线性关系，最终无法进行线性回归分析和建立线性模型。本实验针对本质线性模型进行。

本质线性模型的类型划分见表 16-1。

表16-1　　　　　　　　　　　　　　　　本质线性模型的类型

模型名	回归方程	线性转化形式
二次曲线（Quadratic）	$y=\beta_0+\beta_1 x+\beta_2 x^2$	$y=\beta_0+\beta_1 x+\beta_2 x_1$（令 $x_1=x^2$）
复合曲线（Compound）	$y=\beta_0 \beta_1^x$	$\ln (y)=\ln (\beta_0)+\ln (\beta_1) x$ 或 $y_1=\beta'_0+\beta'_1 x$ （令 $y_1=\ln (y)$，$\beta'_0=\ln (\beta_0)$，$\beta'_1=\ln (\beta_1)$）
增长曲线（Growth）	$y=e^{\beta_0+\beta_1 x}$	$\ln (y)=\beta_0+\beta_1 x$ 或 $y_1=\beta_0+\beta_1 x$ （令 $y_1=\ln (y)$）
对数曲线（Logarithmic）	$y=\beta_0+\beta_1 \ln (x)$	$y=\beta_0+\beta_1 x_1$（令 $x_1=\ln (x)$）
三次曲线（Cubic）	$y=\beta_0+\beta_1 x+\beta_2 x^2+\beta_3 x^3$	$y=\beta_0+\beta_1 x+\beta_2 x_1+\beta_3 x_2$ （令 $x_1=x^2$，$x_2=x^3$）
S曲线（S）	$y=e^{\beta_0+\frac{\beta_1}{x}}$	$\ln (y)=\beta_0+\beta_1 x_1$ （令 $x_1=\dfrac{1}{x}$）
指数曲线（Exponential）	$y=\beta_0 e^{\beta_1 x}$	$\ln (y)=\ln (\beta_0)+\beta_1 x_1$
逆函数曲线（Inverse）	$y=\beta_0+\dfrac{\beta_1}{x}$	$y=\beta_0+\beta_1 x_1$ （令 $x_1=\dfrac{1}{x}$）
幂函数曲线（Power）	$y=\beta_0 (x^{\beta_1})$	$\ln (y)=\ln (\beta_0)+\beta_1 x_1$ （令 $x_1=\ln (x)$）
逻辑函数曲线（Logistic）	$y=\dfrac{1}{\dfrac{1}{\mu}+\beta_0 \beta_1^x}$	$\ln (\dfrac{1}{y}-\dfrac{1}{\mu})=\ln (\beta_0+\ln (\beta_1) x)$

注：β_0 为常数项，解释变量的系数均为回归系数。

2.曲线估计的基本步骤

（1）绘制因变量与自变量的散点图，大致确定非线性关系的类型。

（2）选择多个曲线回归模型，分别估计参数。

（3）利用输出的检验统计量对曲线回归模型进行各项显著性检验。

（4）选择一种最适合的曲线回归模型进行预测。

（5）分析评价预测效果。

【实验内容】

财政收入预测

财政收入是国家对经济实行宏观调控的重要经济杠杆。财政收入的增长情况关系着一个国家的经济的发展和社会的进步，准确预测财政收入对宏观经济调控意义重大。由于个别年份财政收入受一些政策性因素和不可预见性因素的影响，所以在通过建立模型分析各种因素对财政收入的影响机理和影响程度时，不仅要使模型预测的结果能准确反映财政收入，而且还要使模型预测体系能对经济、政策变化所造成的财政收入变动进行精确的动态模拟分析，从而为财政管理和政府决策提供科学依据。

本实验收集了2000—2020年的国家财政收入数据，数据集"data16_1.sav"包含"年度［year］"和"财政收入现值［Fiscal_revenue］"2个变量的21条观测。本实验将在数据集"data16_1.sav"的基础上，建立多个曲线模型预测后续几年的财政收入，最终确定一种预测误差最小的曲线模型作为财政收入预测模型，力求为财政理论研究与财政工作实践提供一个有效工具。

【实验步骤】

本实验操作
视频

本实验主要包含2个步骤，分别为：①使用SPSS制作散点图；②估计回归方程，选择最适合的曲线模型，并进行预测。

1.制作散点图

（1）打开数据集"data16_1.sav"，选择菜单：【Graphs（图形）】→【Legacy Dialogs（传统对话框）】→【Scatter/Dot（散点图/点图）】→【Simple Scatter（简单散点图）】，弹出如图16-1所示的【Simple Scatterplot（简单散点图）】对话框。

（2）在此对话框中，选择"财政收入现值［Fiscal_revenue］"进入"Y Axis（Y轴）"框内，选择"年度［year］"进入"X Axis（X轴）"框内。

（3）点击"OK"，输出散点图如图16-2所示，可以判断出财政收入现值随时间的推移呈非线性增长，但尚不能确定具体是哪种曲线模型最接近样本数据。下面依据最优非线性模型的判断统计量来选择最优曲线模型。

图 16-1　"Simple Scatterplot（简单散点图）"对话框

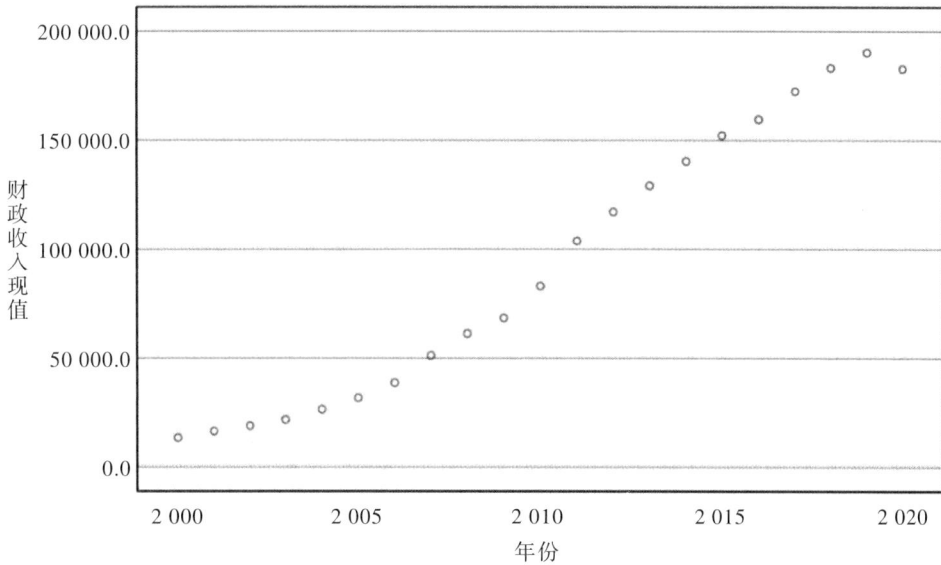

图 16-2　财政收入现值随时间变化的趋势图

2.选择最适合的曲线模型

（1）选择菜单：【Analyze（分析）】→【Regression（回归）】→【Curve Estimation（曲线估计）】，弹出如图16-3所示的对话框。在此对话框中选择"财政收入现值［Fiscal_revenue］"进入"Dependent（s）（因变量）"框内；"Independent（自变量）"选择"Time（时间）"。

图16-3 曲线估计对话框

（2）在此对话框中的"Models"框下，选择"Linear（线性）"，再选择与财政收入趋势线相近的几种模型，本实验可选择"Quadratic（二次）""Compound（复合）""Growth（增长）""Cubic（三次）""Exponential（指数）""Power（幂函数）"六种曲线模型进行比较分析。

（3）选择"Plot models（根据模型绘图）"选项，绘制所选择的各种回归线，比较与数据的拟合效果。

（4）选择"Include constant in equation（在等式中包含常量）"选项，使回归模型中包含常数项。

（5）选择"Display ANOVA table（显示 ANOVA 表格）"选项，输出模型的方差分析表和各项回归系数显著性检验结果。

（6）点击"Save（保存）"按钮，弹出如图16-4所示的"Curve Estimation：Save（曲线估计：保存）"对话框。选择"Predicted values（预测值）"选项，保存预测值；选择"Residuals（残差）"选项，保存残差；选择"Prediction intervals（预测区间）"选项，保存预测值默认95%置信区间的上限和下限值。

（7）点击【Continue】→【OK】，输出结果如表16-2和图16-5所示（受篇幅所限，展示的是汇总后的输出结果）。比较各个回归方程显著性检验的 F 值和 p 值、调整后的判定系数（Adjusted R^2）等统计量，选出最优拟合模型。由于在本实验中，各个曲线回归模型的调整后的判定系数（Adjusted R^2）相差较小，p值（Sig.）均小于0.001，表明各个模型均具有可信度。结合图16-5，通过比较观测值（散点图）与不同回归曲线的差距，只有"Exponential（指数分布）"曲线模型较好地拟合出财政收入在2019—2020年的下降趋势，因此最终选择"Exponential（指数分布）"曲线模型作为最终选择的曲线回归模型。由图16-5可以看出，未来一段时间内财政收入将继续下降。

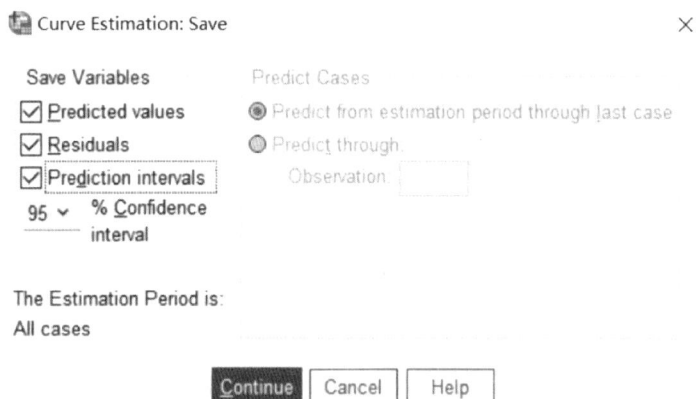

图16-4 "Curve Estimation：Save（曲线估计：保存）"对话框

实验中，各个曲线回归模型的判定系数（Adjusted R^2）相差较小，p值（Sig.）均小于0.001，表明各个模型均具有可信度。结合图16-5，通过比较观测值（散点图）与不同回归曲线的差距，只有"Exponential（指数）"曲线模型较好地拟合出财政收入在2019—2020年的下降趋势，因此最终选择"Exponential（指数）"曲线模型作为最终选择的曲线回归模型。由图16-5可以看出，未来一段时间内财政收入将继续下降。

表16-2　　　　　　　　　财政收入七种预测模型输出结果汇总表

模型名	Adjusted R Square	F	Sig.
Linear	0.972	699.232	0.000
Quadratic	0.978	448.951	0.000
Cubic	0.997	2196.869	0.000
Compound	0.952	401.278	0.000
Power	0.920	231.630	0.000
Growth	0.952	401.278	0.000
Exponential	0.952	401.278	0.000

税收收入现值

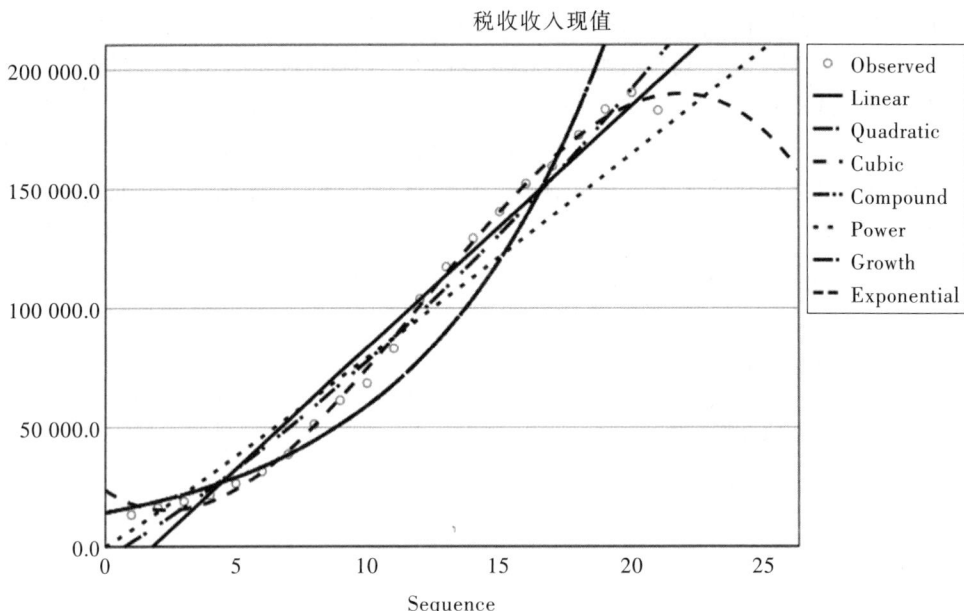

图 16-5　财政收入七种预测模型图

【问题思考】

1.在本实验中，请尝试引入其他能够影响财政收入的社会经济因素，建立财政收入预测模型。

2.请尝试从社会经济因素与财政收入关系角度出发建立财政收入预测模型，并与本实验中从财政自身角度建立的模型进行比较和评价模型的预测精度。

3.在本实验中，若出现两个曲线模型的拟合效果都较好的情况，该如何选择最优模型？

【实验总结】

变量间的关系并不总表现为线性关系，对于非线性关系，如果无法直接建立线性模型，可以通过绘制散点图的方式粗略考察这种非线性关系。在运用SPSS进行曲线估计时，应首先明确是否可以转化为表16-1所示的本质线性模型，并运用线性回归展开分析。

在 SPSS 曲线估计中，SPSS 会自动完成模型的参数估计，并输出回归方程显著性检验的 F 统计量、p 值以及判定系数 R^2 等统计量，可以选择合适的统计量作为判断依据，最终选出最优模型并进行预测分析。

【课后练习】

1. 数据集"data16_2.csv"包含 2013—2022 年的我国城镇居民人均消费支出与城镇居民人均食品烟酒消费支出数据。请将该数据集导入 SPSS，绘制城镇居民人均消费支出与城镇居民人均食品烟酒消费支出的散点图，并建立二次曲线模型。

2. 数据集"data16_3.csv"包含 2013—2022 年国内生产总值（当年价）和国内生产总值（不变价）数据。请将该数据集导入 SPSS，以国内生产总值（不变价）为因变量，尝试拟合国内生产总值（不变价）关于时间的简单线性回归模型和复合函数回归模型，并比较两个模型的异同。

3. Gompertz 模型是计量经济中的常用模型，用来拟合社会经济现象的发展趋势，其曲线形式为：$y = ka^{b^t}$，其中，k 是变量的增长上限，a 和 b 是未知参数。数据集"data16_4.csv"是关于 2013—2021 年我国民航国内航线里程的数据，请将该数据集导入 SPSS，并尝试使用 SPSS 求出 k=150 时，a 和 b 的估计值。

【参考文献】

［1］薛薇. 统计分析与 SPSS 的应用［M］. 6 版. 北京：中国人民大学出版社，2021.

［2］何晓群. 应用回归分析（R 语言版）［M］. 北京：电子工业出版社，2018

实验十七　时间序列分析

【实验目的】

1. 准确理解时间序列分析的方法原理。
2. 学会使用SPSS建立时间序列变量。
3. 学会使用SPSS绘制时间序列图反映时间序列的直观特征。
4. 掌握时间序列模型的平稳化方法。
5. 掌握时间序列模型的定阶方法。
6. 学会使用SPSS建立时间序列模型与短期预测。
7. 培养运用时间序列分析方法解决实际问题的能力。

【准备知识】

1. 时间序列的含义

从统计意义上讲，时间序列是将一个变量在不同时间上的不同数值按时间先后排列而成的数列。

从数学意义上讲，设 $X_t (t \in T)$ 是一个随机过程，$X_i (i = 1, 2, \cdots, n)$ 是 X_t 在时刻 i 对过程 X_t 的观察值，则称 X_t 为一次样本实现，也就是一个时间序列。

从系统意义上讲，时间序列就是某一系统在不同时间（地点、条件等）的响应。

2.时间序列的平稳性

判断一个时间序列是否平稳，要看其在不同时刻的分布函数是否完全一致。如果将条件放宽些，则要看其一阶矩、二阶矩是否与时间的变化无关，但在实际中，我们常常从平稳性的直观意义出发或利用间接反推的方法来判断序列的平稳性。具体的方法有数据图检验法，自相关、偏自相关函数检验法，特征根检验法，参数检验法，逆序检验法，游程检验法等。其中，自相关、偏自相关函数检验法是比较常用的方法。

自相关、偏自相关函数检验法的检验准则是：如果一个序列零均值化后的自相关函数或偏自相关函数截尾或者拖尾，则可以判断该序列是平稳的。若该时间序列的自相关函数或偏自相关函数出现了缓慢衰减或周期性衰减的情况，则说明该时间序列可能出现了某种趋势或周期性，为非平稳时间序列。

对于非平稳时间序列，需要将其平稳化。平稳化的方法主要有差分、季节差分、对数变换与差分运算的结合运用等。其中，差分用于消除时间序列的趋势性。一般而言，一次差分可以将时间序列中的线性趋势去掉，二次差分可以将时间序列中的抛物线趋势去掉，以此类推。季节差分则用于消除时间序列的周期性。

3.平稳时间序列模型

平稳时间序列模型有三种：自回归模型（AR）、移动平均模型（MA）和自回归移动平均模型（ARMA）。其中，自回归模型和移动平均模型又可以看作自回归移动平均模型的特例。

（1）ARMA模型的识别

ARMA模型的识别指从各种模型中选择一个与其实际过程相吻合的模型形式，也就是模型的识别问题。

ARMA模型的识别方法有很多，有残差、方差图定阶法，F检验法，自相关、偏自相关函数法，最佳准则法等。其中，由Box-Jenkins提出的自相关、偏自相关函数法是常用的模型识别方法。该方法是根据样本自相关、偏自相关函数的截尾、拖尾来判断序列适合的模型类型。

① 若样本自相关函数在q步截尾，并且偏自相关函数被负指数函数控制收敛到零，则可判断该时间序列为MA（q）序列。

② 若样本偏自相关函数在p步截尾，并且自相关函数被负指数函数控制收敛到零，则可判断该时间序列为AR（p）序列。

③ 若样本偏自相关函数和自相关函数均不截尾，且被负指数函数控制收敛到零，则可判断该时间序列为ARMA序列。

④ 如果样本偏自相关函数和自相关函数均无上述特征，而是出现了缓慢衰减或周期性衰减等情况，则说明该时间序列是非平稳的。

（2）ARMA 模型阶数的参数估计

ARMA 模型阶数的参数估计是指根据已掌握的一组样本数据序列对 ARMA 模型的参数作出估计和判断。ARMA 模型的参数估计方法主要有矩估计、最小二乘估计和极大似然估计。在这三种方法中，极大似然估计的参数精度较高，而最小二乘估计则为最常用的估计方法。

（3）ARMA 模型的适应性检验

ARMA 模型的适应性检验是指一个 ARMA 模型已经或基本上解释了系统的动态性，模型中的残差序列是独立的。因此，模型适应性检验实质上是残差序列的独立性检验。ARMA 适应性检验的常用方法有散点图法、估计相关系数法、F 检验、卡方检验等。

4.非平稳时间序列模型

大多数时间序列都是非平稳的，一般可以通过差分、取对数等方法转化成平稳时间序列。如果一个非平稳时间序列，在消去其局部水平或者趋势之后呈现出一定的同质性，经过差分处理后可以转换为平稳时间序列，则称其为齐次非平稳时间序列。自回归移动平均模型（ARIMA）能够将齐次非平稳时间序列转化为平稳时间序列，是 ARMA 模型的扩展，当差分阶数 d 为 0 时，ARIMA 模型就等同于 ARMA 模型。

【实验内容】

就业总量预测

就业问题是中国步入 21 世纪以来始终面对的一个具有挑战性的难题。近年来，伴随着经济结构调整和产业升级所产生的行业性失业和结构性失业，就业市场供需矛盾进一步加剧。只有缓解日益严峻的就业压力，经济才能持续、快速、健康地发展。如何更好地利用现有的劳动力资源，增加就业，改善结构，提高效率，促进经济增长，是当下急需解决的重要课题。

就业理论研究中的一个重要问题是就业总量预测，但人口经济的理论和实践表明，就业总量往往受到许多因素的制约，这些因素之间又有着错综复杂的联系。因此，运用结构性的因果模型分析和预测就业总量往往比较困难，而时间序列分析中的自回归求积移动平均模型（ARIMA）则是一个较好的选择。对于时间序列的短期预测来说，随机时序模型 ARIMA 是一种精度较高的模型。

本实验使用 2010—2021 年辽宁省从业人员数的数据资料（详见数据集 "data17_1.sav"），以该数据为基础建立一个就业总量预测的时间序列模型，并用此模型来预测就业总量的未来发展趋势。

【实验步骤】

本实验分为4个步骤，分别为：

① 生成时间序列；

② 绘制时间序列的自相关与偏自相关函数图；

③ 进行平稳性判断；

④ 建立 ARIMA 模型。

1.生成时间序列

（1）打开数据集，定义时间序列变量。本实验中定义的时间序列变量为"就业人员数［Employed］"。

（2）定义时间序列周期。选择菜单：【Data（数据）】→【Define data and time（定义日期）】，弹出如图17-1所示的"Define Dates（定义日期）"对话框。在此对话框中定义时间序列周期。由于本实验数据的周期为年，所以在"Cases Are（样本为）"框下选择"Years（年份）"，并填入时间序列的起始年份"2010"。

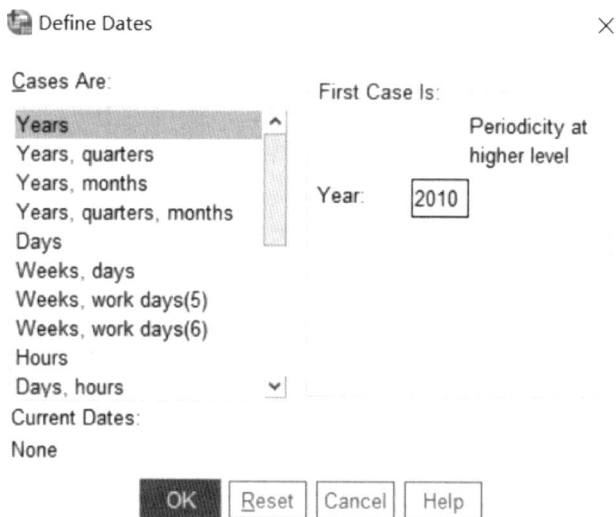

图17-1 "Define Dates（定义日期）"对话框

（3）点击"OK"。系统自动定义一个时间变量"YEAR_"，得到一个完整的 SPSS时间序列数据集。

2.绘制时间序列的自相关与偏自相关函数图

（1）选择菜单：【Analyze（分析）】→【Forecasting（预测）】→【Autocorrelations（自相关）】，弹出如图17-2所示的对话框。

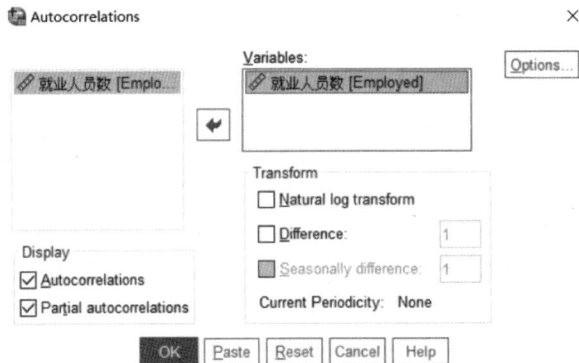

图 17-2　生成自相关与偏自相关函数图的对话框

（2）选择"就业人员数［Employed］"进入"Variables（变量）"框内。"Transform（转换）"框下的"Natural log transform（自然对数转换）"表示对原序列做自然对数变换后序列的自相关和偏自相关函数图；"Difference（差分）"表示对原序列取差分后的序列的自相关和偏自相关函数图；"Seasonally difference（季节性差分）"表示对原序列取季节差分后的序列的自相关和偏自相关函数图。实验中可根据需要进行选择。

3.进行平稳性判断

如果序列的自相关函数或偏自相关函数既不是拖尾，也不是截尾，则可以判断该序列为非平稳序列。对于非平稳序列需要通过差分（或季节差分）变换，直到差分序列（或季节差分序列）的自相关和偏自相关函数为截尾或拖尾为止。一阶差分运算的建立，可以通过"Transform（转换）"下拉菜单中的"Create Time Series（创建时间序列）"过程进行。通过定义转换函数为"Difference（差值）"，取"Order（顺序）"等于1来实现。差分过程的操作步骤如下：

（1）选择菜单：【Transform（转换）】→【Create Time Series（创建时间序列）】，弹出如图17-3所示的对话框。

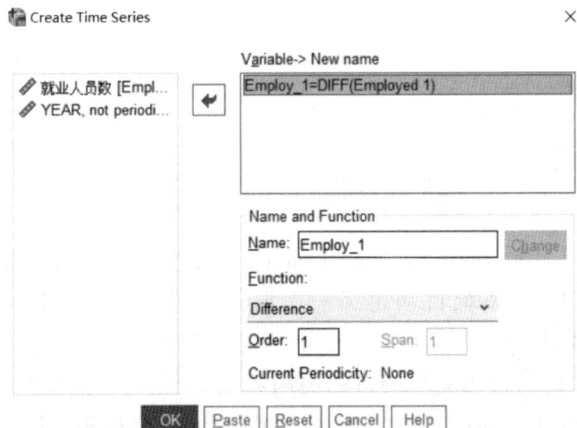

图 17-3　差分变换的对话框

（2）二阶差分变量的建立只需要在相同的操作路径下，将"Order（顺序）"的值设为"2"，以此类推。

可以通过查找相关文献，按照自相关函数、偏自相关函数法等判定 ARMA 模型的阶数，随后进行 ARMA 模型的参数估计。

4.建立 ARIMA 模型

（1）选择菜单：【Analyze（分析）】→【Forecasting（预测）】→【Create Traditional Models（创建传统模型）】，弹出如图 17-4 所示的"Time Series Modeler（时间序列建模器）"对话框。

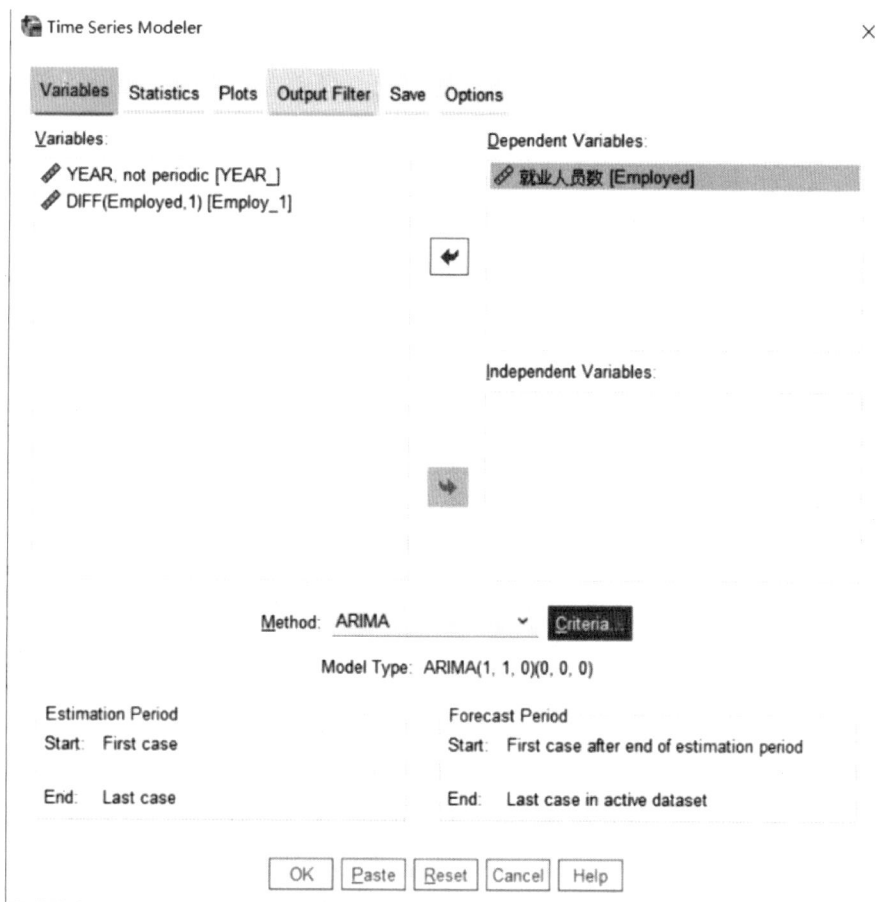

图 17-4　"Time Series Modeler（时间序列建模器）"对话框

（2）选择因变量"就业人员数［Employed］"进入"Dependent Variables（因变量）"框中，在下拉菜单"Method（方法）"中选择"ARIMA"。

（3）点击"Criteria（条件）"，在弹出的如图 17-5 所示的"Time Series Modeler：ARIMA Criteria（时间序列建模器：ARIMA 条件）"对话框中设定 ARIMA 模型的三个参数："Autoregressive（自回归）"、"Difference（差分）"和"Moving Average（移动平均数）"，它们分别为 p、d、q 值。

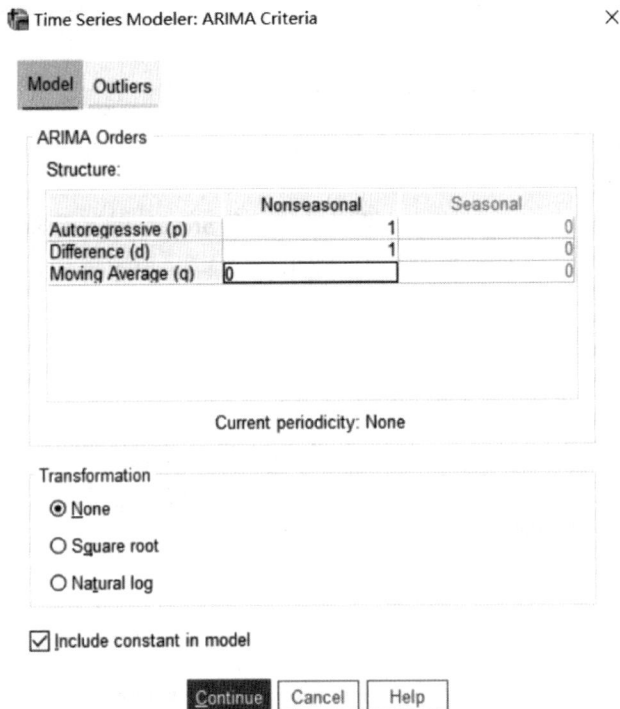

图 17-5　"Time Series Modeler：ARIMA Criteria（时间序列建模器：ARIMA 条件）"对话框

　　① p 值框中输入的是模型中的自回归参数的阶数，必须取大于或等于零的整数。本实验中 p 取值为 1。

　　② d 值框中输入的是模型中用来产生平稳时间序列的差分的阶数，必须取大于或等于零的整数，如果时间序列本身为平稳化序列，则输入 0。本实验中 d 取值为 1。

　　③ q 值框中输入的是模型中的移动平均过程的阶数，必须取大于或等于零的整数。本实验中 q 取值为 0。

　　（4）如果在回归方程中不需要包括常数项，可不选"Include constant in model（在模型中包含常数）"复选项，点击"Continue"按钮，返回上一级菜单。

　　（5）单击图 17-4 中的"Save（保存）"按钮，弹出如图 17-6 所示的"Time Series Modeler Save（时间序列建模器：保存）"对话框，从中可以选择预测值、残差、置信上限和置信下限等，可单选，也可多选。本实验中选择"Predicted（预测值）"选项。如果需要做出估计区间，也可同时选择"LCL"和"UCL"选项。

　　（6）单击图 17-4 中的"Statistics（统计量）"按钮，弹出如图 17-7 所示的"Time Series Modeler Statistics（时间序列建模器：统计量）"对话框。在其中的"Statistics for Individual models（个别模型的统计量）"框下选择参数估计"Parameter estimates（参数估计）"选项。

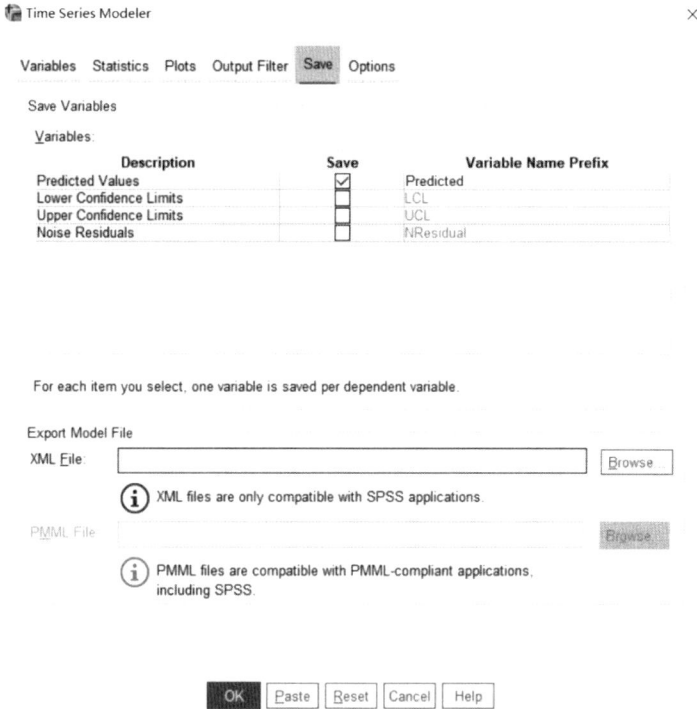

图 17-6　"Time Series Modeler Save（时间序列建模器：保存）"对话框

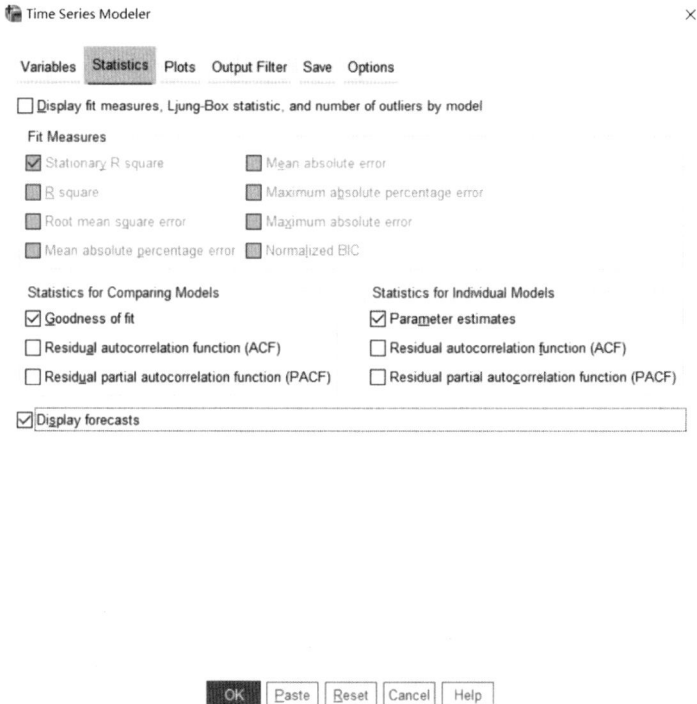

图 17-7　"Time Series Modeler Statistics（时间序列建模器：统计量）"对话框

（7）点击"OK"，系统输出的参数估计结果以及2022—2024年的短期预测结果如图17-8和图17-9所示。从结果可以看出，模型参数为0.448，常数项为-9.726。模型预测得到2022年辽宁省从业人员数为2 166.27万人，预测上限为2 320.00，预测下限为2 012.53。由图17-9可以直观看出，短期之内辽宁省从业人员数将继续下降。

ARIMA Model Parameters

				Estimate	SE	t	Sig.
就业人员数-Model_1	就业人员数	No Transformation	Constant	-9.726	34.728	-.280	.786
			AR Lag 1	.448	.296	1.514	.164
			Difference	1			

Forecast

Model		2022	2023	2024
就业人员数-Model_1	Forecast	2166.2682	2150.2699	2137.7350
	UCL	2320.0035	2420.7856	2508.4102
	LCL	2012.5328	1879.7542	1767.0598

For each model, forecasts start after the last non-missing in the range of the requested estimation period, and end at the last period for which non-missing values of all the predictors are available or at the end date of the requested forecast period, whichever is earlier.

图17-8　参数估计结果和短期预测结果

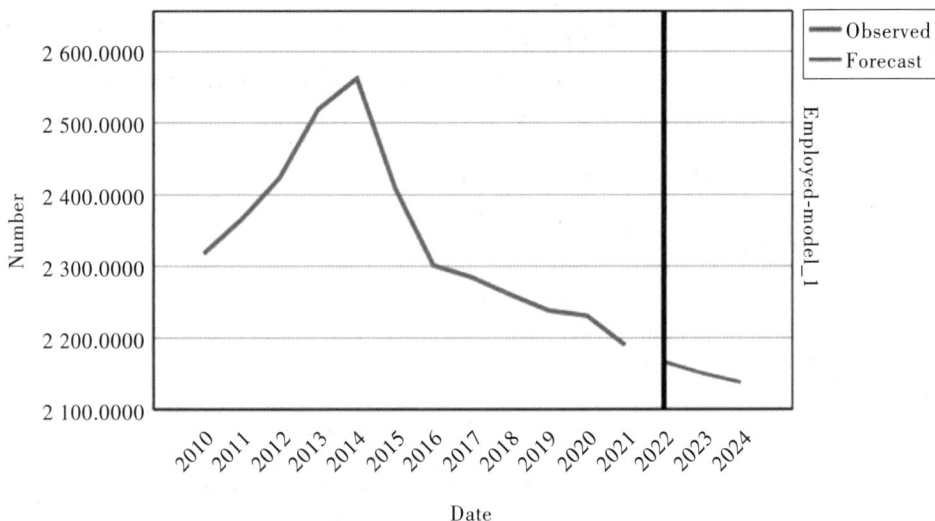

图17-9　短期预测结果图示

【问题思考】

1.根据ARIMA模型的误差序列判断模型的适应性，如果模型的误差序列不能满足独立的假设，该怎么办？

2.观测输出结果，你认为 ARIMA（1，1，0）作为辽宁省就业总量的预测模型是否合适？除了 ARIMA 模型之外，是否有其他更有效的短期预测方法？能否利用所学过的其他方法对辽宁省就业趋势进行预测，如平滑法预测、回归模型预测等，并将其结果与 ARIMA 模型的结果进行比较。

3.利用所选模型进行短期预测，预测结果符合辽宁省就业的实际情况吗？根据实验得到的参数及预测值，你如何认识辽宁省未来几年的劳动力供给趋势？你能够提出相应的解决对策吗？

4.在本实验中，辽宁省从业人员人数存在长期趋势，试问如果某一时间序列存在季节波动或者既有长期趋势又有季节波动，如何将该时间序列平稳化？

【实验总结】

时间序列分析是一种特殊的曲线估计，其以时间为自变量，拟合时间序列数据，识别数据的趋势性或周期性，预测未来一定时间内的因变量数值。本实验目标为预测就业总量。人口经济的理论和实践表明，就业总量往往受到许多因素的制约，这些因素之间又有着错综复杂的联系，运用结构性的因果模型分析和预测就业总量往往比较困难，此时使用时间序列分析是一个较好的选择。对于短期预测来说，ARIMA 是一种精度较高的模型，可以使用 SPSS 中"Create Time Series（创建时间序列）"模块开展时间序列分析。值得注意的是，通常情况下，时间序列预测的数据量应该尽量大，以便模型可以更准确地进行预测。小规模的数据集也可以用于建立有效的时间序列预测模型，但能够预测的时间序列较短。应根据问题的复杂程度和数据的可用性，在充分理解问题本质的基础上，合理选择合适的模型和算法进行预测。

【课后练习】

1.改革开放以来，我国城镇居民人均可支配收入由 1978 年的 343 元提高到 2022 年的 49 283 元（详见"data17_2.csv"）。请将数据集"data17_2.csv"导入 SPSS，选择合适的时间序列分析模型，拟合 1978—2022 年的城镇居民人均可支配收入变动趋势，并预测 2023—2025 年我国城镇居民人均可支配收入。

2.改革开放以来,人均可支配收入持续增长,一定程度上使得居民人民币储蓄存款增加,请使用 1978—2022 年城乡居民人民币储蓄存款年末余额(详见 "data17_3.csv"),尝试选择并建立合适的 ARIMA 模型,预测未来 5 年(2023—2027 年)的城乡居民人民币储蓄存款年末余额。

3.社会消费品零售总额是指企业(单位、个体经营户)通过交易直接售给个人、社会集团非生产、非经营用的实物商品金额,以及提供餐饮服务所得的收入金额。社会消费品零售总额主要用于反映国内消费品市场的总规模和地域分布情况,也能基本反映居民和社会集团对实物商品消费需求的总量和变化趋势。数据集 "data17_4.csv" 包含 2010—2022 年社会消费品零售总额数据。请将该数据集导入 SPSS,尝试绘制该数据的时间序列图,并选择合适的时间序列分析模型拟合社会消费品零售总额变动趋势。

【参考文献】

[1] 何剑.统计综合实验 [M].大连:东北财经大学出版社,2014.

[2] 王振龙.应用时间序列分析 [M].北京:中国统计出版社,2010.

实验十八　层次聚类

【实验目的】

1.准确理解聚类分析的方法原理。
2.掌握聚类分析中样本之间距离和变量之间相似性的计算方法。
3.了解掌握七种层次聚类方法的区别与联系。
4.熟练掌握层次聚类分析的SPSS操作。
5.培养运用聚类分析方法解决实际问题的能力。

【准备知识】

1.聚类分析的基本思想

聚类分析是定量研究分类问题的一种多元统计方法。所谓类，通俗地说，就是指相似元素的集合。聚类分析能够将样本或变量根据其诸多特征，按照性质上的亲疏程度进行自动分类，产生多个分类结果。类内部个体特征具有相似性，不同类间个体特征的差异性较大。对样本分类称为Q型聚类分析，对变量分类称为R型聚类分析。聚类分析方法非常丰富，有层次聚类、K-Means聚类、有序样本聚类、模糊聚类、图论聚类、聚类预报等。其中，层次聚类应用较为广泛，是一种旨在建立聚类的层次结构的聚类分析方法，其通过计算不同类别数据点间的相似度创建一棵有层次的嵌套聚类树，距离越小，相似度越高。

2.距离和相似性计算

聚类分析中，衡量样本间的相似程度和差异程度十分重要，样本间的相似程度通常可采用相关系数进行测度，样本间的差异程度则通常采用距离进行测度。如果把 n 个样本看成 p 维空间中的 n 个点，则两个样本间的相似程度可用 p 维空间中两点的距离来度量。令 d_{ij} 表示样本 x_i 与 x_j 的距离，常见的距离计算方式如下：

（1）连续型变量样本间距离的定义

如果 p 个变量都是连续变量，常用的距离算法有：

①明氏距离（Minkowski Distance）

$$d_{ij}(q) = \left(\sum_{a=1}^{p} \left| x_{ia} - x_{ja} \right|^q \right)^{\frac{1}{q}}$$

式中：q 的改变，使较大或较小差值的权值随之改变。

当 q=1 时：

$$d_{ij}(1) = \sum_{a=1}^{p} \left| x_{ia} - x_{ja} \right|$$

此为绝对距离（Block Distance）。

当 q=2 时：

$$d_{ij}(2) = \left(\sum_{a=1}^{p} \left| x_{ia} - x_{ja} \right|^2 \right)^{\frac{1}{2}}$$

此为欧氏距离（Euclidean Distance），如果对欧氏距离作平方就得到平方欧氏距离（Squared Euclidean Distance）。

当 q=∞ 时：

$$d_{ij}(\infty) = \max_{1 \leqslant a \leqslant p} \left| x_{ia} - a_{ja} \right|$$

此为切比雪夫距离（Chebyshev Distance）。

②自定义距离（Customized Distance）

$$d_{ij}(q) = \left(\sum_{a=1}^{p} \left| x_{ia} - x_{ja} \right|^q \right)^{\frac{1}{m}}$$

式中：q 和 m 由用户自定义。

（2）离散型变量样本间距离的定义

如果 p 个变量都是离散变量，常用的距离算法有：

①卡方距离（Chi-square Distance）

$$CHISQ_{ij} = \sqrt{ \sum_{a=1}^{p} \frac{1}{c_i} \left(Px_{ia} - Py_{ja} \right)^2 }$$

式中：Px_{ia} 是样本 x_i 在第 a 个变量上的频数占所有变量频数之和的百分比；Py_{ja} 是样本 y_j 在第 a 个变量上的频数占所有变量频数之和的百分比；c_i 为权重，是第 a 个变量频数百分比的平均值。

②Phi 方距离（Phi-square Distance）

$$PHISQ_{ij} = \sqrt{ \dfrac{ \sum_{a=1}^{p} \dfrac{\left[x_{ia} - E(x_{ia}) \right]^2}{E(x_{ia})} + \sum_{a=1}^{p} \dfrac{\left[y_{ja} - E(y_{ja}) \right]^2}{E(y_{ja})} }{n} }$$

式中：x_{ia}是样本x_i的第a个变量的变量值（频数）；y_{ja}是样本y_j在第a个变量上的变量值（频数）；$E(x_{ia})$和$E(y_{ja})$是期望频数；n为总频数。

如果p个变量都是二分变量，常用的距离算法有：

①简单匹配系数（Simple Matching）

$$S_{ij} = \frac{b + c}{a + b + c + d}$$

式中：a为两样本同时为1的频数，b为样本x_i为1、样本x_j为0的频数，c为样本x_i为0、样本x_j为1的频数，d为两样本同时为0的频数。

②Jaccard系数

$$J_{ij} = \frac{b + c}{a + b + c}$$

值得注意的是，SPSS中计算的是$1-J_{ij}$，即x和y的相似程度。

3.SPSS中置入的距离测度方法

SPSS中提供了多种度量距离的方法，该距离是在样本间距离的基础上定义的，具体包含以下7种：

（1）最短距离法（Nearest neighbor），用两类间最近点间的距离作为两类的距离，合并最近的或最相似的两项。

（2）最长距离法（Furthest neighbor），用两类间最远点间的距离作为两类的距离，合并最近的或最相似的两项。

（3）重心距离法（Centroid clustering），用两类重心间的距离作为两类的距离，合并最近的或最相似的两项。

（4）中位数距离法（Median clustering），用两类中位数间的距离作为两类的距离，合并最近的或最相似的两项。

（5）类间平均距离法（Between-groups linkage），合并两类的结果使得所有项对之间的平均距离最小，项对的两个成员分属于不同的类。

（6）类内平均距离法（Within-groups linkage），合并两类的结果使得合并后的类中的所有项之间的平均距离最小。

（7）离差平方和法（Ward's method），采用类间距离的平方和的最小增量合并聚类，此方法要使用欧氏距离。

4.层次聚类的基本步骤

虽然计算距离的公式很多，但SPSS中层次聚类分析的操作步骤是一致的：

（1）选择分析变量。

（2）数据标准化，目的是消除由于各变量间量纲不同或数量级单位不同导致的计算结果偏差。

（3）选择距离或相关系数的计算公式，计算所有样本两两之间的距离或相关系数，生成距离矩阵或相似矩阵。

（4）选择聚类方法，将距离最近的两个样本合并成一类。常用的聚类方法有最短距离法、最长距离法、重心距离法、离差平方和法。

（5）输出聚类结果和系统聚类图，包括树形图和冰柱图两种。

（6）根据研究对象的背景知识，按某种分类标准或分类原则，得出最终的分类结果。

【实验内容】

省际现代化水平分类分析

配第—克拉克定理认为，随着经济的发展，第一产业产值和劳动力的相对比重将逐渐下降，第二产业产值和劳动力的相对比重将不断上升；而随着经济的进一步发展，第三产业产值和劳动力的相对比重则将迅速提高。依据该定理，一般采用非农业产值比重作为产业结构升级的度量。但是20世纪70年代后信息技术革命对主要工业化国家的产业结构产生了极大的冲击，出现了"经济服务化"的趋势，而传统的度量方式无法反映出经济结构的这种动向。在信息化推动下，经济结构的服务化是产业结构升级的一个重要特征，其典型事实是第三产业的增长率要快于第二产业的增长率，因此采用第三产业产值与第二产业产值之比作为产业结构高级化的度量，命名为产业结构高级化指数。

产业结构高级化指数能够清楚地反映出经济结构的服务化倾向，明确地呈现产业结构是否朝着"服务化"的方向发展。如果指数处于上升状态，就意味着经济在向服务化的方向推进，产业结构在升级。本实验收集2022年我国31个省、自治区、直辖市第二产业产值和第三产业产值数据，计算得到产业结构高级化指数（详见数据集"data18_1.sav"），运用层次聚类对我国31个省、自治区、直辖市进行分类。

【实验步骤】

本实验操作
视频

下面展示运用SPSS进行层次聚类的操作过程。

（1）打开数据集"data18_1.sav"，选择菜单：【Analyze（分析）】→【Classify（分类）】→【Hierarchical Cluster（系统聚类）】，弹出如图18-1所示的"Hierarchical Cluster Analysis（系统聚类分析）"对话框。

（2）在此对话框中的"Cluster（聚类）"框下选择聚类类型。

① 选择"Variables（变量）"项，进行变量R型聚类。

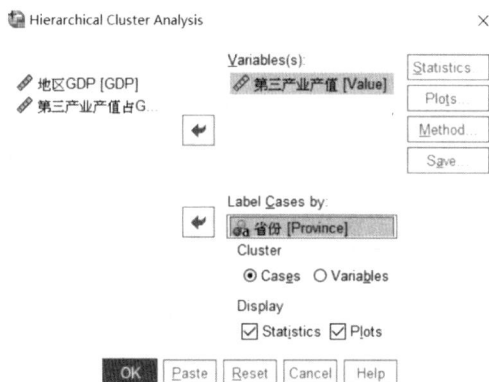

图 18-1　"Hierarchical Cluster Analysis（系统聚类分析）"对话框

② 选择"Cases（样本）"项，进行样本 Q 型聚类。

本实验选择"Cases（样本）"项，进行 Q 型聚类。

（3）选择"省份［Province］"，进入"Label Cases by（标注样本）"框中；选择"第三产业产值［Vakue］"，进入"Variable（s）（变量）"框中。

（4）单击"Method（方法）…"按钮，弹出如图 18-2 所示的对话框。在"Cluster Method（聚类方法）"下拉框中选择"Between-groups linkage（类间平均距离法）"。"Measure（度量标准）"框中给出的是不同数据类型下的样本距离的计算方式，在"Interval（区间）"下拉框中选择"Euclidean distance（欧式距离）"。"Counts（计数）"和"Binary（二分类）"选项分别适用于计数型数据和二值数据。由于本实验中的数据不存在数量级上的差异，因此无须进行标准化处理。在"Standardize（标准化）"下拉框中选择"None（无）"，单击"Continue"按钮返回主对话框。

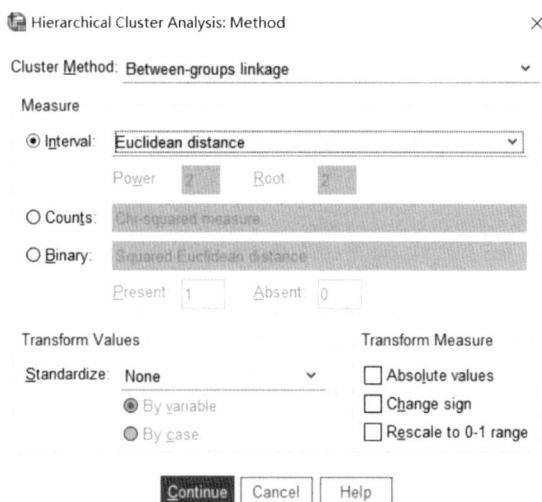

图 18-2　方法选择对话框

（5）"Statistics（统计量）…"按钮，弹出如图 18-3 所示的选择输出统计量的对话框。在此框中选择"Agglomeration schedule（合并进程表）"复选项，编制凝聚状态表。凝聚状态表显示聚类过程中每一步合并的两项（观测量与观测量、观测量与类、类与类）、被合并的两项之间的距离以及观测量或变量加入到一类的类水平，可以根据此表跟踪聚类的合并过程。选择"Proximity matrix（相似性矩阵）"复选项，要求输出各项间的距离矩阵，以矩阵形式给出各项之间的距离或相似性测度值。为确保聚类结果的可解释性，最终得到类的数量不应过多，此处将预期得到的类别数量限制在2类到5类之间，在"Cluster Membership（聚类成员）"框中选择"Range of solutions（方案范围）"，输入聚类解的范围从2类到5类。单击"Continue"按钮返回主对话框。

（6）单击"Plots（绘制）"按钮，弹出如图18-4所示的选择统计图表的对话框。选择"Dendrogram（树状图）"要求输出树形图；"Icicle（冰柱）"框下默认选择"All clusters（所有聚类）"，输出冰柱图；单击"Continue"按钮返回主对话框。

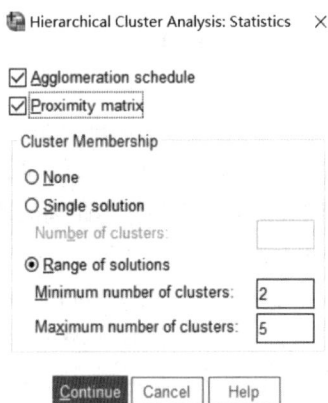

图 18-3　选择输出统计量的对话框　　图 18-4　选择统计图表的对话框

（7）单击"Save（保存）"按钮，弹出如图18-5所示的新变量选择对话框。选择"Range of solutions（方案范围）"，输入聚类解的范围从2类到5类。

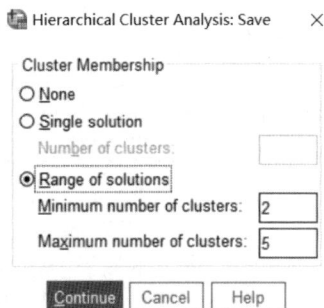

图 18-5　新变量选择对话框

（8）点击【Continue】→【OK】，系统输出层次聚类分析结果，如图18-6和图18-7所示。由图18-7可知，树形图展现了聚类分析中每一次类合并的情况，当聚成2类时，北京单独为一类，其余省市区为一类，类间距离较大；当聚成5类时，类间距离相差较小。本实验最终考虑聚成4类：北京单独为一类，其产业结构高级化指数为5.28，在全部省市区中遥遥领先；上海和海南为一类，产业结构高级化指数分别为2.89和3.12，第三产业产值均远超第二产业产值；山西、内蒙古、江苏、福建、江西、陕西、青海、宁夏以及新疆共9个省市区为一类，其中产业结构高级化指数最大值为1.11，最小值为0.76，表明上述省市区向"服务化"的方向发展的步伐较缓；其余省市区为一类，其中产业结构高级化指数最大值为1.66，最小值为1.18，表明上述省市区第三产业产值均超过第二产业产值。

Cluster Member ship

Case	5 Clusters	4 Clusters	3 Clusters	2 Clusters
1.北京市	1	1	1	1
2.天津市	2	2	2	2
3.河北省	3	2	2	2
4.山西省	4	3	2	2
5.内蒙古自治区	4	3	2	2
6.辽宁省	3	2	2	2
7.吉林省	3	2	2	2
8.黑龙江省	2	2	2	2
9.上海市	5	4	3	2
10.江苏省	4	3	2	2
11.浙江省	3	2	2	2
12.安徽省	3	2	2	2
13.福建省	4	3	2	2
14.江西省	4	3	2	2
15.山东省	3	2	2	2
16.河南省	3	2	2	2
17.湖北省	3	2	2	2
18.湖南省	3	2	2	2
19.广东省	3	2	2	2
20.广西壮族自治区	3	2	2	2
21.海南省	5	4	2	2
22.重庆市	3	2	3	2
23.四川省	3	2	2	2
24.贵州省	3	2	2	2
25.云南省	3	2	2	2
26.西藏自治区	3	2	2	2
27.陕西省	4	3	2	2
28.甘肃省	3	2	2	2
29.青海省	4	3	2	2
30.宁夏回族自治区	4	3	2	2
31.新疆维吾尔自治区	4	3	2	2

图18-6 层次聚类分析中的类成员

Dendrogram using Average Linkage （Between Groups）

Rescaled Distance Cluster Combine

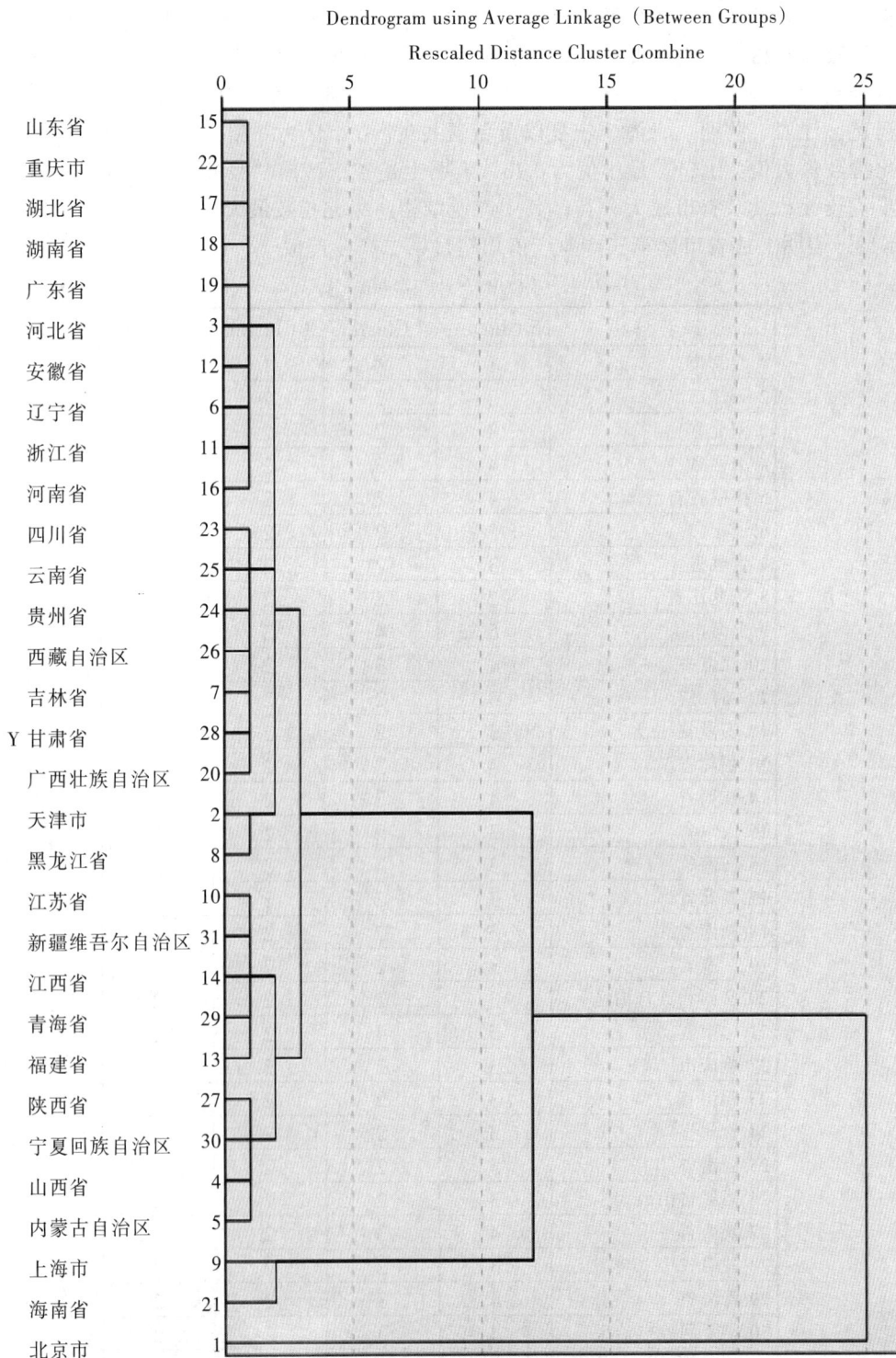

图 18-7 层次聚类分析的树形图

【问题思考】

1.尝试在方法选择对话框的"Cluster Method（聚类方法）"框中，选择不同的层次聚类方法，或者在"Measure（度量标准）"框中选择不同的样本距离计算方式，比较其层次聚类结果与本实验中的结果的区别和联系。

2.SPSS层次聚类分析将所有可能的聚类解全部输出，分类数目并没有统一的确定标准，主要应考虑各类所包含的个体数目不应过多，分类数目应符合分析的目的等因素。在本实验中，聚类结果数选择了2~5个，请选择合适的聚类结果数取值范围并根据系统输出的树形图确定合适的分类数目。

3.层次聚类分析后还需分析各类的特征，可对各类的各个变量分别进行描述统计。

【实验总结】

分类是统计研究中的重要思想。聚类分析是定量研究分类问题的一种多元统计方法，其中层次聚类应用较为广泛。层次聚类又称系统聚类，分为Q型聚类和R型聚类。本实验依据产业结构高级化指数，采用Q型层次聚类，将我国31个省、自治区、直辖市划分为4类。聚类结果表明，当聚成4类时，北京为一类，产业结构高级化指数遥遥领先；上海和海南为一类，产业结构高级化指数较高；山西、内蒙古、宁夏等9个省市区为一类，产业结构高级化指数相对较低，表明上述省市区向"服务化"的方向发展的步伐较缓；其余省市区为一类，其第三产业产值均超过第二产业产值，产业结构高级化指数位于中游水平。在后续分析中，可以归纳总结各类别内部的共性特征。

【课后练习】

1.使用实验所用数据集"data18_1.sav"，选取地区生产总值作为度量地区发展水平的指标，分别以"亿元"和"百亿元"为计量单位测算聚类结果，对比两次层次聚类分析结果的差异，分析造成差异的原因。最终选取合适的标准化处理方式，消除数量级的影响，再进行层级聚类分析。

2.数据集"data18_2.csv"包括伊朗德黑兰房地产单户住宅公寓的建筑成本、销售价格、项目变量和经济变量。数据来自UCI机器学习存储库（https：//archive-beta.ics.uci.edu/）。请运用R型层次聚类对变量进行聚类分析，使差异性大的变量分离开来，使具有相似性的变量聚集在一起。

3.同样使用数据集"data18_2.csv"，从中抽取50条观测，结合第2题中R型层次聚类结果，对观测进行Q型层次聚类分析，将住宅建筑划分为不同类别。再使用全部样本重复上述操作，对比结果有何异同，尝试说明层次聚类在大样本中的局限性。

【参考文献】

［1］王然，刘波波．我国主要城市产业结构现代化水平比较分析［J］．商业经济研究，2018，743（4）．

［2］薛薇．统计分析与SPSS的应用［M］．6版．北京：中国人民大学出版社，2021．

［3］干春晖，郑若谷，余典范．中国产业结构变迁对经济增长和波动的影响［J］．经济研究，2011，46（5）．

实验十九　K-Means聚类

【实验目的】

1.准确理解K-Means聚类分析的方法原理。
2.掌握将数据进行标准化的几种常用方法。
3.熟练掌握K-Means聚类分析的SPSS操作。
4.培养运用K-Means聚类分析方法解决实际问题的能力。

【准备知识】

1.K-Means聚类分析的基本原理

K-Means聚类也称快速聚类或动态聚类，K-Means中的K是研究者指定的聚类数目，Means指凝聚点（或称聚类中心）。K-Means聚类分析的基本思想是：首先按照一定方法选取一批凝聚点，其次让样本向最近的凝聚点凝聚，形成初始分类，最后按最近距离原则修改不合理的分类，直到合理为止。

与层次聚类相比，该方法在计算机的处理过程中不需要存储距离矩阵，因而计算工作量最小，占据的存储空间也小，也不会因计算机硬件的限制使得分析过程漫长或无法收敛，因此适合大样本文件的聚类分析。

2.对数据进行标准化的方法

（1）Z-scores，把数值标准化到Z分数。标准化后变量均值为0，标准差为1。

$$z = \frac{X - \mu}{\sigma}$$

（2）Range –1 to 1，把数值标准化到–1 至 1 的范围内。

$$X' = \frac{X}{10^n}$$

其中 n 是使得 X′ 最大绝对值小于 1 的最小整数。

（3）Maximum magnitude of 1，把数值标准化至最大值为 1。该方法是用被标准化的变量或观测量的值除以最大值。

$$X' = \frac{X}{X_{max}}$$

（4）Range 0 to 1，把数值标准化到 0 至 1 的范围内，用被标准化的变量或观测量的值减去其最小值，然后除以范围（最大值减最小值）。

$$X' = \frac{X - X_{min}}{X_{max} - X_{min}}$$

（5）Mean of 1，把数值标准化到均值的一个范围内。用正在被标准化的变量或观测量的值除以所有被标准化的变量或观测量的值的均值。

$$X' = \frac{X - \mu}{X_{max} - X_{min}}$$

（6）Standard deviation of 1，把数值标准化到单位标准差。该方法用每个值除以所有被标准化的变量或观测量的标准差。如果标准差为 0，则这些值保持不变。

$$X' = \frac{X}{\sigma}$$

3.K-Means 聚类分析的基本步骤

不论是由 SPSS 系统指定，还是由用户自行指定初始聚类中心，K-Means 聚类过程的分析步骤都可以总结如下：

（1）选择分析变量。

（2）指定聚类数目，即要将样本聚为几类。

（3）指定初始聚类中心。

（4）按照距初始聚心距离最小原则，将各观察量分到各聚类中心所在的类中去，形成第一次迭代的 K 类。

（5）计算每类中所有变量的均值，作为第二次迭代的聚类中心。

（6）重复步骤（3）～（4），直到达到指定的迭代次数或满足迭代终止的条件，聚类过程结束。

（7）输出聚类结果。

（8）根据研究对象的背景知识，按某个分类标准或分类原则得出最终的分类结果。

【实验内容一】

居民消费结构分类分析

消费是经济持续增长的第一拉动力，也是构建新发展格局的重要基础。随着中国社会消费品零售总额超过美国居于世界首位，进一步的消费规模扩张空间有限，扩大消费的重点逐步转至消费结构升级。消费结构升级意味着消费品质的提升和更高层次需求的满足，按照马斯洛的需求层次理论，消费结构升级体现在居民消费从生存型消费向发展型、享受型消费转变。探索消费结构现状及特征，有助于调整生产结构，进行相关产业布局，进一步促进经济高质量增长，实现经济高质量发展中"使发展成果更好惠及全体人民，不断实现人民对美好生活的向往"的要求。

按照国家统计局对于居民消费商品和服务项目的划分，消费分为：食品烟酒、衣着、居住、生活用品及服务、交通通信、教育文化娱乐、医疗保健、其他用品及服务八大类。通过调查某市居民消费情况，现得到数据集"data19_1.sav"，数据包含食品烟酒（food）、衣着（clothes）、居住（resided）、生活用品及服务（dailysupplies）、交通通信（traffic）、教育文化娱乐（entertainent）、医疗保健（healthcare）、其他用品及服务（otherservice）共8个变量。本实验要求根据此数据集将居民消费结构分为生存型、发展型、享受型三类。

【实验步骤】

本实验操作
视频

实验内容一具体分为2个步骤，分别为：①数据标准化；②进行K-Means聚类分析。

1.数据标准化

（1）打开数据集"data19_1.sav"，选择菜单：【Analyze（分析）】→【Descriptive Statistics（描述性统计）】→【Descriptive（描述）】，弹出描述统计量对话框。选择全部变量进入"Variable（s）（变量）"框中；选择"Save standardized values as variables（将标准化得分另存为变量）"复选项。

（2）点击"OK"，统计输出结果如图19-1所示。其中，Z开头的变量为标准化数据列。

图 19-1 的数据表格（标准化数据列）:

	othersevices	Zfood	Zclothes	Zresided	Zdailysupplies	Ztrafic	Zentertainment	Zhealthcare	Zotherservices
1	100.00	18880	-43119	-25703	-20310	-24081	-62374	-43593	-43071
2	463.00	-19173	31383	1.76538	-19607	-27417	-60237	-25869	-27007
3	1980.00	78645	-52889	-28330	-72035	02779	-64719	-18602	40130
4	155.00	59406	43181	60536	50842	-19389	-56613	4 09502	-40637
5	138.50	32574	-71791	7 19635	-46434	-27312	-33474	1 10232	-41368
6	104.33	-10600	-46608	28750	-13720	01597	-27928	-24623	-42880
7	89.00	18812	23100	-10066	-61258	-26452	-22982	84459	-43658
8	94.00	15696	-75962	64801	-75502	-23347	-57074	-42561	-43337
9	00	2.94341	-02970	12297	-60375	-49011	-43148	-47447	
10	673.00	-80900	90685	-23033	-43014	03023	46872	-36367	-17713
11	1289.50	-20689	-63222	-04783	3 07467	-22162	-30257	00014	09571
12	579.00	-36955	41315	-40575	-13927	-31054	68766	-34368	-21873
13	84.33	-1.25185	-61187	-28731	-72919	-33678	60440	-43140	-43765
14	109.00	1.06971	03377	-36155	-09654	-19318	-60237	-43108	-42673
15	4.50	-1.33629	-70918	-29911	-71996	-42732	-63175	-43165	-47298
16	467.25	1 63210	-36371	-20634	45642	-37577	-52763	-06254	-26818
17	296.40	-36726	-64274	-27397	-44868	-26660	-60764	-39968	-34380
18	261.00	-48239	-42711	-16932	-43297	-25497	-60591	02832	-36946
19	466.00	72231	43612	00531	19929	15696	-44035	-21371	-26874
20	2279.33	56443	90750	1.18026	83569	1 01582	3 51286	-26276	53377
21	457.33	-1.05435	-75973	-27748	-55605	-36826	-59747	-26288	-27257
22	00	45662	-72627	-29133	-70828	-28211	-60601	-43440	-47497
23	18103.97	-77599	-63400	-36965	-44449	-25132	-62231	05209	7.53713
24	5326.00	19993	35706	06892	-21835	-09650	23606	-32574	1 88166
25	285.33	65653	41716	-12085	01290	1 08764	2 77332	-41849	-34869
26	1228.33	18046	36305	29999	-05299	84939	1 62217	42067	06864
27	23.75	-23571	32129	09226	-29229	-04357	1.49541	-40348	01203
28	3360.00	89155	81134	05100	3 56697	1.40827	1.06789	16431	1 01203
29	630.00	2 08592	87191	-12895	-70437	1.36691	6.33788	29782	-19616

图 19-1 标准化数据列

2.进行 K-Means 聚类分析

（1）选择菜单：【Analyze（分析）】 → 【Classify（分类）】 → 【K-Means Cluster（K-Means 聚类）】，弹出如图 19-2 所示的"K-Means Cluster Analysis（K-Means 聚类分析）"对话框。

（2）在此对话框中，选择标准化数据变量作为分析变量，分类数为 3，聚类方法使用默认的"Iterate and classify（迭代和分类）"。

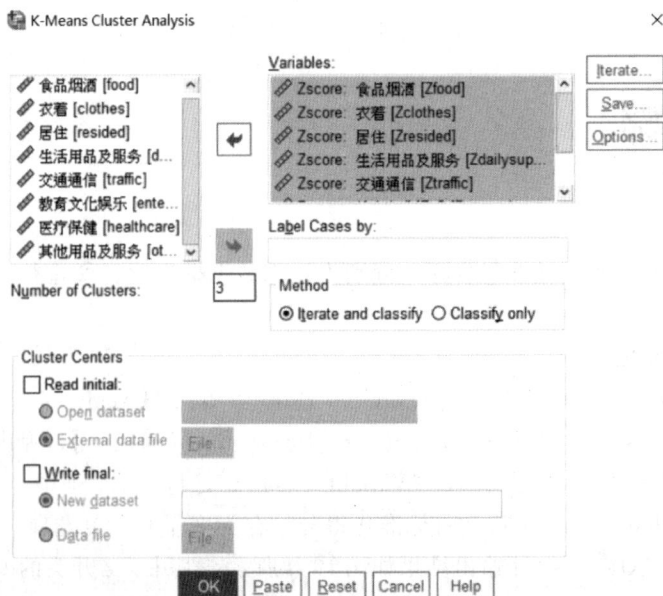

图 19-2 "K-Means Cluster Analysis（K-Means 聚类分析）"主对话框

（3）单击"Iterate（迭代）…"按钮，打开如图19-3所示的指定迭代参数对话框。在"Maximum Iterations（最大迭代次数）"参数框中限定K-Means算法中的迭代次数，系统默认值为迭代10次，本实验中采用系统默认值；在"Convergence Criterion（收敛性标准）"参数框中指定K-Means算法中的收敛判据，其值必须大于等于0并且小于1，默认值为0，本实验中将其设置为0.02；选择"Use running means（使用运行均值）"复选项，限定在每个观测量被分配到一类后立刻计算新的类中心。单击"Continue"按钮，返回主对话框。

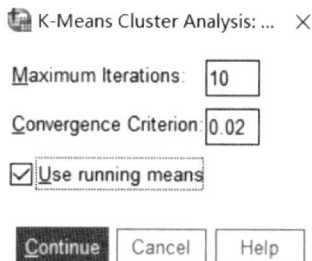

图 19-3　指定迭代参数对话框

（4）在主对话框中单击"Save（保存）"按钮，打开如图19-4所示的保存新变量对话框。在此对话框中选择"Cluster membership（聚类成员）"复选项，要求在当前工作数据文件中建立一个新变量，其值表示聚类结果，类顺序标号为1、2、3；选择"Distance from cluster center（与聚类中心的距离）"复选项，要求在当前数据窗口中建立一个新变量，变量值为各观测距所属类的类中心间的欧氏距离。单击"Continue"按钮，返回主对话框。

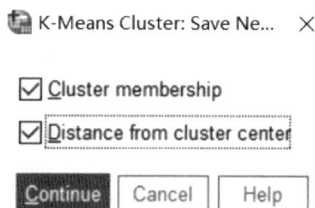

图 19-4　保存新变量对话框

（5）在主对话框中单击"Options（选项）…"按钮，打开如图19-5所示的输出和缺失值选择对话框。在"Statistics（统计量）"框下选择"Initial cluster centers（初始聚类中心）"，要求输出初始类中心；选择"ANOVA table（ANOVA表）"，要求输出方差分析表；选择"Cluster information for each case（每个样本的聚类信息）"，要求输出每个观测量的分类信息。在"Missing Values（缺失值）"框下选择"Exclude cases listwise（按列表排除样本）"选项，要求将出现在变量表中带有缺失值的观测值从分析中剔除。

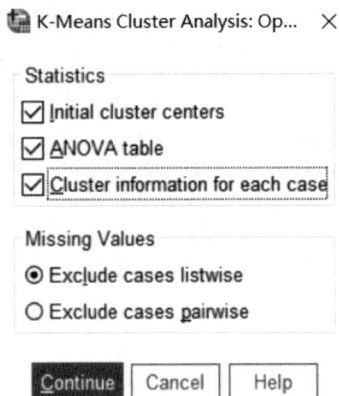

图 19-5　输出和缺失值选择对话框

（6）点击【Continue】→【OK】，系统输出聚类分析结果如图 19-6 所示。通过方差分析表可知，有 6 个变量对分类贡献显著（p 值均小于 0.01）。结果表明，第一类包含 1 个样本，第二类包含 1 372 个样本，第三类包含 4 个样本，不存在缺失值。

ANOVA

	Cluster		Error			
	Mean Square	df	Mean Square	df	F	Sig.
Zscore: 食品烟酒	54.909	2	.922	1374	59.585	.000
Zscore: 衣着	81.889	2	.882	1374	92.818	.000
Zscore: 居住	.024	2	1.001	1374	.024	.976
Zscore: 生活用品及服务	31.425	2	.956	1374	32.881	.000
Zscore: 交通通信	463.949	2	.326	1374	1422.593	.000
Zscore: 教育文化娱乐	6.424	2	.992	1374	6.475	.002
Zscore: 医疗保健	.013	2	1.001	1374	.013	.987
Zscore: 其他用品及服务	59.599	2	.915	1374	65.156	.000

The F tests should be used only for descriptive purposes because the clusters have been chosen to maximize the differences among cases in different clusters. The observed significance levels are not corrected for this and thus cannot be interpreted as tests of the hypothesis that the cluster means are equal.

Number of Cases in each Cluster

Cluster	1	1.000
	2	1372.000
	3	4.000
Valid		1377.000
Missing		.000

图 19-6　K-Means 聚类分析输出结果截图

【实验内容二】

实验内容一中，在初始聚类中心点的指定方式上，我们采用了由 SPSS 系统指定的方式，即由 SPSS 根据样本数据的具体情况选择 3 个有一定代表性的样本作为初始聚类中心。在指定了聚类数目 K 后，初始聚类中心也可以自己指定，在以下实验过程中，将演示如何由用户自行指定聚类中心，并进行 K-Means 聚类分析。

【实验步骤】

本实验明确将所有样本分为三类，适合采用 K-Means Cluster 进行聚类分析。为了取得好的聚类效果，实验中先对前 100 个样本进行 Hierarchical Cluster 处理，在得到分类的基础上计算聚心（利用 Aggregate 过程），然后对余下的 1 277 个样本进行 K-Means Cluster 处理。

其具体分为个步骤，分别为：

① 数据标准化；

② 选取部分样本进行系统聚类；

③ 计算聚类中心；

④ 对剩余样本进行 K-Means 聚类。

1.数据标准化

（1）打开数据集 "data19_1. sav"，选择菜单：【Analyze（分析）】 → 【Descriptive Statistics（描述性统计）】→【Descriptive（描述）】，弹出描述统计量对话框。选择全部变量进入 "Variable（s）（变量）" 框中；选择 "Save standardized values as variables（将标准化得分另存为变量）" 复选项。

（2）点击 "OK"，统计输出结果与图 19-1 相同。其中，Z 开头的变量为标准化数据列。

2.对前 100 个样本用 Hierarchical Cluster 过程进行聚类分析

（1）选择菜单：【Data 数据】 → 【Select Cases（选择观测）】 → 【Based on time or case range】，选择前 100 个样本作为分析对象。

（2）选择菜单：【Analyze（分析）】 → 【Classify（分类）】 → 【Hierarchical Cluster（系统聚类）】，弹出如图 18-1 所示的 "Hierarchical Cluster Analysis（系统聚类分析）" 对话框。

（3）选择变量标准化数据列进入 "Variable（s）（变量）" 框中。

（4）聚类方法默认使用 Between-group linkage、距离测度采用 Interval 的 Squared Euclidean distance。

（5）单击 "Statistics（统计量）…" 按钮，弹出如图 18-3 所示的选择输出统计量的对话框。选择输出 "Agglomeration schedule（合并进程表）" "Proximity matrix（相似性矩阵）" "Single solution：3（单一方案）"，生成聚为 3 类的聚类解。单击

"Continue"按钮，返回主对话框。

（6）单击"Plots…"按钮，弹出如图18-4所示的选择统计图表的对话框。选择树形图（Dendrogram）和冰柱图（Icicle）。单击"Continue"按钮，返回主对话框。

（7）单击"Save（保存）"按钮，弹出如图18-5所示的新变量选择对话框。选择"Single solution：3"。

（8）点击【Continue】→【OK】，系统将根据上述操作和选项输出有关的聚类分析结果。

3.由100个样本的聚类结果计算聚类中心（各组变量均值）

查看上一步的聚类结果，样本被分为明显的三大类，认为分类效果好，可将其作为初始聚类中心的数据源，打开数据文件（如图19-7所示），其中，变量列"CLU3_1"为聚类解，"CLU3_1"取值为1是发展型，取值为2是享受型，取值为3是生存型。

	Zentertainment	Zhealthcare	Zotherservices	CLU3_1	var	var
46	-.59602	-.28041	-.47497	1		
47	-.63454	-.31213	-.47497	1		
48	-.30858	4.27976	1.19923	1		
49	-.59273	-.38015	-.44731	1		
50	-.22658	-.09074	-.06981	1		
51	.90169	-.43593	-.08331	1		
52	-.54500	-.40552	-.39111	1		
53	3.26746	-.34232	.98504	1		
54	2.72558	.00903	10.35070	2		
55	.53942	1.13101	-.42998	1		
56	5.18481	.51782	-.17093	1		
57	-.60430	-.43535	-.41272	1		
58	-.52023	-.43593	-.42031	1		
59	-.50891	-.27621	.14372	1		
60	-.60754	.81296	.11629	1		
61	-.41832	-.13345	-.32347	1		
62	-.38956	-.26337	-.15500	1		
63	-.63454	.08810	.48162	1		
64	.42970	-.41690	-.43337	1		
65	.39460	.33210	.08620	1		
66	-.56993	-.38584	1.18752	1		
67	-.64376	-.39648	-.28505	1		
68	-.32734	-.24273	-.46435	1		
69	-.64665	-.43593	-.47497	1		
70	.68024	-.43593	-.37141	1		
71	-.64719	-.43593	-.43071	1		
72	.07657	-.36051	-.33630	1		
73	-.63214	-.38619	-.38809	1		
74	-.62660	-.42067	-.45948	1		

图 19-7　前 100 个样本层次聚类结果

（1）选择菜单：【Data（数据）】→【Aggregate（分类汇总）】，弹出分类汇总主对话框。选择变量"CLU3_1（Average Linkage（Between Groups））"作为 Break Variable；选择变量标准化数据列，选择聚类函数 Mean；选择"Write a new data file（写入只包含汇总变量的新数据文件）"，单击"File（文件）"按钮，输入文件名"聚类中心"（如图19-8所示）。

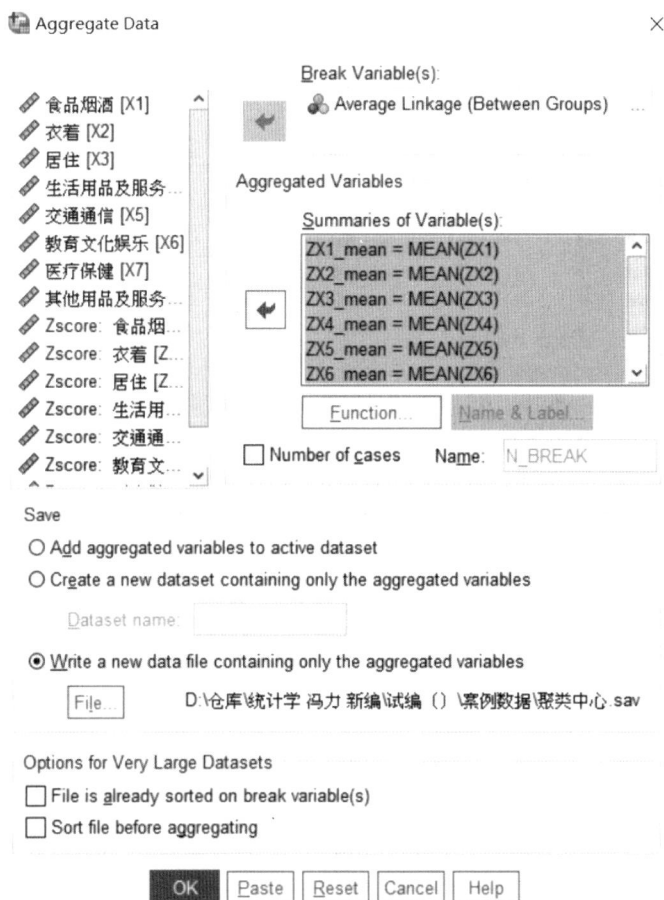

图19-8　输出聚类中心

（2）点击"OK"，提交系统执行，结果如图19-9所示。

	CLUS_1	Zfood_mean_1	Zclothes_mean_1	Zresided_mean_1	Zdailysupplies_mean_1
1	1	.00	.00	.00	.00
2	2	5.00	5.00	5.00	5.00
3	3	5.00	-3.00	-3.00	-3.00
4					

图19-9　聚类中心的计算结果

（3）将图19-9中的变量重新命名，结果如图19-10所示。需要注意的是聚类中心的变量必须与当前数据文件中聚类分析变量名相同，其中的观测数必须与在主对话框中指定的类数相同，并且有一个表明类号的变量，变量名为Cluster_。

	Name	Type	Width	Decimals	Label	Values	Missing	Columns	Align	Measure	Role
1	Cluster_	Numeric	8	0	Average Linkag...	None	None	10	Right	Nominal	Input
2	Zfood	Numeric	8	2		None	None	14	Right	Scale	Input
3	Zclothes	Numeric	8	2		None	None	17	Right	Scale	Input
4	Zresided	Numeric	8	2		None	None	17	Right	Scale	Input
5	Zdailysupplies	Numeric	8	2		None	None	23	Right	Scale	Input
6	Ztraffic	Numeric	8	2		None	None	17	Right	Scale	Input
7	Zentertainm...	Numeric	8	2		None	None	23	Right	Scale	Input
8	Zhealthcare	Numeric	8	2		None	None	20	Right	Scale	Input
9	Zotherservices	Numeric	8	2		None	None	23	Right	Scale	Input
10											

图19-10　重新定义了变量名的聚心计算结果

4.对剩余1 277个样本的聚类分析用K-Means Cluster过程

（1）打开数据文件如图19-1所示的标准化数据列，选择菜单："Data（数据）"→【Select Cases（选择观测）】，抽取余下1 277个样本作为分析对象。

（2）选择菜单：【Analyze（分析）】→【Classify（分类）】→【K-Means Cluster...（K-Means聚类）】，弹出如图19-2所示的"K-Means Cluster Analysis（K-Means聚类分析）"对话框。

（3）选择标准化数据变量作为分析变量，分类数为3，聚类方法默认使用"Iterate and Classify（迭代与分类）"。

（4）单击"Iterate（迭代）…"按钮，打开指定迭代参数对话框，保持系统默认值。

（5）单击"Save（保存）…"按钮，打开保存新变量对话框，全选。

（6）单击"Options（选项）…"按钮，打开输出和缺失值选择对话框，"Statistics（统计量）"框中全选，"Missing Values（缺失值）"保持系统默认值。

（7）在主对话框中的"Cluster Centers（聚类中心）"框中选择"Read initial from（读取初始聚类中心）"选项，单击被激活的"File（文件）"按钮，在打开的对话框中选择文件"聚类中心.sav"后单击打开。

（8）点击"OK"，提交系统执行，即可得到最终的聚类分析结果（如图19-11所示）。通过方差分析表可知，全部变量对分类贡献显著。结果表明，第一类（发展型）包含1 156个样本，第二类（享受型）包含5个样本，第三类（生存型）包含116个样本，不存在缺失值。

ANOVA

	Cluster		Error			
	Mean Square	df	Mean Square	df	F	Sig.
Zscore: 食品烟酒	96.076	2	.771	1274	124.644	.000
Zscore: 衣着	161.027	2	.651	1274	247.207	.000
Zscore: 居住	82.202	2	.759	1274	108.328	.000
Zscore: 生活用品及服务	179.817	2	.676	1274	265.868	.000
Zscore: 交通通信	484.317	2	.285	1274	1699.294	.000
Zscore: 教育文化娱乐	72.025	2	.833	1274	86.414	.000
Zscore: 医疗保健	18.324	2	.941	1274	19.472	.000
Zscore: 其他用品及服务	178.965	2	.632	1274	283.131	.000

The F tests should be used only for descriptive purposes because the clusters have been chosen to maximize the differences among cases in different clusters. The observed significance levels are not corrected for this and thus cannot be interpreted as tests of the hypothesis that the cluster means are equal.

Number of Cases in each Cluster

Cluster	1	1156.000
	2	5.000
	3	116.000
Valid		1277.000
Missing		.000

图 19-11　K-Means聚类分析输出结果截图

【问题思考】

1.在实验内容一中，由SPSS系统根据样本数据的具体情况挑选有一定代表性的样本作为初始聚类中心。试说明，系统选择了哪几个样本作为初始聚类中心点。

2.初始聚类中心点既可由SPSS系统指定，也可由用户自行指定，试比较使用两种指定方式时，K-Means聚类的迭代次数。

3.说明K-Means聚类和层次聚类的主要区别是什么？

【实验总结】

K-Means聚类又称快速聚类，相较于层次聚类，K-Means聚类执行效率更高。

其核心步骤为：指定聚类数目；确定初始类中心点；根据距离最近原则分类；重新确定类中心点；判断是否终止聚类分析。操作步骤中，前两步均需要自行设置参数或选择合适的方法，本实验中指定聚类数目为3，实验内容一中初始类中心点由系统指定，实验内容二中初始类中心点通过层次聚类生成，后续计算由SPSS自主生成。实验将消费者划分为三类，后续可以在聚类分析的基础上，结合描述统计等方法分析每类群体特征，并总结其总体消费情况。

【课后练习】

1.使用实验十八所用数据集"data18_1.sav"，选取"第三产业产值占GDP比重"作为度量产业结构现代化水平的指标，使用K-Means聚类，将我国31个省、自治区、直辖市划分为3类，并将K-Means聚类结果与实验十八的结果作比较，尝试分析K-Means聚类和层次聚类的主要区别。

2.使用数据集"data18_2.csv"，从中抽取50条观测，结合第实验十八课后练习第2题中R型层次聚类结果，对观测进行K-Means聚类分析，将住宅建筑划分为不同类别。再使用全部样本重复上述操作，对比结果有何异同，尝试说明K-Means聚类在小样本中的局限性以及K-Means聚类在大样本中的优势。

3.肥胖已成为全球性的健康问题，不再局限于发达国家，许多发展中国家也面临肥胖率不断上升的挑战。数据集"data19_2.csv"包含性别、年龄、身高、体重等17个变量的2 111条观测，受访者来自墨西哥、秘鲁和哥伦比亚，数据来自UCI机器学习存储库（https：//archive-beta.ics.uci.edu/）。请将数据集"data19_2.csv"导入SPSS，进行数据预处理，尝试使用K-Means聚类划分样本类型，描述不同群体的肥胖水平和其他样本特征，并为每个类别命名。

【参考文献】

［1］薛薇. 统计分析与SPSS的应用［M］. 6版. 北京：中国人民大学出版社，2021.

［2］徐映梅. 市场调查理论与分析［M］. 北京：高等教育出版社，2020.

［3］楠玉. 消费结构升级与高质量增长：机制与评估［J］. 首都经济贸易大学学报，2022，24（3）.

实验二十　因子分析

【实验目的】

1.熟悉因子分析的用途、目的。
2.掌握因子分析的适用条件，能正确选择适当的因子。
3.熟悉因子旋转的含义并能正确使用。
4.掌握分析结果的解释。

【准备知识】

1.因子分析的基本思想

因子分析是一种用于数据简化和降维的多元统计分析方法。在面对诸多具有内在相关性的变量时，因子分析试图使用少数几个变量来描述这许多变量所体现的一种基本结构，从而将数据规模降至一个可以掌握的水平。

与多元回归不同的是，因子分析中的少数几个变量是不可观测的，通常被称为因子。因子分析的基本思想是：根据相关性的大小将变量分组，使得同组内的变量之间相关性较高，不同组的变量之间相关性较低。由此，可以认为，每组变量代表一个基本结构（因子），它们可以反映问题的一个方面，或者说一个维度。

2.因子分析的数学模型

因子模型假定观测到的每一个变量 x_i，线性地依赖于少数几个不可观测的变量 F_1，F_2，…，F_m 和一个附加的方差源 e_i，即：

$$x_i = l_{i1}F_1 + l_{i2}F_2 + \cdots + l_{ij}F_j + \cdots l_{im}F_m + e_i$$

式中：l_{ij}为第 i 个变量在第 j 个因子上的载荷，称为因子载荷。

通常对随机变量 F_j 和 e_i 进行如下假定：

$$E(F_j) = 0, \quad \text{Cov}(F_i, F_j) = \begin{cases} 1 & (i = j) \\ 0 & (i \neq j) \end{cases}$$

$$E(e_j) = 0, \quad \text{Cov}(e_i, e_j) = \begin{cases} \psi_i & (i = j) \\ 0 & (i \neq j) \end{cases}$$

$$\text{Cov}(F_i, e_j) = 0$$

即：（1）各公共因子的均值为 0，方差为 1，且因子之间不相关；（2）各误差的均值为 0，具有不等方差，且误差之间不相关；（3）公共因子和误差间相互独立。

满足上述假设的因子模型通常被称为正交因子模型。统计中，常常将变量间的相关关系看作一种信息，因子分析正是基于变量间的方差–协方差矩阵的一种分析方法，它希望利用公共因子来尽可能地解释变量间的这种关系。在正交因子模型中，具有如下的协方差结构：

$$\text{Var}(x_i) = l_{i1}^2 + \cdots + l_{im}^2 + \psi_i$$

$$\text{Cov}(x_i, x_j) = l_{i1}l_{k1} + \cdots + l_{im}l_{km}$$

$$\text{Cov}(x_i, F_j) = l_{ij}$$

即：（1）可测变量 x_i 的方差可用该变量在 m 个公共因子上的载荷平方和（第 i 个共同度）和特殊因子的方差（特殊度）表示；（2）可测变量 x_i、x_j 之间的协方差可用可测变量在所有公共因子上的载荷的对应乘积之和表示；（3）可测变量和公共因子之间的协方差即为因子载荷。

上述的协方差结构式为分析因子模型的适合度、选择和评价公共因子等提供了依据。

【实验内容】

毕业生求职看重因素的因子分析

就业是民生之本，就业问题关系到社会的稳定和经济的发展。本科毕业生作为接受高层次教育的青年群体，承载着知识创新、社会进步的重任，其就业情况是检验一个国家高等教育水平的重要内容。通过开展毕业生就业状况调查，了解毕业生就业现状，及时为高校教育教学工作提供反馈，有助于高校建立健全学科专业动态调整机制，培养创新型、复合型、应用型人才，进一步推进产学研协同创新。

为了解毕业生就业情况，某大学开展了毕业生就业质量调查，调查中针对毕业生求职竞争力设置问题："从您的工作经历和经验来看，毕业生求职过程中下列各因素的重要程度为？（请选择您认为最重要的四个因素并排序）"整理该问题的调查结果得到数据集"data20_1.sav"。此数据集包含12个变量的1 507条观测，12个变量与该问题的选项相对应：毕业院校知名度、学历水平、家庭因素和社会关系、专业知识、外语应用能力、计算机水平、在校课程成绩、学科竞赛成绩、学术论文发表、实习实践经历、专业技能证书、人际沟通交往能力。本实验要求根据此数据集将原有12个因素浓缩成少数因子。

【实验步骤】

本实验操作
视频

本实验包含2个步骤，分别为：①数据预处理；②验证数据进行因子分析的可行性，并使用SPSS进行因子分析。

1.数据预处理

（1）选择菜单：【Transform（转换）】→【Recode into Same Variables（重新编码为相同变量）】，弹出如图20-1所示的"Recode into Same Variables（重新编码为相同变量）"对话框。选择全部12个变量进入"Numeric Variables（数值变量）"框中。

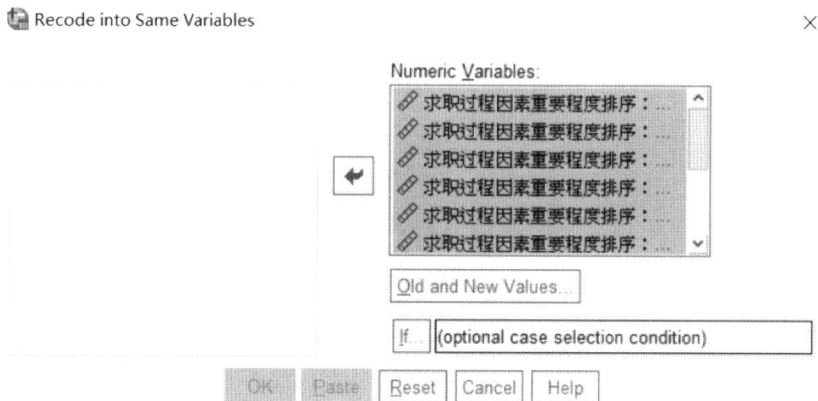

图20-1　"Recode into Same Variables（重新编码为相同变量）"对话框

（2）点击"Old and New Values…（旧值和新值）"按钮，弹出如图20-2所示的"Recode into Same Variables：Old and New Values（重新编码为相同变量：旧值和新值）"对话框。将排序题转化为量表题，排序题中排名1、2、3、4对应转化为量表题中5、4、3、2，分别代表非常重要、比较重要、一般、较不重要，排序题中没有被选择的选项（-2）转化为量表题中1，代表非常不重要。在"Old Value

（旧值）"框下，填入数字"1"，在"New Value（新值）"框下，填入数字"5"；在"Old Value（旧值）"框下，填入数字"2"，在"New Value（新值）"框下，填入数字"4"，以此类推。点击【Continue】→【OK】按钮，得到处理后的数据。

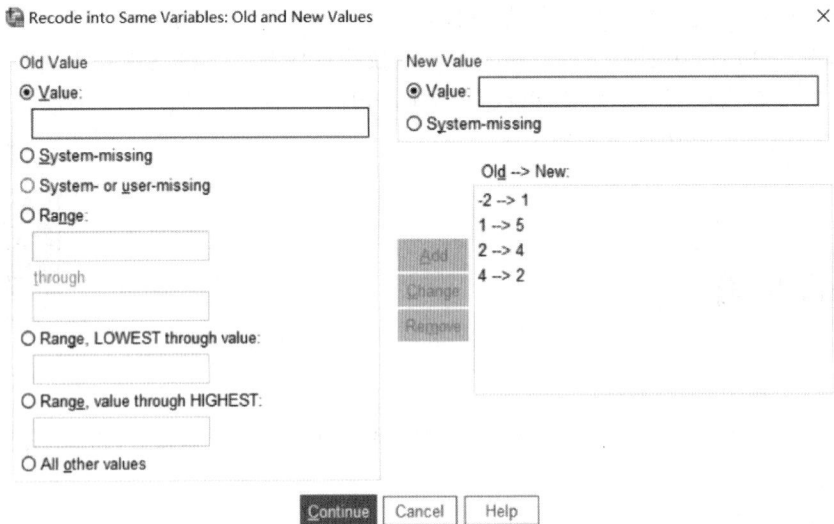

图20-2 "Recode into Same Variables：Old and New Values（重新编码为相同变量：旧值和新值）"对话框

2.因子分析

（1）选择菜单：【Analyze（分析）】→【Dimension Reduction（因子分析）】→【Factor（因素）】，弹出如图20-3所示的"Factor Analysis（因子分析）"对话框。选择全部变量进入"Variables（变量）"框中。

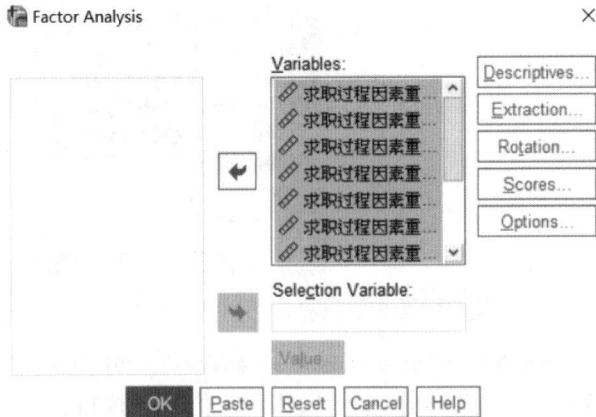

图20-3 "Factor Analysis（因子分析）"对话框

（2）点击"Descriptives（描述）"按钮，弹出如图20-4所示的"Factor Analysis：Descriptives（因子分析：描述统计）"对话框。在"Statistics（统计量）"框下，选择"Initial solution（原始分析结果）"选项，要求输出原始分析结果。在"Correlation Matrix（相关矩阵）"框下选择"Coefficients（系数）"选项，要求计算相关系数矩阵，并选择"KMO and Bartlett's test of sphericity（KMO 和 Bartlett 球度检验）"选项，要求对相关系数矩阵进行统计学检验。点击"Continue"按钮，返回"Factor Analysis（因子分析）"主对话框。

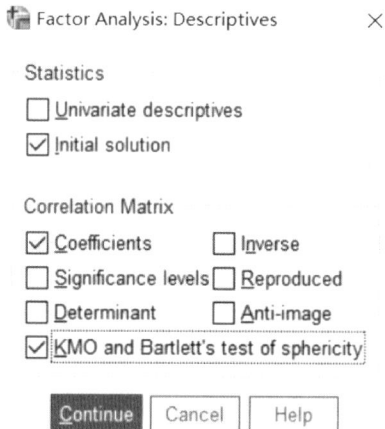

图 20-4 "Factor Analysis：Descriptives（因子分析：描述统计）"对话框

KMO 检验（Kaiser-Meyer-Olkin measure of sampling adequacy）比较了观测到的变量间的相关系数和偏相关系数的大小。一般而言，KMO 值 >0.6，意味着因子分析可以进行，而在 0.7 以上则是令人满意的值。

Bartlett 球度检验（Bartlett's test of sphericity）可以用来检验变量间是否存在相关。它是一种建立在协方差阵是单位阵（即变量间不相关）的假设基础上的检验。较大的检验值通常意味着检验结果显著，表明数据可以进行因子分析，否则应该慎重考虑。

图 20-5 给出的 KMO 值为 0.516，Bartlett 球度检验统计量的观测值为 669.549，相应的概率 p 值接近 0，意味着原有变量适合进行因子分析。

KMO and Bartlett's Test

Kaiser-Meyer-Olkin Measure of Sampling Adequacy.		.516
Bartlett's Test of Sphericity	Approx. Chi-Square	669.549
	df	66
	Sig.	.000

图 20-5 "KMO 检验和 Bartlett 球度检验输出结果

（3）在主对话框中点击"Extraction（抽取）…"按钮，弹出如图 20-6 所示的"Factor Analysis：Extraction（因子分析：抽取）"对话框。

①在"Method（方法）"下拉框中，系统提供了 7 种提取因子的方法：

a.Principal components：主成分分析法。

b.Unweighted least squares：未加权最小平方法。

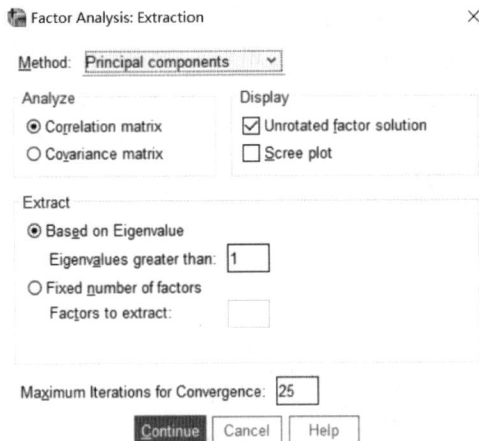

图20-6 "Factor Analysis：Extraction（因子分析：抽取）"对话框。

c.Generalized least squares：综合最小平方法。

d.Maximum likelihood：极大似然估计法。

e.Principal axis factoring：公因子法。

f.Alpha factoring：α因子法。

g.Image factoring：多元回归法。

本实验中采用主成分分析法。主成分分析法和公因子法是两种主要的寻找公因子的方法。前者主要考虑变量的全部方差，而后者则着重考虑共同方差。因此，主成分分析法使用直接由数据计算出的协方差阵，而公因子法则先将计算出的协方差阵的对角线元素替换为一个估计的共同度，再进行后续分析。如果研究者关注的问题是寻求可以解释数据中的最大方差的尽可能少的因子，主成分分析法是一种值得推荐的方法，同时也是应用比较广泛的一类方法。

②在"Analyze（分析）"框中，系统指定可以使用变量的相关矩阵（Correlation Matrix）或变量的协方差矩阵（Covariance Matrix）进行提取因子的分析。如果参与分析的变量的测度单位不同，应该选择变量的相关矩阵；反之，则应该选择变量的协方差矩阵。本实验中选用"Correlation Matrix（相关性矩阵）"选项。

③在"Extract（抽取）"框中，系统提供了两种确定因子数目的方法：特征值法和主观指定因子数目法。选择特征值法，SPSS将自动提取大于给定数值（默认为1）的特征值。选择主观指定因子数目法，则可自主设置提取因子的个数，一般保留累计方差贡献率达到85%时的因子个数。本实验中选择特征值法。

④在"Display（输出）"框中，系统指定与因子提取有关的输出项。碎石图（Scree plot）提供了因子数目和特征值大小的图形表示。典型的碎石图会有一个明显的拐点，在该点之前是与大因子连接的陡峭的折线，之后是与小因子相连的缓坡折线。因此，可以用碎石图直观地判定因子数目。本实验中选择系统默认选项。

⑤点击"Continue"按钮，返回"Factor Analysis（因子分析）"主对话框。

（4）在主对话框中点击"Rotation（旋转）…"按钮，弹出如图20-7所示的

"Factor Analysis：Rotation（因子分析：旋转）" 对话框，此框中系统提供了6种因子旋转方法：

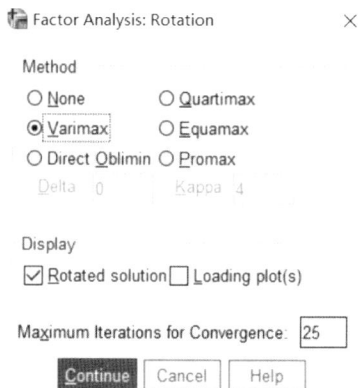

图20-7　"Factor Analysis：Rotation（因子分析：旋转）" 对话框

① None：不进行因子旋转。

② Varimax：方差最大旋转，是一种正交旋转，它使每个因子上的具有最高载荷的变量数量最少，因此，可以简化对因子的解释。

③ Equamax：平均正交旋转。

④ Quartimax：四次最大正交旋转。

⑤ Direct Oblimin：直接斜交旋转。

⑥ Promax：斜交旋转。

因子载荷给出了观测变量和提取的因子之间的相关程度的大小，这意味着在某一因子上载荷大的变量对该因子的影响较大，因子的实际意义较大程度上取决于这些变量。这可以帮助我们解释因子的实际意义，但是，基于公因子本身的意义，实际中往往会出现所有变量在一个因子上的载荷都比较大的情形，这为因子的解释带来了困难。

因子旋转（rotation of factors）为因子解释提供了便利。因子旋转的目的是使某些变量在某个因子上的载荷较高，而在其他因子上的载荷则显著地低，这事实上是依据因子对变量进行更好的 "聚类"。同时，一个合理的要求是这种旋转应不影响共同度和全部所能解释的方差比例。因子模型本身的协方差结构在正交阵下的 "不可识别性" 决定了因子旋转的可行性。

正交旋转（orthogonal rotation）保持了坐标轴的正交性（成直角），即因子之间的不相关性，因此使用的最多，也是正交因子模型的旋转方法。正交旋转的方法很多，其中以方差最大化法（varimax procedure）最为常用。斜交旋转（oblique rotation）可以更好地简化因子模式矩阵，提高因子的可解释性，但是因为因子间具有相关性而不受欢迎。如果总体中各因子间存在明显的相关关系，应该考虑斜交旋转。本实验中采用正交旋转。

通过对比图20-8和图20-9可以发现，经过旋转后的因子与原始变量的相关关系更加明晰。

Component Matrix^a

	Component				
	1	2	3	4	5
求职过程因素重要程度排序：毕业院校知名度	.804	-.011	.033	.072	.102
求职过程因素重要程度排序：学历水平	.783	-.052	.002	-.180	.021
求职过程因素重要程度排序：家庭因素和社会关系	.355	-.442	.059	.409	-.307
求职过程因素重要程度排序：专业知识	.188	.473	.409	.019	.082
求职过程因素重要程度排序：外语应用能力	-.028	.284	.128	.322	.239
求职过程因素重要程度排序：计算机水平	-.161	.357	.543	.016	-.068
求职过程因素重要程度排序：在校课程成绩	.076	.079	-.202	-.006	.818
求职过程因素重要程度排序：学科竞赛成绩	-.038	.160	-.411	.357	.205
求职过程因素重要程度排序：学术论文发表	.002	-.005	.505	.475	.135
求职过程因素重要程度排序：实习实践经历	.034	.626	-.338	-.037	-.274
求职过程因素重要程度排序：专业技能证书	.180	.218	.188	-.595	.029
求职过程因素重要程度排序：人际沟通交往能力	.225	.545	-.262	.301	-.270

Extraction Method: Principal Component Analysis.

a. 5 components extracted.

图 20-8　旋转前因子载荷阵输出结果

Rotated Component Matrix^a

	Component				
	1	2	3	4	5
求职过程因素重要程度排序：毕业院校知名度	.804	.052	.068	-.044	.082
求职过程因素重要程度排序：学历水平	.786	.016	-.085	.149	-.023
求职过程因素重要程度排序：家庭因素和社会关系	.375	-.127	-.052	-.567	-.323
求职过程因素重要程度排序：专业知识	.165	.161	.562	.254	.013
求职过程因素重要程度排序：外语应用能力	-.043	.122	.395	-.121	.268
求职过程因素重要程度排序：计算机水平	-.171	.021	.585	.212	-.190
求职过程因素重要程度排序：在校课程成绩	.101	-.144	.007	.110	.824
求职过程因素重要程度排序：学科竞赛成绩	-.071	.303	-.075	-.300	.415
求职过程因素重要程度排序：学术论文发表	.028	-.206	.594	-.319	.005
求职过程因素重要程度排序：实习实践经历	-.061	.737	-.025	.186	-.014
求职过程因素重要程度排序：专业技能证书	.180	-.025	.026	.655	-.089
求职过程因素重要程度排序：人际沟通交往能力	.135	.727	.128	-.133	-.006

Extraction Method: Principal Component Analysis.
Rotation Method: Varimax with Kaiser Normalization.

a. Rotation converged in 8 iterations.

图 20-9　旋转后因子载荷阵输出结果

第一个因子 Component 1 中，毕业院校知名度和学历水平两个变量的载荷系数绝对值较大，故命名为院校与学历；第二个因子 Component 2 中，实习实践经历和人际沟通交往能力两个变量的载荷系数绝对值较大，故命名为沟通与实践能力；第三个因子 Component 3 中，计算机水平、专业知识和学术论文发表三个变量的载荷系数绝对值较大，故命名为科研能力；第四个因子 Component 4 中，专业技能证书的载荷系数绝对值较大，故命名为专业技能；第五个因子 Component 5 中，在校课程成绩和学科竞赛成绩两个变量的载荷系数绝对值较大，故命名为在校表现。点击"Continue"按钮，返回"Factor Analysis"主对话框。

因子分析的重要一步是对所提取的公因子给出合理的解释。因子解释可以通过考虑在因子上具有较高载荷的变量的意义进行。经过因子旋转后的因子载荷阵可以大大提高因子的可解释性。

需要注意的是，即使经过旋转后，仍有可能存在一个因子的所有因子载荷均较高的情形，这种因子通常可以称为一般或者基础性因子，一个合理的解释是，它是由所研究的问题的共性决定的，而并不单一地取决于问题的某一个方面。此外，对于某些载荷较小、难以解释或者实际意义不合理的因子，如果其解释的方差较小，则通常予以舍弃。

（5）在主对话框中，点击"Scores（得分）…"按钮，弹出如图 20-10 所示的"Factor Analysis：Scores（因子分析：得分）"对话框，系统提供了 3 种估计因子得分系数的方法：回归法（Regression）、巴特利特法（Bartlett）和安德森-鲁宾法（Anderson-Rubin）。本实验选择"Save as variables（保存为变量）"及"Regression（回归）"选项。

图 20-10　"Factor Analysis：Scores（因子分析：得分）"对话框

（6）点击【Continue】→【OK】，系统执行运算并输出有关分析结果，如图 20-11 和图 20-12 所示。

如果后续分析（如进行回归分析等）需要，通常需要进一步计算各公因子的因子得分，即给出各因子在每一条观测上的值（如图 20-9 所示）。事实上，既然各观测变量可以表示为各公因子的线性组合，那么反之，各公因子也可以表示为各观测变量的线性组合：

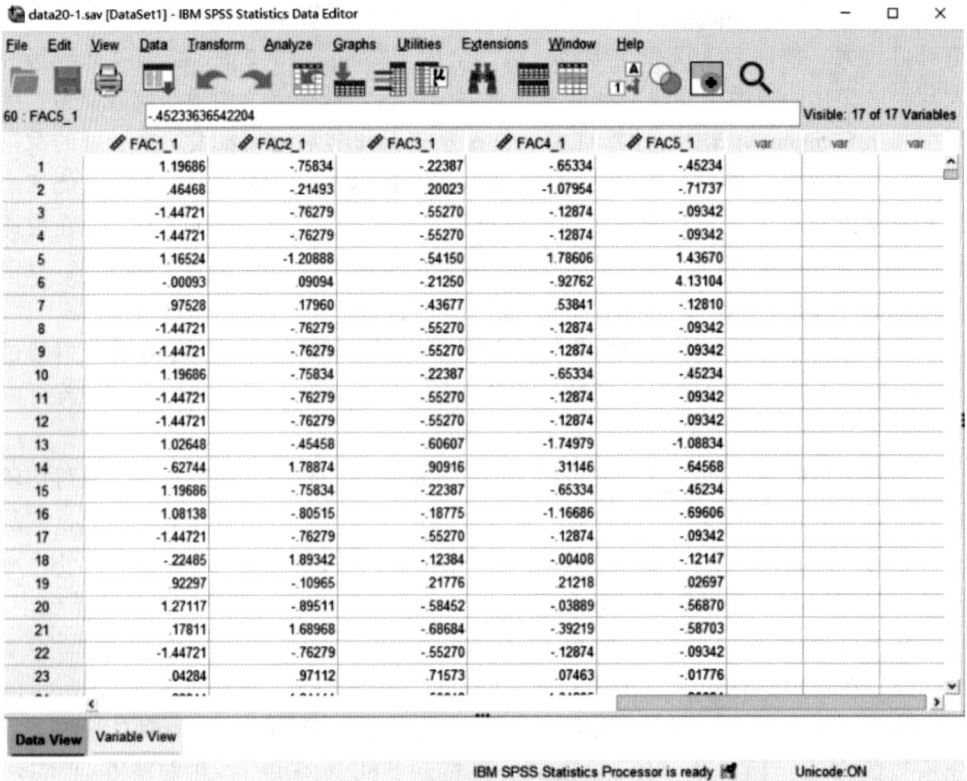

图 20-11 "因子得分输出结果

Total Variance Explaincd

Total Variance Explained

Component	Initial Eigenvalues			Extraction Sums of Squared Loadings			Rotation Sums of Squared Loadings		
	Total	% of Variance	Cumulative %	Total	% of Variance	Cumulative %	Total	% of Variance	Cumulative %
1	1.538	12.820	12.820	1.538	12.820	12.820	1.534	12.787	12.787
2	1.399	11.659	24.479	1.399	11.659	24.479	1.288	10.733	23.521
3	1.165	9.708	34.187	1.165	9.708	34.187	1.206	10.047	33.568
4	1.108	9.232	43.419	1.108	9.232	43.419	1.154	9.619	43.187
5	1.053	8.771	52.190	1.053	8.771	52.190	1.080	9.003	52.190
6	.975	8.123	60.314						
7	.964	8.037	68.351						
8	.916	7.636	75.987						
9	.867	7.224	83.211						
10	.796	6.631	89.842						
11	.664	5.536	95.379						
12	.555	4.621	100.000						

Extraction Method: Principal Component Analysis.

图 20-12 因子方差贡献率输出结果

$$F_i = w_{i1}X_1 + w_{i2}X_2 + \cdots + w_{ij}X_j + \cdots + w_{im}Xm$$

式中：w_{ij} 为第 i 个因子在第 j 个变量处的因子得分系数。注意，它并不等于 $x_i = l_{i1}F_1 + l_{i2}F_2 + \cdots + l_{ij}F_j + \cdots l_{im}F_m$ 中的因子载荷 l_{ij}。根据图 20-9 可写出以下因子得分函数：

$$F_1 = 0.804X_1 + 0.786X_2 + 0.375X_3 + 0.165X_4 - 0.043X_5 - 0.171X_6 + 0.101X_7 - 0.071X_8 +$$

$$0.028X_9 - 0.061X_{10} + 0.180X_{11} + 0.135X_{12}$$

$$F_2 = 0.052X_1 + 0.016X_2 - 0.127X_3 + 0.161X_4 + 0.122X_5 + 0.021X_6 - 0.144X_7 + 0.303X_8 - 0.206X_9 + 0.737X_{10} - 0.025X_{11} + 0.727X_{12}$$

$$F_3 = 0.068X_1 - 0.085X_2 - 0.052X_3 + 0.562X_4 + 0.395X_5 + 0.585X_6 + 0.007X_7 - 0.075X_8 + 0.594X_9 - 0.025X_{10} + 0.026X_{11} + 0.128X_{12}$$

$$F_4 = -0.044X_1 + 0.149X_2 - 0.567X_3 + 0.254X_4 - 0.121X_5 - 0.212X_6 + 0.110X_7 - 0.300X_8 - 0.319X_9 + 0.186X_{10} + 0.655X_{11} - 0.133X_{12}$$

$$F_5 = 0.082X_1 - 0.023X_2 - 0.323X_3 + 0.013X_4 + 0.268X_5 - 0.190X_6 + 0.824X_7 + 0.415X_8 + 0.005X_9 - 0.014X_{10} - 0.089X_{11} - 0.006X_{12}$$

因子得分正是通过这样的方法利用各观测变量的值而估计得到的，输出结果如图 20-11 所示。其中因子得分的均值为 0，正数表示高于平均水平，负数表示低于平均水平。以第 1 条观测为例，因子 1 "院校与学历" 高于平均水平，其余因子均低于平均水平，表明该受访者对 "院校与学历" 的看重程度远高于其他人，而对于其他因素的看重程度低于其他人。

此外，可以对受访者对求职过程中各项因素的看重程度进行综合评价，公式为：

$$F = W_1F_1 + W_2F_2 + \cdots + W_jF_j$$

式中：W_j 为第 j 个因子在综合得分中的权重，可以用旋转后的方差贡献率除以累计贡献率得到。结合图 20-12 可以得到本实验的综合得分计算公式：

$$F = \frac{12.787}{52.190}F_1 + \frac{10.733}{52.190}F_2 + \frac{10.047}{52.190}F_3 + \frac{9.619}{52.190}F_4 + \frac{9.003}{52.190}F_5$$

使用该公式，代入图 20-12 中的因子得分，可以计算得到受访者的综合得分。本实验中，综合得分的高低在一定程度上可以表明受访者看重的因素是否片面，后续可以根据综合得分做进一步分析。

【问题思考】

1.如何考察现有变量是否适合进行因子分析？

2.为什么要对初始因子分析结果进行旋转？

3.一般采用何种方法确定选择提取因子的数目？

【实验总结】

因子分析是一种能够有效降低变量维数，并且不会丢失大量信息的分析方法。

由于因子个数远小于原有变量个数，且公因子可以替代原有变量参与数据建模，因此，因子分析能够大幅减少分析过程中的计算工作量。因子分析的主要步骤为：①判断数据是否满足因子分析的前提条件；②因子提取；③因子命名；④计算因子得分。本实验中，针对问题的13个选项，使用因子分析将数量缩减为5个，为后续进一步分析奠定基础。

【课后练习】

1.使用实验十九所用数据集"data19_1.sav"，将八类商品和服务项目浓缩成2到3个因子，评价因子分析的总体效果是否理想，并根据旋转成分矩阵说明因子的含义。

2.数据集"data15_2.csv"包含性别、年龄、身高、体重等17个变量的2 111条观测。在实验十五的课后练习第2题中，使用数据集"data15_2.csv"尝试建立多元线性回归模型。现在运用因子分析缩减变量个数，使用公因子建立多元线性回归模型，对比两个多元线性回归模型的异同之处。

3.数据集"data18_2.csv"包括伊朗德黑兰房地产单户住宅公寓的建筑成本、销售价格、项目变量和经济变量。在实验十八的课后练习第2题中，尝试运用R型层次聚类减少变量个数。现运用因子分析减少变量个数，对比因子分析和R型聚类分析的异同之处。

【参考文献】

［1］薛薇. 统计分析与SPSS的应用［M］. 6版. 北京：中国人民大学出版社，2021.

［2］徐映梅. 市场调查理论与分析［M］. 北京，高等教育出版社，2020.

高级实验篇

实验一　非参数检验

【实验目的】

1.准确掌握非参数检验的方法原理。

2.熟练掌握非参数检验的SPSS操作。

3.培养运用非参数检验的方法解决实际问题的能力。

【准备知识】

在假设检验方法中，如果总体分布已知、参数未知，检验的目标是推断参数的数量特征，那么这种检验称为参数检验。而实际问题中，人们往往不知道总体分布的类型，或者知之甚少，需要根据样本提供的信息推断总体分布，或者检验随机变量间是否具有独立性，这种检验称为非参数检验。SPSS的非参数检验过程，提供了卡方检验、二项分布检验、单样本K-S检验、游程检验、两个独立样本的检验、两个配对样本的检验等检验方法。

下面依次对各种方法进行介绍。

1.卡方检验

卡方检验方法可以根据样本数据推断总体分布与期望分布或某一理论分布是否存在显著差异，是一种吻合性检验，通常适用于对有多项分类值的总体分布的分析。卡方检验的原假设是样本来自的总体分布与期望分布或某一理论分布无显著差异。卡方检验从各条观测频数的分析入手，检验统计量是Pearson卡方，它服从k-1个自由度的卡方分布。

2.二项分布检验

在伯努利试验中，如果事件发生的概率是 p，n 次独立重复试验中事件发生 k 次的概率服从二项分布。SPSS 二项分布检验则是通过样本数据检验样本来自的总体是否服从指定概率值为 p 的二项分布。二项分布检验的原假设是样本来自的总体与指定的二项分布无显著差异。SPSS 二项分布检验，在小样本中采用精确检验方法，即计算在 n 次试验中成功出现次数小于等于 x 次的概率；在大样本中采用近似检验方法，计算 Z 检验统计量，在原假设下近似服从正态分布。

3.单样本 K-S 检验

单样本 K-S 检验，即单样本柯尔莫戈洛夫-斯米诺夫（Kolmogorov-Smirnov）检验。该方法能够利用样本数据推断样本来自的总体是否与某一理论分布有显著差异，是一种拟合优度的检验方法，适用于探索连续型随机变量的分布。单样本 K-S 检验的原假设是样本来自的总体与指定的理论分布无显著差异。在 SPSS 软件中，K-S 检验可以比较的理论分布包括正态分布、均匀分布、指数分布和泊松分布等。K-S 检验计算各样本观测值实际累计概率值与理论累计概率值之差的最大绝对值 D。D 统计量即为 K-S 统计量。在大样本下，$\sqrt{n}D$ 近似服从 Kolmogorov-Smirnov 分布。

4.游程检验

检验序列中事件发生过程的随机性，称为游程检验或连贯检验。某一变量依时间或其他顺序排列的有序数列中，具有相同的事件或符号的连续部分称为一个游程。在这一个游程中事件或符号的个数称为游程的长度。游程数太大或太小，都表明变量取值存在不随机的现象。游程检验的原假设为总体中变量出现是随机的，利用游程数构造检验统计量，计算游程抽样分布的均值和标准差。在大样本时，游程近似服从正态分布。在两个总体情况下，游程检验还可用来判断两个总体的分布是否相同，检验出它们的位置中心有无显著差异。

5.两个独立样本的检验

当样本来自的总体的分布类型不明或者不是正态分布时，非参数检验中两个独立样本检验可以分析两个总体是否具有相同的分布。SPSS 软件中提供了 Mann-Whitney U 检验、K-S 检验、W-W 游程检验、Moses 极限反应检验等方法。各种方法的原假设均为两组独立样本来自的两总体的分布无显著差异，但检验原理和计算方法各不相同。Mann-Whitney U 检验利用两个样本平均秩计算 Mann-Whitney U 统计量，Mann-Whitney U 统计量小样本下服从 Mann-Whitney 分布，大样本下近似服从正态分布。两独立样本 K-S 检验计算两样本秩累计频率之差的最大绝对值 D，SPSS 软件给出大样本下的 $\frac{1}{2}\sqrt{n}D$ 观测值和概率 p 值。W-W 游程检验对变量的秩计算游程及 Z 统计量。Moses 极限反应检验将一个样本作为控制变量，将另一个作为实验样本，计算样本混合后的秩的跨度或截头跨度，进而计算 H 统计量，小样本下服从 Hollander 分布，大样本下近似服从正态分布。

6.两个配对样本的检验

配对样本的非参数检验是在对总体不了解的情况下，对样本来自的两个总体的分布是否有显著性差异进行检验。配对样本的样本数相同，各观测值的先后次序不能随意更改。SPSS软件中提供的检验方法有 McNemar 检验、符号检验、符号秩检验。McNemar 检验是一种变化显著性检验，它将研究对象自身作为对照者检验其"前后"的变化是否显著，利用列联表和卡方统计量进行检验。符号检验用第二个样本的各个观测值减去第一个样本的对应观测值，比较正负号个数，采用二项分布检验正负号个数是否服从 p 为 0.5 的二项分布。符号秩检验在考虑两序列相减正负性质的基础上，同时考虑大小变化幅度，分步计算正号和负号的秩和统计量，并进一步计算大样本下的 Z 统计量和 p 值。

【实验内容】

平均相对湿度的地区差异性检验

湿度是空气中实际水汽含量（绝对水汽压）和饱和水汽压之比。相对湿度越大，空气中含有的水汽越接近饱和水汽压，就越容易形成凝结，也就越容易降水。现从《中国统计年鉴 2022》得到北京、天津以及上海平均相对湿度，试通过多个独立样本检验方法来判断三个城市的平均相对湿度是否存在差异。

数据集"data21_1.sav"包含 2 个变量的 36 条观测：地区（取值"1"为北京，取值"2"为天津，取值"3"为上海）和平均相对湿度。

【实验步骤】

本实验操作
视频

本实验采用多个独立样本检验方法来判断北京、天津以及上海平均相对湿度是否存在差异。北京等三地平均相对湿度之间相互独立，选用 Kruskal-Wallis H 检验。该方法假设从 k 个无序的总体中抽取样本，所检验的问题为无方向检验问题，原假设为 H_0：$\theta_1 = \theta_2 = \theta_3$，即 3 个城市的平均相对湿度不存在差异。

1.多个独立样本检验

（1）打开数据集"data21_1.sav"，选择菜单【Analyze（分析）】→【Nonparametric（非参数检验）】→【Legacy Dialogs（传统对话框）】→【K Independent Samples（K个独立样本）】，弹出如图 21-1 所示的对话框。

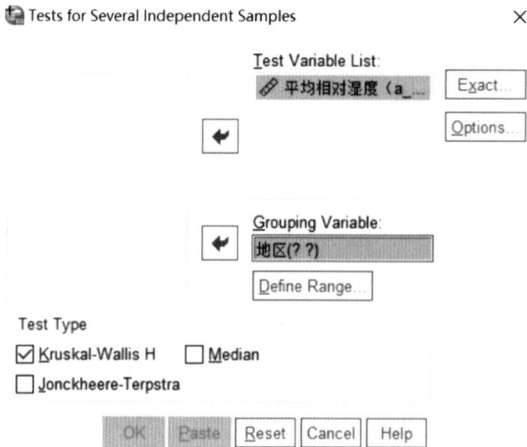

图21-1　多个独立样本检验主对话框

（2）在此对话框中选择变量"平均相对湿度（a_r_humidity）"进入"Test Variable List（检验变量列表）"框中，选择变量"地区"进入"Grouping Variable（定义变量）"框内。在此对话框中单击"Define Range（分组变量）"按钮，在弹出的如图21-2所示的分组变量对话框中，分别在"Minimum（最小值）"和"Maximum（最大值）"框中填入"1"和"3"。

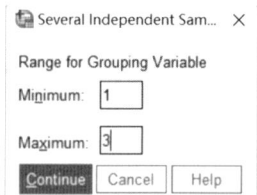

图21-2　分组变量对话框

（3）点击"Continue"后回到原对话框，在"Test Type（测试类型）"框中选择"Kruskal-Wallis H"，如图21-3所示。最后单击"OK"，即可得到如图21-4所示的输出结果。

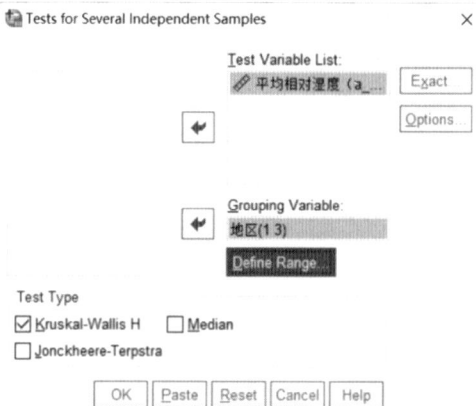

图21-3　选择"Kruskal-Wallis H"后的主对话框

Ranks			
	地区	N	Mean Rank
平均相对湿度 （a_r_humidity）	1	12	16.04
	2	12	12.08
	3	12	27.38
	Total	36	

Test Statistics[a,b]	
	平均相对湿度 （a_r_humidity）
Kruskal-Wallis H	13.643
df	2
Asymp. Sig.	.001

a.Kruskal Wallis Test
b.Grouping Variable：地区

图21-4　多个独立样本检验输出结果

2.观察分析结果

在"Kruskal-Wallis H"法中，计算的 p 值为 0.001，小于 0.05，拒绝原假设，这表明北京、天津、上海三地平均相对湿度有显著差异。

【问题思考】

1.多个独立样本检验对样本有哪些分布要求？
2.本实验中采用 Kruskal-Wallis H 检验，可以用其他检验方法进行检验吗？

【实验总结】

非参数检验是在总体方差未知或知道甚少的情况下，利用样本数据对总体分布形态或参数等进行推断的方法。在具体研究中，应根据推断目标和数据情况选择适合的检验方法。在本实验中，总体分布未知，需要检验三个总体均值是否存在显著差异。随机变量相互独立，因此可采用非参数检验中的多个独立样本检验方法进行推断。

【课后练习】

1.某医院测定10名受试者针刺膻中穴前后痛阈值，存储在数据集"data21_2.

sav"，试分析针刺膻中穴前后痛阈值是否存在显著差异性。

2.为了研究某放松方式对入睡时间的影响，选择了 10 名志愿者，分别记录未进行放松时的入睡时间及放松后的入睡时间（单位：分钟），见数据集"data21_3.sav"，试分析该放松方式对入睡时间有无影响。

3.某院检验科试用检验谷-丙转氨酶的新方法，时间由 20 分钟缩短为 10 分钟，加基液后孵箱温度由 37℃升至 56℃，原法与新法同测一份血清，血清数据见数据集"data21_4.sav"，试分析两法所得结果是否有显著差别。

【参考文献】

［1］卢纹岱，朱红兵.SPSS 统计分析［M］.5 版.北京：电子工业出版社，2021.

［2］薛薇.统计分析与 SPSS 的应用［M］.6 版.北京：中国人民大学出版社，2021.

实验二 Logistic 回归分析

【实验目的】

1. 准确掌握 Logistic 回归分析的方法原理。
2. 熟练掌握 Logistic 回归分析的 SPSS 操作。
3. 培养运用 Logistic 回归分析解决实际问题的能力。

【准备知识】

1. Logistic 回归模型的基本概念

在 Logistic 回归中可以直接估计某一事件的发生概率。如果只有一个自变量，回归模型可以写作：

$$\text{Prob(event)} = \frac{e^{b_0 + b_1 x}}{1 + e^{b_0 + b_1 x}} = \frac{1}{1 + e^{-(e^{b_0 + b_1 x})}}$$

式中，b_1 和 b_0 分别为自变量 x 的系数和常数；e 为自然常数。

包含多个变量的模型为：

$$\text{Prob(event)} = \frac{e^z}{1 + e^z} = \frac{1}{1 + e^{-z}}$$

式中，$z = b_0 + b_1 x_1 + b_2 x_2 + \cdots + b_p x_p$（p 为自变量的数量）。

某一件事情不发生的概率为：

$$\text{Prob(no event)} = 1 - \text{Prob(event)}$$

可使用最大似然比法和迭代方法来建立 Logistic 回归模型。

2.多分类变量 Logistic 回归的基本概念

对于因变量的 k – 1 个水平，每个水平一个回归方程，每个水平的因变量概率值在 0 ~ 1 之间。自变量是连续变量或计数变量的，可以用 Logistic 回归方法对因变量的概率值建立回归模型。例如，为了使得电影市场更加贴近观众，可以使用电影观众的年龄、性别以及他们更喜欢观看的电影类型来建立多分类变量 Logistic 回归，预测常看电影的观众更喜欢观看哪种类型的影片。

Logistic 模型可以写为：

$$\lg \frac{p(\text{event})}{1 - p(\text{event})} = b_0 + b_1 x_1 + b_2 x_2 + \cdots + b_p x_p$$

式中，b_0 为常数项；$b_1 \sim b_p$ 为 Logistic 模型的回归系数，是 Logistic 回归的估计参数；$x_1 \sim x_p$ 为自变量。模型的左侧为 Logit，是事件发生概率的自然对数值。

如果因变量具有 j 类可能性，其中第 i 类的模型为：

$$\lg \frac{p(\text{category}_i)}{1 - p(\text{category}_j)} = b_{i0} + b_{i1} x_1 + b_{i2} x_2 + \cdots + b_{ip} x_p$$

这样，对于每一个 Logit 模型都将获得一组系数。例如，如果因变量具有三种分类，将会获得两组非零参数。

Logistic 回归方程的另一种形式为：

$$p = e^y / (1 + e^y)$$

式中，$y = a + \sum b_i x_i$ 或 $y = \ln[p/(1 - p)]$。

通过变换可以得到 p 与变量 x_i 之间的数学表达式：

$$p = \frac{e^{(a + \sum b_i x_i)}}{1 + e^{(a + \sum b_i x_i)}}$$

【实验内容】

高血压的影响因素分析

为了探讨促使高血压发生的因素，某研究者随机抽取了 60 名社区居民进行入户调查，分析年龄、高血压家族史、吸烟、饮酒、体重指数（BMI）、体育锻炼和性格对高血压的发生是否有显著性影响。本实验将使用 Logistic 回归模型分析促使高血压发生的影响因素。

数据集 "data22_1.sav" 包含 8 个变量的 60 条观测：X_1，X_2，$\cdots$，X_7 为自变量，是研究中的危险因素指标，各个调查因素的说明见表 22-1，Y 为因变量，是二分类变量（Y=1 为阳性，Y=0 为阴性），表示研究结果的效应指标。

表22-1
高血压患病可能影响因素赋值表

因素	变量名	赋值说明
年龄（岁）	X_1	连续变量
高血压家族史	X_2	无=0，有=1
吸烟	X_3	不吸烟=0，吸烟=1
饮酒	X_4	不饮酒=0，饮酒=1
体重指数（BMI）	X_5	正常=1，超重=2，肥胖=3
体育锻炼	X_6	锻炼不积极=0，锻炼积极=1
性格	X_7	A型=0，B型=1
高血压患病	Y	患病=1，未患病=0

本实验操作
视频

【实验步骤】

本实验采用二元Logistic回归模型分析年龄、高血压家族史、吸烟、饮酒、体重指数（BMI）、体育锻炼和性格与发生高血压的关系。Logistic回归分析用于研究X对Y的影响，对X的测量尺度没有要求，X可以为定类数据，也可以为定量数据，但要求Y必须为定类数据。并且，要根据Y的选项数，使用相应的数据分析方法。对于自变量筛选的方法，其中Forward：LR法的结果相对可靠，通过该方法对高血压发生的影响因素进行具体分析。

1.将调查结果整理成数据集

观察图表有助于形成一个初步判断。

其具体操作步骤如下：

（1）打开数据集"data22_1.sav"，选择菜单：【Analyze（分析）】→【Regression（回归）】→【Binary Logistic（二项逻辑回归）】，弹出如图22-1所示的"Logistic Regression"对话框。

（2）选择Y变量进入"Dependent（因变量）"框中，选择"X1、X2、X3、X4、X5、X6和X7"变量进入"Covariates（协变量）"框中；在"Method（方法）"对话框中选择"Forward：LR（向前：LR）"。

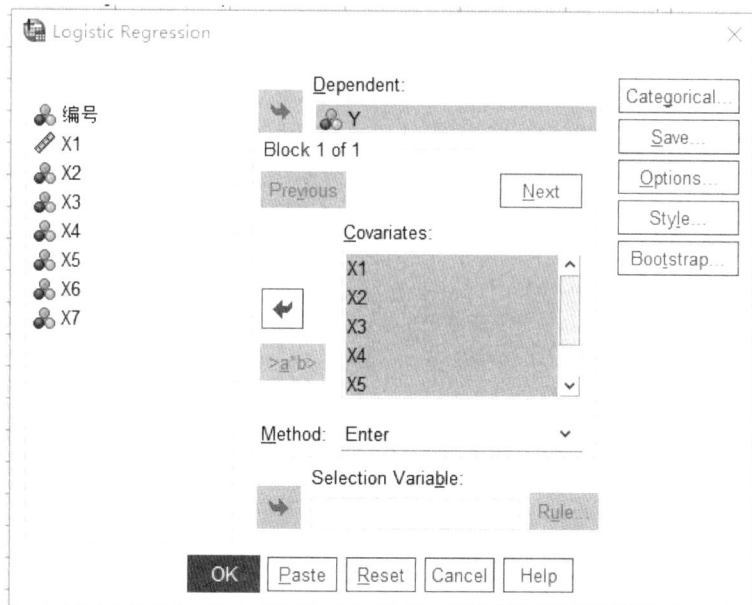

图 22-1　"Logistic Regression" 对话框

（3）点击"Categorical（分类）"按钮，弹出如图 22-2 所示的对话框，将变量"X5"选入"Categorical Covariates（分类协变量）"框中，在"Change Contrast（更改对比）"中勾选"Last"。

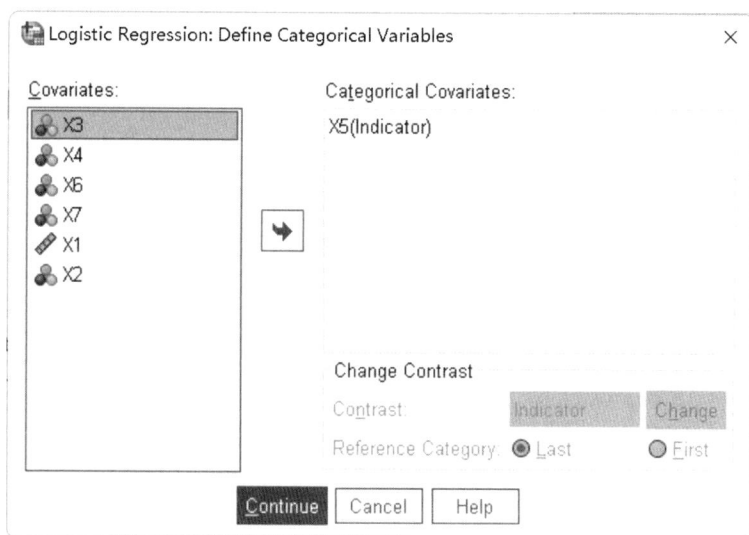

图 22-2　定义分类变量对话框

（4）点击"Save（保存）…"按钮，弹出如图 22-3 所示的对话框，并在"Predicted Values（预测值）"框下选择"Probilities（概率）"选项和"Group Membership（组成员）"选项；在"Export model information to XML file（将模型信息导出到 XML 文件）"框下选择"Include the covariance matrix（包括协方差矩

阵）"选项。

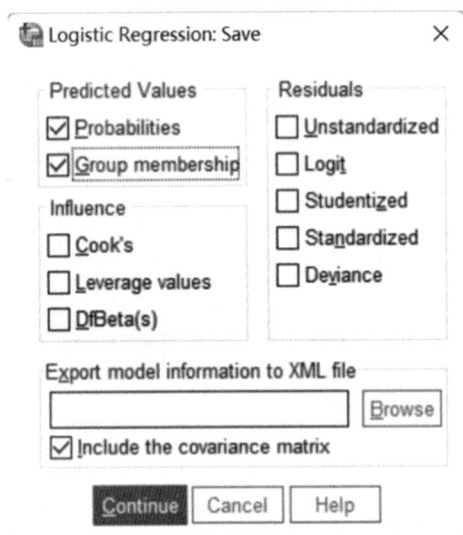

图 22-3　保存变量对话框

（5）点击"Options（选项）…"按钮，弹出"Logistic Regression：Options"对话框，如图 22-4 所示。在"Statistics and Plots（统计和图）"框下选择"Classification plots（分类图）""Hosmer-Lemeshow goodness-of-fit（霍斯默-莱美肖拟合优度）""CI for exp（B）：95%（置信区间：95%）"，在"Display（显示）"对话框中勾选"At last step（在最后一个步骤）"。

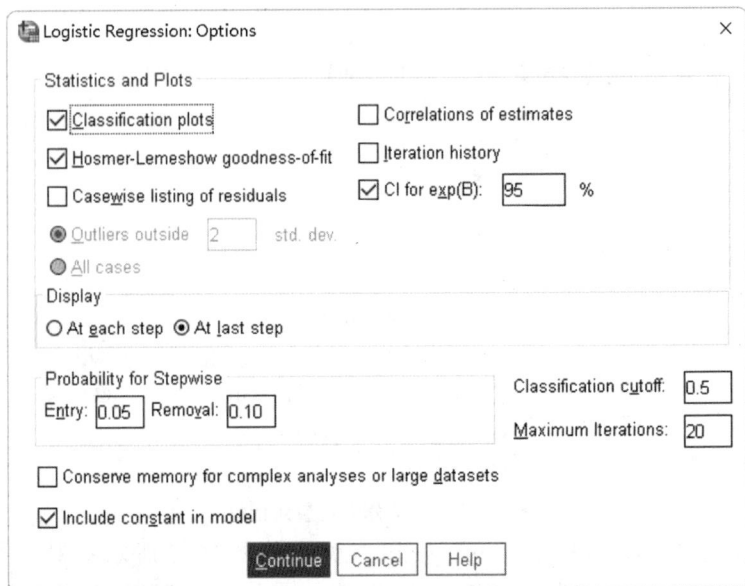

图 22-4　"Logistic Regression：Options"对话框

（6）点击【Continue】→【OK】，输出结果（如图 22-5 至图 22-8 所示）。

2.观察分析输出结果

如图 22-5 所示，变量 X1、X2 的回归系数显著性检验的 Sig.值分别为 0.015、0.001，均小于 0.05，变量 X3、X4、X5、X6、X7 的回归系数显著性检验的 Sig.值均大于 0.05，故变量 X1、X2 有资格进入模型。

Variables not in the Equation

			Score	df	Sig.
Step 0	Variables	X1	5.953	1	.015
		X2	10.222	1	.001
		X3	.117	1	.732
		X4	.037	1	.847
		X5	1.060	2	.589
		X5(1)	.082	1	.775
		X5(2)	.186	1	.666
		X6	1.418	1	.234
		X7	.219	1	.640
	Overall Statistics		16.341	8	.038

图 22-5 起始模型外的变量输出结果

Omnibus Tests of Model Coefficients

		Chi-square	df	Sig.
Step 2	Step	6.255	1	.012
	Block	15.833	2	<.001
	Model	15.833	2	<.001

图 22-6 模型系数的综合检验输出结果

图 22-6 为 3 种常用的卡方统计量。拟合方法中默认选择【Enter（进入）】，只有一步完成包括常数项与 7 个变量的模型的拟合，Sig.值分别为 0.012、<0.001、<0.001，均小于 0.05，说明模型具有意义。

Hosmer and Lemeshow Test

Step	Chi-square	df	Sig.
2	6.931	8	.544

图 22-7 Hosmer-Lemeshow 检验输出结果

图 22-7 "Hosmer and Lemeshow Test" 为模型拟合优度统计量，其原假设为方程对数据的拟合良好，表中 Sig.为 0.544，大于 0.05，无法拒绝原假设，故需要参考其他统计量。

Variables in the Equation

		B	S.E.	Wald	df	Sig.	Exp(B)
Step 2[a]	X1	.065	.028	5.315	1	.021	1.067
	X2	2.169	.740	8.580	1	.003	8.750
	Constant	-5.156	1.569	10.803	1	.001	.006

a. Variable(s) entered on step 2: X1.

Variables not in the Equation

			Score	df	Sig.
Step 2	Variables	X3	.015	1	.901
		X4	.588	1	.443
		X5	.352	2	.838
		X5(1)	.117	1	.733
		X5(2)	.346	1	.556
		X6	.077	1	.782
		X7	.129	1	.719
	Overall Statistics		1.522	6	.958

图 22-8 最终模型输出结果

最终模型的输出结果如图 22-8 所示，其中"Variables in the Equation"表示模型中的各变量的相关统计量，根据表中各变量的系数"B"，得到公式：

$z = -5.156 + 0.065X_1 + 2.169X_2$

模型中的各变量的相关统计量，只有 X_1、X_2 具有统计学意义，其回归系数假设检验的 p 值分别为 0.004 和 0.021，均小于 0.05，可以认为年龄和高血压家族史对高血压有影响。其余 5 个变量的回归系数假设检验 p 值分别为 0.901、0.443、0.838、0.733、0.556、0.782 和 0.719，均大于 0.05，因此不应拒绝原假设，认为吸烟、饮酒、体重指数、体育锻炼、性格对高血压无显著影响。

3. 作出统计决策

根据事先给定的显著性水平和系统输出的检验统计量的 p 值，可得出年龄和高血压家族史对高血压患病有显著影响的结论。

【问题思考】

1. 如果建立二元 Logistic 回归模型时提示奇异矩阵该如何解决？
2. 根据实验中建立的模型，如果提供一位居民的年龄、高血压家族史、吸烟、饮酒、体重指数（BMI）、体育锻炼和性格信息，可以对其是否患有高血压进行预测吗？

【实验总结】

Logistic 回归是一种广义线性回归，与多重线性回归分析有很多相同之处。它们的模型形式基本上相同，区别在于 Logistic 回归的因变量是二分类变量或某事件的发生率。在实际研究中，需要满足方法应用的前提条件。SPSS 软件的二项 Logistic 回归输出结果主要包括回归方程的显著性检验、回归系数及其显著性检验、回归方程的拟合优度检验，也可以筛选解释变量和进行模型预测，应用的估计方法和统计量与多重线性回归有所差异。

当被解释变量为多分类变量、不区分顺序时，可采用多项 Logistic 回归分析方法。如果研究不同解释变量对有序多分类被解释变量的影响效应，则可采用多项有序 Logistic 回归分析方法。

【课后练习】

1.根据"东台发绣市场发展现状及推广政策研究"问卷调查数据，参见数据集"data22_2.xlsx"，分析调查对象知道东台发绣列入国家级非遗代表性项目和对东台发绣的了解程度，是否受到文化程度、年龄以及性别等因素的影响。试用二元 logistic 回归模型分析变量之间的关系。

2.现收集到银行贷款客户的个人信息、负债信息，以及曾经是否有过还贷违约的记录。根据数据"银行贷款客户信息.xls"，参见数据集"data22_3.xls"，试分析是否违约的相关因素，并构建模型用于贷款违约风险预测。

3.在一次有关公共交通的调查中，一个调查项目为"是乘坐公交车上下班，还是骑自行车上下班"，参见数据集"data22_4.sav"。性别变量有两个取值，取值为"1"表示男性，取值为"0"表示女性。因变量有两个取值，取值为"1"表示乘坐公交车上下班，取值为"0"表示骑自行车上下班。试用分析年龄（岁）、月收入（元/月）、性别等因素对交通方式的影响。

【参考文献】

［1］卢纹岱，朱红兵．SPSS统计分析［M］．5版．北京：电子工业出版社，2021.

［2］薛薇．统计分析与SPSS的应用［M］．6版．北京：中国人民大学出版社，2021.

实验三　神经网络分析

【实验目的】

1.准确理解神经网络分析的方法原理。

2.熟练掌握神经网络分析的SPSS操作。

3.能够运用神经网络分析方法解决实际问题。

【准备知识】

1.神经网络分析的基本思想

神经网络（Neural Networks，NN）是由大量的、简单的处理单元广泛地互相连接而形成的复杂网络系统，反映了人脑功能的许多基本特征，是一个高度复杂的非线性动力学习系统。神经网络具有大规模并行、分布式存储和处理、自组织、自适应和自学能力，特别适用于处理需要同时考虑许多因素和条件的、不精确和模糊的信息处理问题，广泛应用于医疗、人工智能、机器人等众多领域。神经网络利用现有数据经过训练得到训练模型，再利用训练模型进行计算得到预测结果。

2.神经网络分析的基本步骤

（1）准备数据。

收集和准备适合进行神经网络分析的数据集。确保数据集包含输入特征和对应的目标变量；对数据进行预处理，包括数据清洗、缺失值处理、特征标准化或归一化等操作，确保数据的质量和一致性。

（2）设计网络架构。

选择适合问题和数据的神经网络架构。神经网络由多个层组成，包括输入层、隐藏层和输出层。选择网络的层数、每层的神经元数量以及激活函数。SPSS软件的"Analyze（分析）"中，"Neural Network（神经网络）"一栏包括"Multilayer（多层感知器）"和"Radial Basis Function（径向基函数）"两个选项。径向基函数是由三层构成的前向网络，第一层为输入层，节点的个数等于输入的维数，第二层为隐含层，节点个数视问题的复杂度而定，第三层为输出层，节点个数等于输出数据的维数。多层感知器是一种前馈人工神经网络模型，其将输入的多个数据集映射到单一的输出的数据集上，与径向基函数只有一个隐含层不同，多层感知器可以有多个隐含层。径向基函数的隐含层是非线性的，输出层是线性的，多层感知器通常都是非线性的。两者功能相近，可以互相替代，实际应用中根据问题的特点设计自定义的网络架构。

（3）训练模型。

使用数据集训练神经网络模型，包括将数据集划分为训练集和验证集，选择适当的损失函数和优化算法，迭代地更新模型参数以减小损失。

（4）评估优化模型。

评估训练好的神经网络模型的性能，包括使用测试集对模型进行评估，计算准确率、召回率、精确率等指标；根据评估结果调整神经网络的超参数，如学习率、批大小、正则化参数等，以提高模型的性能。

（5）预测和应用。

使用经过训练和优化的神经网络模型进行预测，并根据需要应用于实际问题中。

【实验内容】

北京市户籍人口预测

为了解北京市户籍人口与地区生产总值增长率、第三产业占地区生产总值比重、社会消费品零售总额之间的关系，本实验试通过建立神经网络分析模型预测北京市户籍人口。现有数据包含2003—2021年北京市户籍人口（population）、地区生产总值增长率（growthrate）、第三产业占地区生产总值比重（proportion）和社会消费品零售总额（total）4个变量合计76条观测，数据集见"data23_1.sav"。

【实验步骤】

本实验采用神经网络模型预测北京市户籍人口，首先编制神经网络架构，选定因变量、因子（一般为分类变量）、协变量，其次划分样本训练集和测试集，系统默认为训练集占70%、测试集占30%，最后在输出部分选中所需模型结果，如模型摘要、预测-实测图等，并保存预测值。

1.编制神经网络架构

（1）在SPSS中打开数据集"data23_1.sav"，选择菜单【Analyze（分析）】→【Neural Networks（神经网络）】→【Multilayer Perceptron（多层感知器）】，弹出如图23-1所示的多层感知器主对话框。

（2）选择"户籍人口［population］"进入"Dependent Variables（因变量列表）"框中；选择"地区生产总值增长率［growthrate］"、"第三产业占地区生产总值的比重［proportion］"和"社会消费品零售总额［total］"进入"Covariates（协变量）"框中。

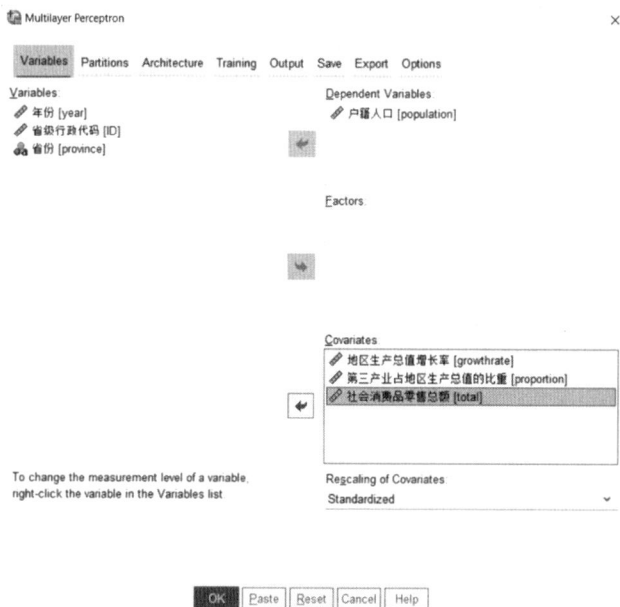

图23-1 多层感知器主对话框

（3）点击"Outout"按钮，弹出如图23-2所示的对话框，并在"Network Performance（网络性能）"框下选择"Model summary"和"Predicted by observed chart（预测-实测图）"选项；点击"Save"按钮，弹出如图23-3所示的对话框，

选择 "Save predicted value or category for each dependent variable（保存每个因变量的预测值或类别）" 选项。

图 23-2　输出选项对话框

图 23-3　保存预测值对话框

（4）点击"OK"，系统输出神经网络结果如图23-4和图23-5所示。

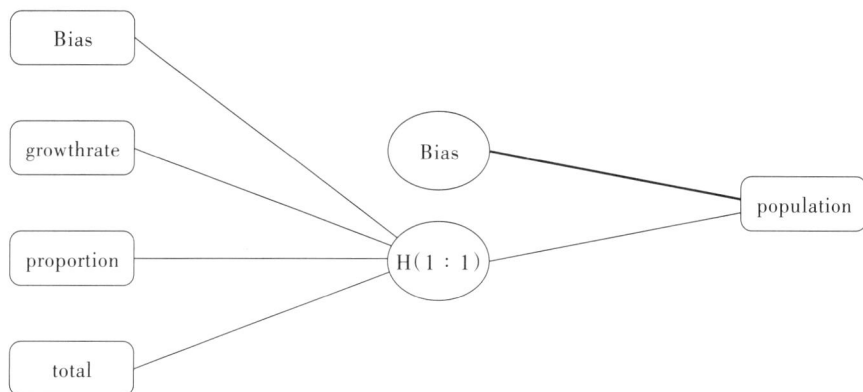

Hidden layer activation function：Hyperbolic tangentOutput layer activation function： Identity

图 23-4　神经网络图

Model Summary

Training	Sum of Squares Error	.336
	Relative Error	.048
	Stopping Rule Used	1 consecutive step(s) with no decrease in error[a]
	Training Time	0:00:00.00
Testing	Sum of Squares Error	.161
	Relative Error	.342

DependentVariable：户籍人口［population］

a.Error commputations are based on thetesting sample.

图 23-5　神经网络模型输出结果

2.观察分析结果

图23-4为神经网络模型的网络图，从左到右，第一列为输入层，第二列为隐含层，第三列为输出层，即为本实验中要预测的北京市户籍人口数。

图23-5"Model Summary"为神经网络模型摘要表，从模型摘要表可以看出，训练集的错误率为4.8%，测试集错误率为34.2%。因此，神经网络模型对于样本的预测能力较强。

表23-1为神经网络模型预测的北京市户籍人口，可以看到，与实际户籍人口相比，预测值误差最大的值为2008年，与实际相差49.53万人，误差最小的是2016年，与实际只相差2.92万人，预测模型效果较好。

表23-1 　　　　　　　2003-2021年北京市户籍人口神经网络模型预测结果

年份	实际户籍人口（万人）	预测户籍人口（万人）	误差（万人）	年份	实际户籍人口（万人）	预测户籍人口（万人）	误差（万人）
2021	1 414	1 371.11	42.89	2011	1 277.9	1 298.06	-20.16
2020	1 405.5	1 395.18	10.32	2010	1 257.8	1 271.14	-13.34
2019	1 397	1 386.15	10.85	2009	1 245.83	1 260.57	-14.74
2018	1 376	1 367.36	8.64	2008	1 299.85	1 250.32	49.53
2017	1 359	1 364.54	-5.54	2007	1 213.26	1 199.92	13.34
2016	1 363	1 360.08	2.92	2006	1 197.6	1 194.19	3.41
2015	1 345.2	1 353.66	-8.46	2005	1 180.7	1 189.58	-8.88
2014	1 333.4	1 338.57	-5.17	2004	1 162.89	1 154.22	8.67
2013	1 316.3	1 305.81	10.49	2003	1 148.82	1 162.89	-14.07
2012	1 297.5	1 311.32	-13.82				

【问题思考】

1.训练集和测试集的数量显著影响模型结果，要在该模型中改变训练集和测试集的数量，应该怎么实现？

2.如果训练集或者测试集的误差较大，该模型预测数据的能力将大幅下降。为提高模型的准确性，应该如何操作才能降低误差？

【实验总结】

神经网络是一个非线性的数据建模工具集合，它包括输入层和输出层、一个或多个隐藏层。SPSS软件中的神经网络包括多层感知器和径向基函数两种方法。这两种方法都是有监督的学习技术，都采用前馈结构。在实际研究中，两种方法都需要设置网络结构、网络的训练条件、优化算法、控制训练的停止条件、评估指标、保存内容，或者让算法自动选择最优的网络结构和参数。多层感知器可以发现更复杂的关系，径向基函数的学习速度更快。

【课后练习】

1.城市夜间景观照明设计影响光污染水平。现收集 2013—2020 年各地级市的光污染数据，数据存储在数据集"data23_2.sav"中。以安庆市为例，请使用神经网络进行训练及预测，观察各年的光污染水平是否有所变化。

2.就业率是在业人员占在业人员与待业人员之和的百分比，是测度劳动力就业程度的指标。它反映全部可能参与社会劳动的劳动力中，实际在业的人员比重。地方就业率反映了当地经济发展水平状况，也与人民群众生活水平息息相关。数据集"data23_3.sav"收集了 62 期江苏省就业率与失业率数据，请对此进行神经网络训练，预测未来时期江苏省就业率及失业率有何变化。

3.消费者信心指数（CCI）是反映消费者信心强弱的指标。它与人民群众的日常生活紧密相关，能够反映消费者的经济收入水平、预测收入情况，以及消费心理的主观感受，在国民经济价格体系中有着极为重要的意义，是预测经济走势和消费趋势的重要指标。请根据数据集"data23_4.sav"对 CCI 进行神经网络分析，训练模型并求得最优模型。

【参考文献】

［1］卢纹岱，朱红兵．SPSS统计分析［M］．5版．北京：电子工业出版社，2021.

［2］薛薇．统计分析与SPSS的应用［M］．6版．北京：中国人民大学出版社，2021.

综合实验篇

综合实验一

【实验目的】

　　本实验将演示如何就宏观经济数据，选择适当的统计方法，由表及里、由浅入深地进行数据的整理、加工、计算和分析。

　　通过本实验的操作，学生能够掌握宏观经济数据分析的一般程序和步骤，提高综合运用各种统计方法分析问题和解决问题的能力。

【实验内容】

省际双循环发展水平测度与分析

　　面对复杂的社会经济发展形势，我国提出要加快形成以国内大循环为主体、国内国际双循环相互促进的新发展格局。这是对"十四五"和未来更长时期我国经济发展战略、路径作出的重大调整，是着眼于我国长远发展和长治久安作出的重大战略部署。科学测度国内循环和国际循环以及它们的发展特征，有助于理解和认识新发展格局重大战略，也是开展其他相关研究的基础。本实验构建适用于我国省际层面的双循环发展统计指标体系，其中内循环子系统测度生产、分配、流通、消费的发展情况，外循环子系统测度国际贸易、投资、技术的发展现状，具体指标见表24-1。数据集见"data24_1.sav"。

表24-1 我国省际双循环发展统计指标体系

一级指标	二级指标	三级指标	指标名称	变量名
国内大循环	生产	生产规模	人均固定资产投资额（元/人）	x11
		生产效率	劳动生产率（元/人）	x12
		供给质量	产品质量优等品率（%）	x13
		供给创新	技术市场成交额/GDP（%）	x14
	分配	初次分配	居民人均可支配收入（元/人）	x21
		再次分配	财政支出社会保障和就业支出/财政支出总额（%）	x22
		分配公平	城乡居民人均可支配收入之比（%）	x23
		分配关系	可支配收入/GDP（%）	x24
	流通	流通规模	交通运输仓储和邮政业增加值/GDP（%）	x31
		流通环境	公路里程/土地面积（公里/平方公里）	x32
		流通效率	公路货物周转量（亿吨公里）	x33
		流通安全	每万人交通事故死亡人数（人/万人）	x34
	消费	消费规模	消费支出/GDP（%）	x41
		消费结构	城镇居民家庭恩格尔系数（%）	x42
		消费升级	非物质消费占比（%）	x43
		消费转型	电子商务销售额/社会消费品零售总额（%）	x44
国外大循环	国际贸易	贸易规模	进出口总额/GDP（%）	x51
		贸易结构	进出口贸易差额/进出口贸易总额（%）	x52
	国际投资	引进外资	外商直接投资/GDP（%）	x61
		对外投资	对外直接投资/GDP（%）	x62
	国际技术	技术进口升级	高新技术进口总额/进出口总额（%）	x71
		技术出口升级	高新技术出口总额/进出口总额（%）	x72

作为一名数据分析人员，你应当如何着手分析这些数据，从中挖掘尽可能多的有用信息，从而为推动双循环发展提出有针对性的对策建议？

【分析思路】

本实验旨在利用综合评价方法，科学评价我国31个省、自治区、直辖市的双循环发展水平、发展趋势和发展结构，分析国内国外循环之间的协同关系，探索空间分布特征。基于该研究目标，本实验的实证分析主要包括四个部分，依次为：

① 进行指标预处理。为了使所有指标之间可比，将指标进行可比化处理，包括正向化和标准化处理。

② 选择适当的赋权方法。通过对可比化处理后的指标进行加权求和，计算双循环综合得分。

③ 分析省际双循环发展情况，从多个角度绘制统计图，以更加直观地展示发展规律。

④ 分析内循环和外循环的协同发展情况，利用聚类分析方法将我国31个省、自治区、直辖市划分为不同类型，探索空间发展差异性。

【实验步骤一】

本步骤操作
视频

本实验选择22个统计指标建立综合评价指标体系。为了使不同指标之间具有可比性，需要对统计指标进行正向化和标准化处理。具体步骤如下：

1.指标正向化处理

一般来说，指标体系中可能同时含有"极大型"、"极小型"和"居中型"指标。产量、利润等定量指标称为极大型指标，其值越大越好；成本、耗能等定量指标称为极小型指标，其值越小越好；身高、体重等指标称为居中型指标，取值越居中越好。

在综合评价之前，需要将评价指标的类型作一致化处理，否则就无法判定综合得分是否取值越大越好。

对于极小型指标，常用求倒数法或者最大值相减法进行处理，公式分别为 $1/x$ 和 $Max - x$，式中 Max 为指标 x 的一个允许上界。

对于居中型指标 x，令

$$x^* = \begin{cases} 2(x - Min), & \text{若 } Min \leqslant x \leqslant \dfrac{Max + Min}{2} \\ 2(Max - x), & \text{若 } \dfrac{Max + Min}{2} \leqslant x \leqslant Max \end{cases}$$

式中：Max 为指标 x 的一个允许上界，Min 为指标 x 的一个允许下界。

本实验中大部分指标为极大型指标，而城乡居民人均可支配收入之比（x23）、每万人交通事故死亡人数（x34）、城镇居民家庭恩格尔系数（x42）是极小型指标。本实验采用倒数法对极小型指标进行正向化处理。

运用"Transform（转换）"下拉菜单中的"Compute Variable（计算变量）"命令，分别计算x23、x34和x42的倒数。设置新变量名与原变量相同，计算结果将替换原来的指标值。操作方法如图 24-1 所示。

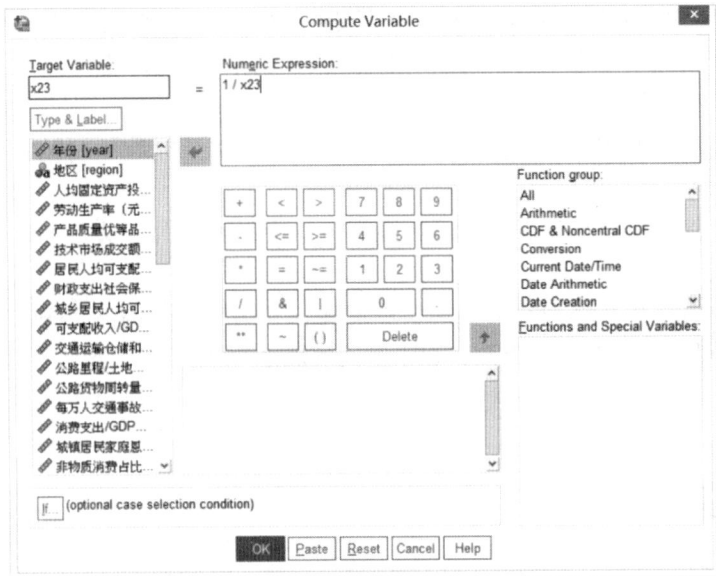

图 24-1 极小型指标正向化处理对话框

2.指标标准化处理

一般来说，统计指标的量纲和量级不同，直接计算综合得分存在因量纲不同和量级差别悬殊所导致的不合理现象。因此，需要对指标做无量纲化处理，又称标准化处理。

指标标准化方法较多，主要包括均值标准差法、最大最小值法、线性比例法、功效系数法等。

均值标准差法是标准化的常用方法，其公式为：

$$z = (x - \bar{x})/s$$

式中：$\bar{x}$ 和 s 分别为均值和标准差。均值标准差法能够测度每个数值在该组数据中的相对位置，并保持原有分布形状不变。

在 SPSS 软件中，运行【Analyze（分析）】→【Descriptive Statistics（描述统计）】→【Descriptives（描述）】命令，将 x11 至 x72 共 22 个指标添加入变量框中，勾选 "Save standardized values as variables（将标准化值另存为变量）" 功能。操作获得标准化后的统计变量，结果如图 24-2 所示。

3.计算描述性统计量

为了观察无量纲和正向性处理后的指标特征，需要利用描述统计方法分析指标统计特征。

在 SPSS 系统中，点击【Analyze（分析）】→【Descriptive statistics（描述统计）】→【Frequencies（频率）】，分别勾选 "Mean（均值）"、"Median（中位数）"、"Std.deviation（标准差）"、"Variance（方差）"、"Skewness（偏度系数）" 和 "Kurtosis（峰度系数）" 等统计量。计算结果如图 24-3 所示。

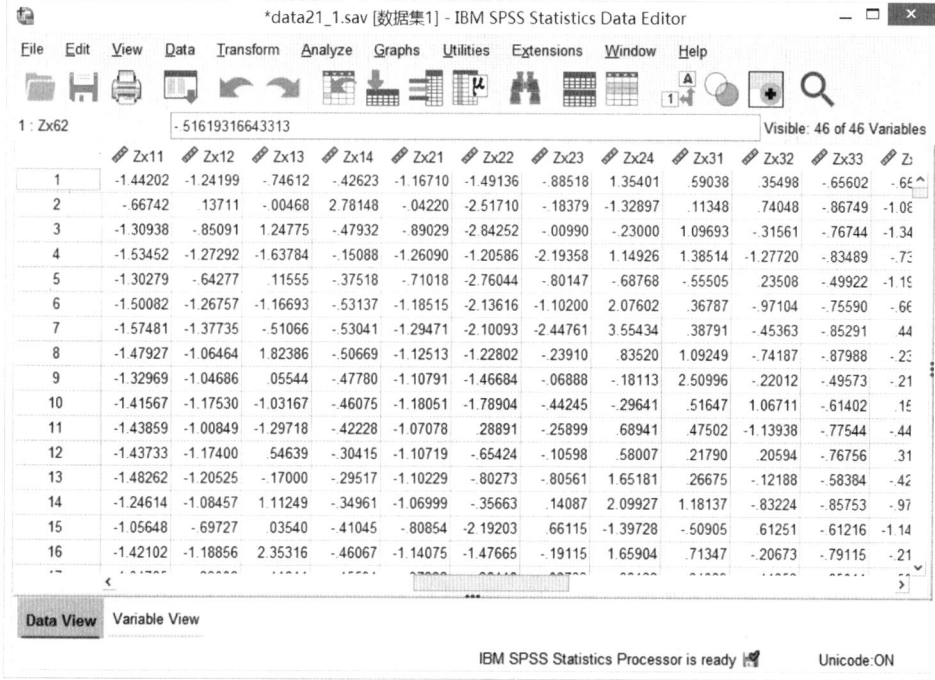

图 24-2　计算标准化得分输出结果

Statistics

| | N | | | | Std. | | | Std. Error of | | Std. Error |
	Valid	Missing	Mean	Median	Deviation	Variance	Skewness	Skewness	Kurtosis	of Kurtosis
Zscore: 人均固定资产投资额（元/人）	496	0	.0000000	-.1134181	1.0000000	1.000	.516	.110	-.416	.219
Zscore: 劳动生产率（元/人）	496	0	.0000000	-.2218970	1.0000000	1.000	1.549	.110	3.066	.219
Zscore: 产品质量优等品率（%）	496	0	.0000000	.1168063	1.0000000	1.000	-.341	.110	.133	.219
Zscore: 技术市场成交额/GDP（%）	496	0	.0000000	-.3643148	1.0000000	1.000	4.004	.110	18.236	.219
Zscore: 居民人均可支配收入（元/人）	496	0	.0000000	-.1908240	1.0000000	1.000	1.649	.110	3.956	.219
Zscore: 财政支出社会保障和就业支出/财政支出总额（%）	496	0	.0000000	.0647081	1.0000000	1.000	.470	.110	1.799	.219
Zscore: 城乡居民人均可支配收入之比	496	0	.0000000	.0014849	1.0000000	1.000	.049	.110	.029	.219
Zscore: 可支配收入/GDP（%）	496	0	.0000000	-.0170874	1.0000000	1.000	.416	.110	-.223	.219
Zscore: 交通运输仓储和邮政业增加值/GDP（%）	496	0	.0000000	-.2191913	1.0000000	1.000	1.122	.110	1.373	.219
Zscore: 公路里程/土地面积（公里/平方公里）	496	0	.0000000	-.0211687	1.0000000	1.000	.234	.110	-.588	.219
Zscore: 公路货物周转量	496	0	.0000000	-.3429483	1.0000000	1.000	1.827	.110	3.023	.219
Zscore: 每百万人交通事故死亡人数（人/百万人）	496	0	.0000000	-.1844670	1.0000000	1.000	1.498	.110	4.081	.219
Zscore: 消费支出/GDP（%）	496	0	.0000000	-.0911913	1.0000000	1.000	.468	.110	.080	.219
Zscore: 城镇居民家庭恩格尔系数（%）	496	0	.0000000	-.1358506	1.0000000	1.000	.588	.110	.678	.219
Zscore: 非物质消费占比（%）	496	0	.0000000	-.0716599	1.0000000	1.000	.182	.110	-.625	.219
Zscore: 电子商务销售额/社会消费品零售总额（%）	496	0	.0000000	-.2762859	1.0000000	1.000	3.015	.110	11.132	.219
Zscore: 进出口额/GDP（%）	496	0	.0000000	-.4501177	1.0000000	1.000	2.048	.110	3.787	.219
Zscore: 进出口贸易差额/进出口贸易总额（%）	496	0	.0000000	.1719776	1.0000000	1.000	-.489	.110	.190	.219
Zscore: 外商直接投资/GDP（%）	496	0	.0000000	-.1939900	1.0000000	1.000	2.465	.110	8.385	.219
Zscore: 对外直接投资/GDP（%）	496	0	.0000000	-.2789814	1.0000000	1.000	6.148	.110	57.444	.219
Zscore: 高新技术进口总额/进出口总额（%）	496	0	.0000000	-.3583748	1.0000000	1.000	1.754	.110	6.440	.219
Zscore: 高新技术出口总额/进出口总额（%）	496	0	.0000000	-.4060937	1.0000000	1.000	1.373	.110	1.131	.219

图 24-3　描述性统计输出结果

4. 观察和分析描述统计结果，得出初步的分析结论

从图 24-3 的结果看，本实验样本容量为 496，没有缺失值。在计算标准化得分和指标正向化之后，所有变量的均值为 0、标准差和方差为 1，但偏度和峰态存在差异。大多数指标存在右偏特征，且比正态分布尖峰，比如劳动生产率、技术市场

成交额/GDP、居民人均可支配收入等指标。少数指标左偏，如产品质量优等品率和进出口贸易差额/进出口贸易总额。同样存在少数指标比正态分布平峰，如人均固定资产投资额、可支配收入/GDP等指标。各指标的偏度和峰度不同，反映出各经济维度发展的空间分布存在差异。

【实验步骤二】

本步骤操作
视频

通过实验步骤一的标准化和正向化处理，各统计指标之间具有了可比性。在此基础上，实验步骤二对统计指标进行加权汇总，进而得到综合得分和各子系统得分。现有加权方法主要分为主观赋权法和客观赋权法。其中，主观赋权法利用专家经验和已有理论来判断各指标的重要性，包括层次分析法、德尔菲法、均权法等。客观赋权法依据数据特征，信息量越大的指标权重越大（如熵权法），或者提取出相关指标的共同信息（如主成分分析法）。

实证研究中可以根据研究对象性质和指标特征选择适当的加权方法。为了更清晰地展示加权计算过程，本实验采用均权法。

点击【Transform（转换）】→【Compute Variable（计算变量）】，分别计算内循环得分y1、外循环得分y2和综合得分y。

计算方法如图24-4所示。

图24-4　利用均权法计算双循环发展综合得分对话框

【实验步骤三】

本步骤操作
视频

实验步骤二计算所得双循环发展综合得分，包含了我国省际双循环发展现状和发展趋势的丰富信息。为了挖掘和展示发展规律，本实验对综合得分进行描述分析。具体步骤如下：

1. 分析全国平均水平发展趋势

点击【Graphs（图形）】→【Legacy Dialogs（传统对话框）】→【Bar（条形图）】，将"y"选入"Variable"并选择"Other statistic"选项中的"MEAN"，将"year"选入"Category Axis"，绘制出2006—2021年的综合得分平均值条形图，如图24-5所示。

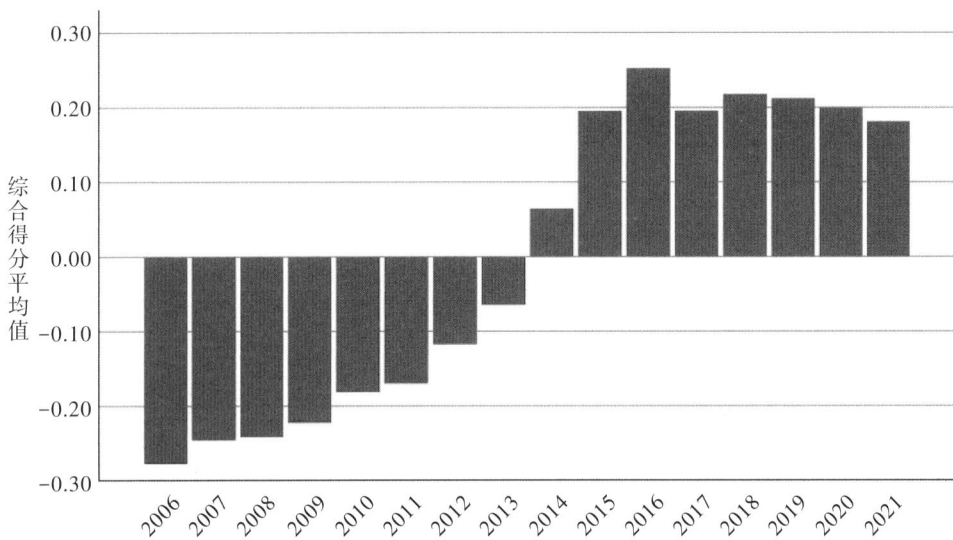

图24-5 2006—2021年我国双循环发展综合得分条形图输出结果

由图24-5可知，2021年我国双循环发展综合得分为0.18，双循环格局具有较大的发展潜力。2006—2021年，综合得分从-0.28持续提高至0.18，说明我国双循环发展格局得到不断优化。其中，2017—2021年，综合得分有所波动，说明双循环发展格局处于不断调整的阶段。

2. 分析2021年省际发展特征

点击【Data（数据）】→【Select Cases（选择观测）】，选择"year"变量取值为2021年的观测，选择"Copy selected cases to a new dataset（将选定观测复制到新数据集）"生成一个新的数据集。再运用"Data（数据）"菜单中的"Sort Cases

（排序观测）"命令，利用"y"进行降序排列。在此基础上，点击【Graphs（图形）】→【Legacy Dialogs（传统对话框）】→【Bar（条形图）】，选择"Simple"条形图的"Values of individual cases"模式，将变量"y"选入"Bars Represent"框中，将变量"region"选入"Category Labels"中的"Variable"框中，绘制出2021年的省际双循环发展综合得分条形图，如图24-6所示。

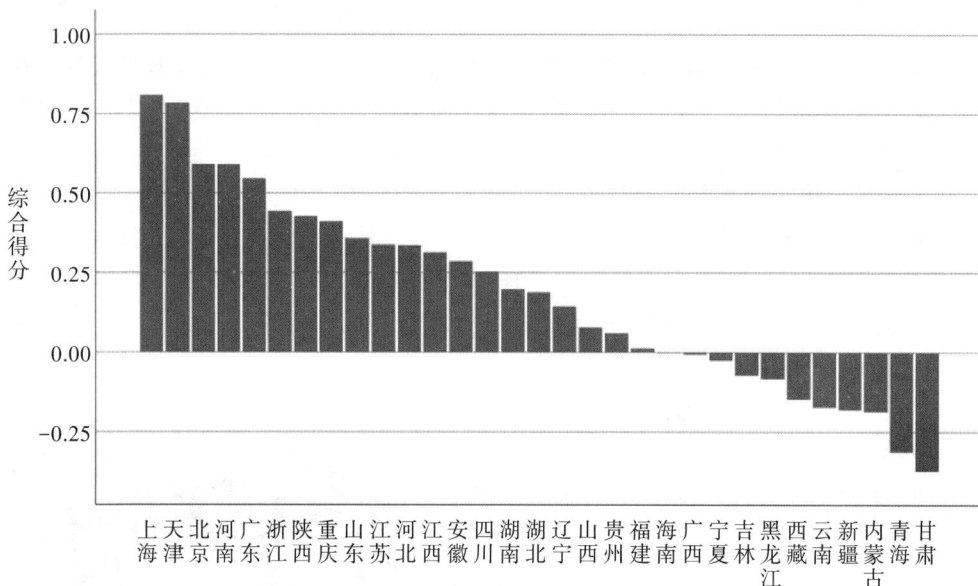

图24-6　2021年省际双循环发展综合得分条形图输出结果

由图24-6可知，2021年上海、天津、北京的双循环综合得分排在前三位，河南、广东、浙江、陕西、重庆、山东和江苏排在第四至第十位。排在前十位的省市中有七个位于东部地区、一个位于中部地区、两个位于西部地区。双循环发展的空间分布特征明显。

3.分析省际发展趋势

点击【Graphs（图形）】→【Legacy Dialogs（传统对话框）】→【Line Charts（折线图）】，选择"Drop-line（垂线）"类型，绘制垂线图。将变量"y"选入"Points Represent"里的"Other statistic（e.g.mean）"框中，将变量"region"选入"Category Axis"框中，将变量"year"选入"Define Points by"框中。在此基础上，为了将地区按照综合得分由高到低排序，在图形编辑器中的"Categories"项中选择按照"Statistics"的降序排列。绘制出的垂线图如图24-7所示。

图24-7为2006—2021年省际双循环发展综合得分垂线图。从综合得分变化的绝对数来看，天津、河南、重庆、陕西、山西和西藏的变化相对较大，发展速度较快。福建、黑龙江、吉林、云南等地区的变化幅度较小，发展动力较弱。

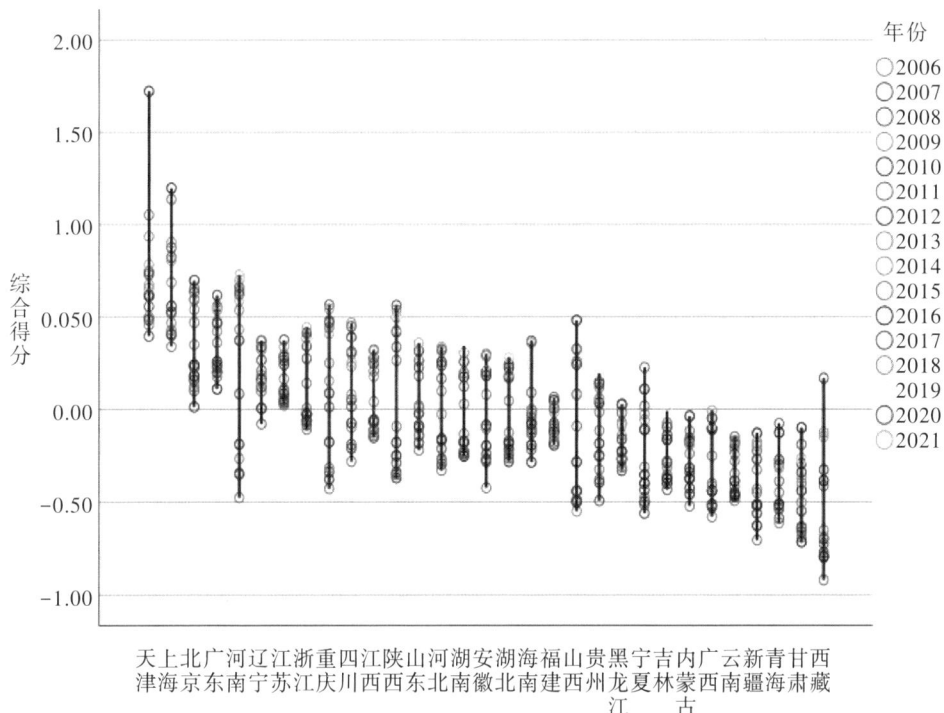

图24-7 2006—2021年省际双循环发展综合得分垂线图输出结果

【实验步骤四】

本步骤操作
视频

实验步骤二和实验步骤三得出了2021年省际内循环和外循环的综合得分。实验步骤四将利用系统聚类方法和统计图进一步分析内循环和外循环的协同发展情况，并将31个省、自治区、直辖市划分为不同的发展类型。

其具体步骤如下：

1.聚类分析

利用实验步骤三中生成的2021年数据集，针对内循环综合得分y1和外循环综合得分y2进行系统聚类分析。点击【Analyze（分析）】→【Classify（分类）】→【Hierarchical Cluster（系统聚类）】，将y1和y2选入"Variables（变量）"框中，将变量"省份名称［region］"选入"Label Cases by（样本标注依据）"框中，在"method（方法）"功能中选择"Within-groups linkage（组内链接）"和"Euclidean distance（欧式距离）"方法，进行系统聚类。结果如图24-8所示。将31个省、自治区、直辖市分为4类，能够更加明确地区分不同类型。

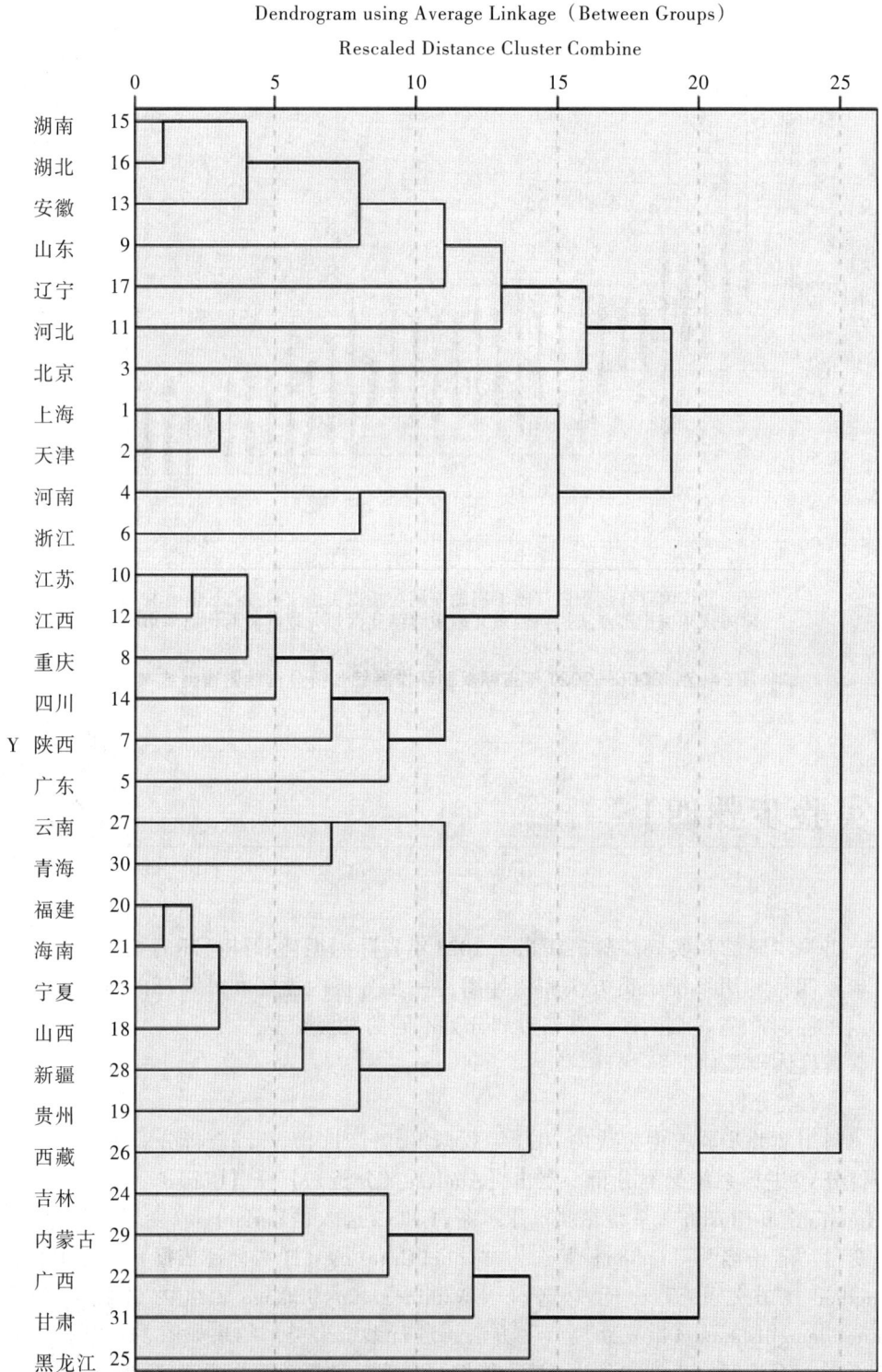

图 24-8　内循环和外循环综合得分聚类分析输出结果

2.绘制综合得分散点图

为了展示系统聚类的计算结果，将2021年省际内循环和外循环综合得分绘制成散点图。

首先，点击【Graphs（图形）】→【Legacy Dialogs（传统对话框）】→【Scatter/Dot（散点图/点图）】，以内循环得分为横坐标，以外循环得分为纵坐标，绘制散点图。其次，结合系统聚类结果，用椭圆形将属于同一类型的地区圈起来（这一过程需要在WORD文档中用"插入形状"功能实现）。输出结果如图24-9所示。

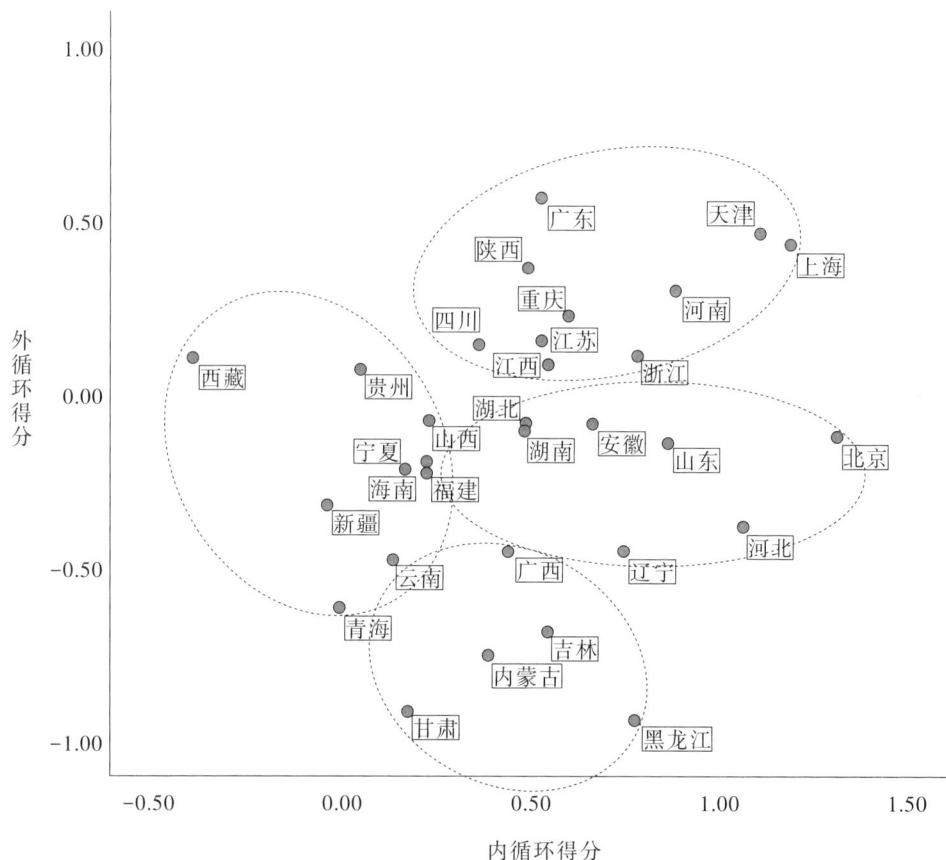

图24-9　2021年省际内外循环得分散点图输出结果

由图24-9散点图可知，我国省际双循环发展可分为四种模式：

（1）内循环和外循环均为中上水平，包括上海、天津、广东等10个地区；

（2）内循环处于中高等水平，外循环处于中等水平，包括北京、山东、河北等7个地区；

（3）内循环处于中等水平，外循环处于中下水平，包括广西、吉林、黑龙江等5个地区；

（4）内循环处于中下水平，外循环为中等水平，包括山西、福建、海南等9个地区。

该分类结果较为清晰地展示了当前我国双循环发展的实际情况。

【问题思考】

1.如果采用不同的赋权方法，比如主成分分析法，则综合得分结果会发生什么变化？

2.如果采用K-means聚类方法，其聚类结果与本实验结果有何不同？哪一种实验结果能更好反映现实发展情况？

3.能否利用适当的方法，分别分析内循环和外循环下三级指标之间的协同发展关系？

4.能否对各地区双循环发展水平的影响因素进行探索性分析？

【实验总结】

本实验以研究我国双循环发展情况为例，展示了如何综合利用多种统计方法和SPSS软件进行宏观经济统计分析。分析过程主要包括测度水平和划分类型两部分。前者利用综合评价分析方法，后者利用聚类分析方法。需要注意的是，首先，在计算综合得分之前，应该对指标进行标准化和正向化处理，使指标之间可比。其次，加权方法有很多种，应该基于研究对象性质和数据特征选择最适合的方法，并保证计算结果符合客观发展情况。最后，应该采用适当的统计图表以直观地展示研究对象的发展特征和发展规律。

【参考文献】

[1] 路国萍. 中国省际经济双循环耦合协调测度及影响因素分析 [D]. 大连：东北财经大学，2023.

［2］薛薇. 统计分析与SPSS的应用［M］. 6版. 北京：中国人民大学出版社，2021.

［3］魏瑾瑞. 统计学［M］. 2版. 北京：中国统计出版社，2022.

综合实验二

【实验目的】

本实验将演示对于较大规模的微观调查数据，如何选择适当的方法对其进行统计描述与统计推断。

通过本实验的操作，培养和提高学生建立 SPSS 数据集、把握数据结构特征、分析大规模数据的能力。

【实验内容】

学习性投入对学习收获的影响分析

2020 年我国高等教育毛入学率达到 54.4%，高等教育普及化程度不断提升。在新的发展阶段，要更加强调发展质量，系统谋划高等教育强国之路，促进高等教育水平整体提升。学习性投入与学习收获是评价大学生学习与发展质量的关键指标，也是衡量高等教育质量的重要标尺。2007 年清华大学通过借鉴国外调查项目，开发出中国大学生学习性投入调查问卷（NSSE-China）并率先开展调查研究，问卷见附录 3。本实验采用 NSSE-China 问卷，对某大学本科生开展调查。调查研究目标是探索学习性投入对学习收获的影响机制。调查小组获得了 683 个学生的数据。问卷中与本实验有关的问题见表 25-1 和表 25-2。

表25-1   学习性投入维度及题项

维度	题号	题项
学业挑战度（X1）	2b	分析某个观点、经验或理论的基本要素，了解其构成
	2c	综合不同观点、信息或经验，形成新的或更复杂的解释
	2d	判断信息、论点或方法的价值
	2e	运用理论或概念解决实际问题，或将其运用于新的情境
	3d	非常努力学习才能达到课程的要求
	4a	指定的教材或参考书（本）
	6a	长篇课程论文/报告（篇）（5 000字以上）
	6b	中篇课程论文/报告（篇）（2 000~5 000字）
	6c	短篇课程论文/报告（篇）（2 000字以下）
	15a	在学业方面投入大量时间
	16a	学习（不包括上课，但包括预习、复习、读文献、做作业、做实验等）（每周小时总数）
主动合作学习（X2）	1a	课堂上主动提问或参与讨论
	1c	课堂上就某一研究主题做有预先准备的报告
	1d	课堂上和同学合作完成老师布置的任务
	1k	课后和同学讨论作业/实验
生师互动（X3）	3g	课余和非本班的同学、朋友讨论学习中的观点和问题
	3h	在课业上帮助其他同学
	3c	学习表现得到任课老师及时的反馈（口头/书面）
	3e	和任课老师讨论分数或作业
	3f	课外和任课老师讨论课堂或阅读中的问题
	5a	和任课老师讨论自己的职业计划
	5b	和辅导员/班主任讨论自己的职业计划
	5c	和任课老师讨论人生观和价值观等问题

维度	题号	题项
生师互动 （X3）	5d	和辅导员/班主任讨论人生观和价值观等问题
	13d	在课程要求之外，和老师一起做研究
教育经历 丰富度 （X4）	11	使用网络媒介讨论或完成作业（如网络学堂、网络论坛、聊天工具等）
	8h	与城乡背景、民族背景和自己不同的学生深入交谈
	8i	与人生观很不同的学生深入交谈
	13a	实习、社会实践或田野调查
	13b	社区服务或志愿者
	13c	组织或参与某个社团或学生团体
	13e	课程要求以外的语言学习（如修二外等）
	13f	海外学习（短期或长期）
	13g	参加各类学术、专业或设计竞赛
	13h	报考专业资格证书/技能等级证书
	13i	辅修第二学位/专业
	15d	鼓励来自不同城乡、民族、家庭背景的学生相互接触
	15f	在学业中使用计算机
	16c	参加课外活动（如校园刊物、学生会/团委、社团活动、校内/外运动比赛等）（每周小时总数）
校园环境 支持度 （X5）	14a	与其他学生的关系
	14b	与任课教师的关系
	14c	与班主任/辅导员的关系
	14d	与办公室行政人员（如教务处等）的关系
	15b	为你的学业提供支持与帮助
	15c	帮助你应对人际关系或情感问题
	15e	组织集体活动，使你更好地融入大学生活
	15g	帮助你应对经济问题，完成学业

表25-2　　　　　　　　　　　学习收获维度及题项

维度	题号	题项
知识收获 （X6）	17a	广泛涉猎各个知识领域
	17b	深厚的专业知识与技能
能力收获 （X7）	17c	良好的口头表达能力
	17d	良好的书面表达能力
	17c	组织领导能力
	17f	熟练运用信息技术的能力
	17g	批判性思维
	17h	与他人有效合作
	17i	解决现实中的复杂问题
	17j	自主学习
自我收获 （X8）	17k	认识自我
	17l	个人人生观、价值观的确立
	17m	明确自己未来的发展规划
	17n	理解不同群体的文化和价值观

尽管调查项目不多，但数据的收集、录入、审核和整理工作却是相当繁重与复杂的。作为一名数据分析人员，你应当如何着手整理和描述这些数据，从而为进一步的数据分析工作提供一个良好的开端？

【分析思路】

本实验基于微观调查数据，首先，提炼出反映大学生学习性投入和学习收获情况的测度指标，其次，定量研究学习性投入对学习收获的影响效应。基于该研究目标，本实验的实证分析主要包括四个部分，依次为：

① 建立 SPSS 数据集文件，科学设置指标结构和属性，录入微观调查数据。

② 对变量进行描述统计分析，包括分析单个变量的频数分布情况，以及多个变量之间的相关关系。

③ 对数据进行预处理，首先将指标进行正向化处理，在此基础上通过信度和

效度分析来判断调查数据质量。

④ 利用因子分析方法计算学习性投入综合得分，具体步骤包括提取公因子、确定公因子个数、因子旋转、因子命名、计算因子得分和综合得分。

⑤ 对学习性投入和学习收获的多个方面进行相关性分析。

⑥ 利用回归分析方法，以学习收获为被解释变量，以学习性投入为解释变量，定量研究学习性投入对学习收获的影响效应。

【实验步骤一】

根据问卷的结构特点，定义数据集中应当包含的变量及其属性，并在此基础上逐条录入 683 条观测的所有观测值，见数据集"data25_1.sav"。其中，变量名按照指标体系结构进行编号，同时变量名标签是对问卷题目进行提炼和简化。对于定类和定序数据，需要设置变量值标签。变量定义的具体内容见表25-3。

表25-3　　　　　　　　　　　　　　　　变量属性定义

序号	Name	Type	Label	Values	Measure
1	x1_2b	Numeric	分析观点和理论基本要素	1=非常强调，2=强调，3=有点强调，4=不强调	ordinal
2	x1_2c	Numeric	综合信息形成新解释	1=非常强调，2=强调，3=有点强调，4=不强调	ordinal
3	x1_2d	Numeric	判断信息和方法的价值	1=非常强调，2=强调，3=有点强调，4=不强调	ordinal
4	x1_2e	Numeric	解决实际问题，用于新情境	1=非常强调，2=强调，3=有点强调，4=不强调	ordinal
5	x1_3d	Numeric	非常努力才能达到课程要求	1=很经常，2=经常，3=有时，4=从未	ordinal
6	x1_4a	Numeric	指定教材或参考书	1=0，2=1-4，3=5-10，4=11-20，5=21及以上	ordinal
7	x1_6a	Numeric	长篇课程论文或报告	1=0，2=1-4，3=5-10，4=11-20，5=21及以上	ordinal
8	x1_6b	Numeric	中篇课程论文或报告	1=0，2=1-4，3=5-10，4=11-20，5=21及以上	ordinal
9	x1_6c	Numeric	短篇课程论文或报告	1=0，2=1-4，3=5-10，4=11-20，5=21及以上	ordinal
10	x1_15a	Numeric	在学业方面投入大量时间	1=非常强调，2=强调，3=有点强调，4=不强调	ordinal
11	x1_16a	Numeric	每周学习小时（不包括上课）	1=0，2=1-5，3=6-10，4=11-15，5=16-20，6=21-25，7=26-30，8=31及以上	ordinal
12	x2_1a	Numeric	课堂上主动提问或参与讨论	1=很经常，2=经常，3=有时，4=从未	ordinal

序号	Name	Type	Label	Values	Measure
13	x2_1c	Numeric	课堂上做有预先准备的报告	1=很经常，2=经常，3=有时，4=从未	ordinal
14	x2_1d	Numeric	课堂上和同学合作完成任务	1=很经常，2=经常，3=有时，4=从未	ordinal
15	x2_1k	Numeric	课后和同学讨论作业/实验	1=很经常，2=经常，3=有时，4=从未	ordinal
16	x3_3g	Numeric	课余和非本班同学讨论学习问题	1=很经常，2=经常，3=有时，4=从未	ordinal
17	x3_3h	Numeric	在课业上帮助其他同学	1=很经常，2=经常，3=有时，4=从未	ordinal
18	x3_3c	Numeric	学习表现得到任课老师及时反馈	1=很经常，2=经常，3=有时，4=从未	ordinal
19	x3_3e	Numeric	和任课老师讨论分数或作业	1=很经常，2=经常，3=有时，4=从未	ordinal
20	x3_3f	Numeric	课外和任课老师讨论课堂问题	1=很经常，2=经常，3=有时，4=从未	ordinal
21	x3_5a	Numeric	和任课老师讨论职业计划	1=很经常，2=经常，3=有时，4=从未	ordinal
22	x3_5b	Numeric	和辅导员讨论职业计划	1=很经常，2=经常，3=有时，4=从未	ordinal
23	x3_5c	Numeric	和任课老师讨论人生观价值观	1=很经常，2=经常，3=有时，4=从未	ordinal
24	x3_5d	Numeric	和辅导员讨论人生观价值观	1=很经常，2=经常，3=有时，4=从未	ordinal
25	x3_13d	Numeric	在课程要求之外和老师做研究	1=已经做，2=打算做，3=不打算做，4=没决定	ordinal
26	x4_11	Numeric	使用网络媒介讨论完成作业	1=很经常，2=经常，3=有时，4=从未	ordinal
27	x4_8h	Numeric	与不同背景学生深入交谈	1=很经常，2=经常，3=有时，4=从未	ordinal
28	x4_8i	Numeric	与不同人生观学生深入交谈	1=很经常，2=经常，3=有时，4=从未	ordinal
29	x4_13a	Numeric	实习、社会实践或田野调查	1=已经做，2=打算做，3=不打算做，4=没决定	ordinal
30	x4_13b	Numeric	社区服务或志愿者	1=已经做，2=打算做，3=不打算做，4=没决定	ordinal
31	x4_13c	Numeric	组织或参与社团或学习团体	1=已经做，2=打算做，3=不打算做，4=没决定	ordinal
32	x4_13e	Numeric	课程要求以外的语言学习	1=已经做，2=打算做，3=不打算做，4=没决定	ordinal
33	x4_13f	Numeric	海外学习	1=已经做，2=打算做，3=不打算做，4=没决定	ordinal

序号	Name	Type	Label	Values	Measure
34	x4_13g	Numeric	参加学术、专业或设计竞赛	1=已经做，2=打算做，3=不打算做，4=没决定	ordinal
35	x4_13h	Numeric	报考专业资格证/技能等级证书	1=已经做，2=打算做，3=不打算做，4=没决定	ordinal
36	x4_13i	Numeric	辅修第二学位/专业	1=已经做，2=打算做，3=不打算做，4=没决定	ordinal
37	x4_15d	Numeric	鼓励不同背景学生相互接触	1=非常强调，2=强调，3=有点强调，4=不强调	ordinal
38	x4_15f	Numeric	在学业中使用计算机	1=非常强调，2=强调，3=有点强调，4=不强调	ordinal
39	x4_16c	Numeric	参加课外活动	1=0，2=1-5，3=6-10，4=11-15，5=16-20，6=21-25，7=26-30，8=31及以上	ordinal
40	x5_14a	Numeric	与其他学生的关系	1=不友好/不相互支持，…，7=友好/相互支持	ordinal
41	x5_14b	Numeric	与任课教师的关系	1=需要时找不着/没有帮助，…，7=需要时能找到/有帮助	ordinal
42	x5_14c	Numeric	与班主任/辅导员的关系	1=需要时找不着/不理解我，…，7=需要时能找到/理解我	ordinal
43	x5_14d	Numeric	与办公室行政人员的关系	1=缺乏体谅/没帮助，…，7=体谅/有帮助	ordinal
44	x5_15b	Numeric	为你的学业提供支持与帮助	1=非常强调，2=强调，3=有点强调，4=不强调	ordinal
45	x5_15c	Numeric	帮助你应对人际关系或情感问题	1=非常强调，2=强调，3=有点强调，4=不强调	ordinal
46	x5_15e	Numeric	组织集体活动以更好融入大学	1=非常强调，2=强调，3=有点强调，4=不强调	ordinal
47	x5_15g	Numeric	帮助你应对经济问题，完成学业	1=非常强调，2=强调，3=有点强调，4=不强调	ordinal
48	x6_17a	Numeric	广泛涉猎各个知识领域	1=极大提高，2=较大提高，3=有点提高，4=没有提高	ordinal
49	x6_17b	Numeric	深厚的专业知识与技能	1=极大提高，2=较大提高，3=有点提高，4=没有提高	ordinal
50	x7_17c	Numeric	良好的口头表达能力	1=极大提高，2=较大提高，3=有点提高，4=没有提高	ordinal
51	x7_17d	Numeric	良好的书面表达能力	1=极大提高，2=较大提高，3=有点提高，4=没有提高	ordinal
52	x7_17e	Numeric	组织领导能力	1=极大提高，2=较大提高，3=有点提高，4=没有提高	ordinal

序号	Name	Type	Label	Values	Measure
53	x7_17f	Numeric	熟练运用信息技术的能力	1=极大提高，2=较大提高，3=有点提高，4=没有提高	ordinal
54	x7_17g	Numeric	批判性思维	1=极大提高，2=较大提高，3=有点提高，4=没有提高	ordinal
55	x7_17h	Numeric	与他人有效合作	1=极大提高，2=较大提高，3=有点提高，4=没有提高	ordinal
56	x7_17i	Numeric	解决现实中的复杂问题	1=极大提高，2=较大提高，3=有点提高，4=没有提高	ordinal
57	x7_17j	Numeric	自主学习	1=极大提高，2=较大提高，3=有点提高，4=没有提高	ordinal
58	x8_17k	Numeric	认识自我	1=极大提高，2=较大提高，3=有点提高，4=没有提高	ordinal
59	x8_17l	Numeric	个人人生观、价值观的确立	1=极大提高，2=较大提高，3=有点提高，4=没有提高	ordinal
60	x8_17m	Numeric	明确自己未来的发展规划	1=极大提高，2=较大提高，3=有点提高，4=没有提高	ordinal
61	x8_17n	Numeric	理解不同文化	1=极大提高，2=较大提高，3=有点提高，4=没有提高	ordinal

【实验步骤二】

本步骤操作视频

1.单变量频数统计

在熟悉和掌握数据内容和数据结构的基础上，就所关心的问题统计相关变量的频数。比如，就"每周学习小时（不包括上课）"变量进行频数统计。点击【Analyze（分析）】→【Descriptive Statistics（描述统计）】→【Frequencies（频率）】，将 x1_16a 变量选入"Variable（s）（变量）"框中，勾选"Display frequency tables（显示频率表）"，在"Charts（图表）"功能中选择"Bar charts（条形图）"。每周学习小时（不包括上课）频数统计表如图25-1所示。

每周学习小时（不包括上课）

		Frequency	Percent	Valid Percent	Cumulative Percent
Valid	0	2	.3	.3	.3
	1-5	40	5.9	5.9	6.1
	6-10	81	11.9	11.9	18.0
	11-15	125	18.3	18.3	36.3
	16-20	137	20.1	20.1	56.4
	21-25	130	19.0	19.0	75.4
	26-30	64	9.4	9.4	84.8
	31及以上	104	15.2	15.2	100.0
	Total	683	100.0	100.0	

图25-1　每周学习小时（不包括上课）频数统计表输出结果

每周学习小时频数统计条形图如图25-2所示。

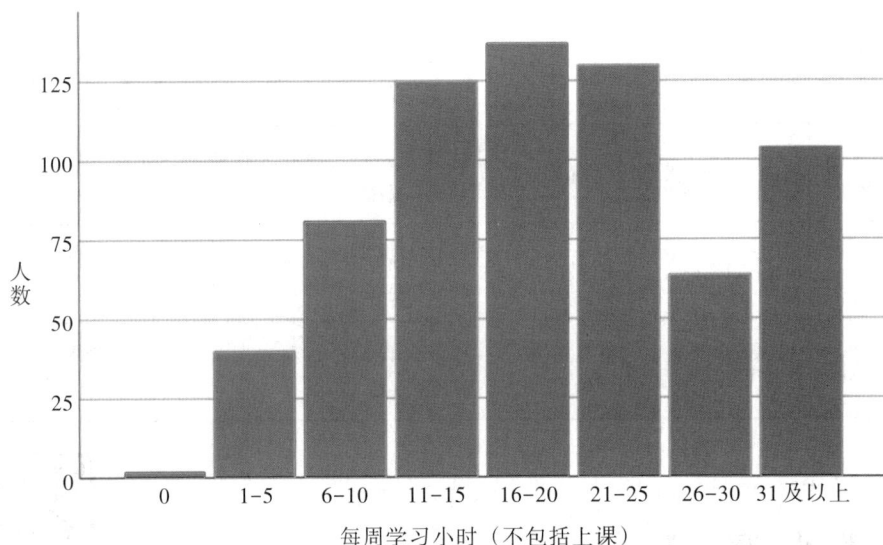

图25-2　每周学习小时（不包括上课）频数条形图输出结果

2.二维交叉频数统计

频数统计不仅可以针对单个变量，分析中还需要了解多个变量联合分布特征，进而观察和分析变量之间的相互影响。比如，就"每周学习小时（不包括上课）"与"深厚的专业知识与技能"两个变量做二维交叉频数统计。点击【Analyze（分析）】→【Descriptive Statistics（描述统计）】→【Crosstabs（交叉表）】，将x1_16a和x6_17b变量分别选入"Row（s）（行）"和"Column（s）（列）"框中，在"Cells（单元格）"功能中选择"Observed（实测）"选项。二维交叉频数统计表（列联表）如图25-3所示。

每周学习小时（不包括上课）* 深厚的专业知识与技能 Crosstabulation

Count

		深厚的专业知识与技能				
		极大提高	较大提高	有点提高	没有提高	Total
每周学习小时（不包括上课）	0	0	0	1	1	2
	1-5	1	12	25	2	40
	6-10	9	37	34	1	81
	11-15	15	53	55	2	125
	16-20	22	76	38	1	137
	21-25	14	79	37	0	130
	26-30	13	35	16	0	64
	31及以上	38	44	18	4	104
Total		112	336	224	11	683

图 25-3　每周学习小时（不包括上课）与深厚的专业知识与技能频数二维交叉表输出结果

点击【Graphs（图表）】→【Legacy Dialogs（传统对话框）】→【Bar（条形图）】，选择"Clustered（簇状）"模式和"Summaries for groups of cases（观测组摘要）"选项。在定义条形图界面，默认选择"N of cases（观测数）"，将变量 x6_17b 选入"Category Axis（类别轴）"框中，将变量 x1_16a 选入"Define Clusters by（聚类定义依据）"框中。每周学习小时（不包括上课）和深厚的专业知识与技能频数二维交叉条形图输出结果如图 25-4 所示。

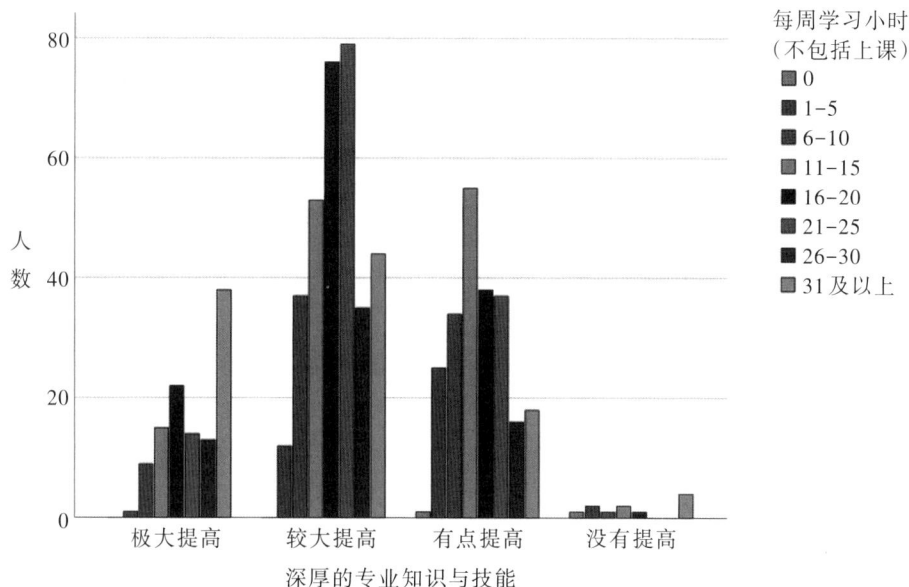

图 25-4　每周学习小时（不包括上课）和深厚的专业知识与技能频数二维交叉条形图输出结果

【实验步骤三】

认真仔细地审核调查数据，注意异常值和缺失值。在确认数据准确无误的前提下，开始接下来的操作步骤：

1.指标正向化处理

本实验数据集中大多数变量为取"1"时最好，也有少数变量取"1"时最不好。因此，为了使变量具有可比性，需要将变量方向进行统一。对于后者，点击【Transform（转换）】→【Automatic Recode（自动重新编码）】，弹出如图25-5所示的对话框，在对话框的"Recode Starting from（重新编码起点）"处选择"Highest value（最大值）"，勾选"Use the same recoding scheme for all variables（对所有变量使用同一种重新编码方案）"。

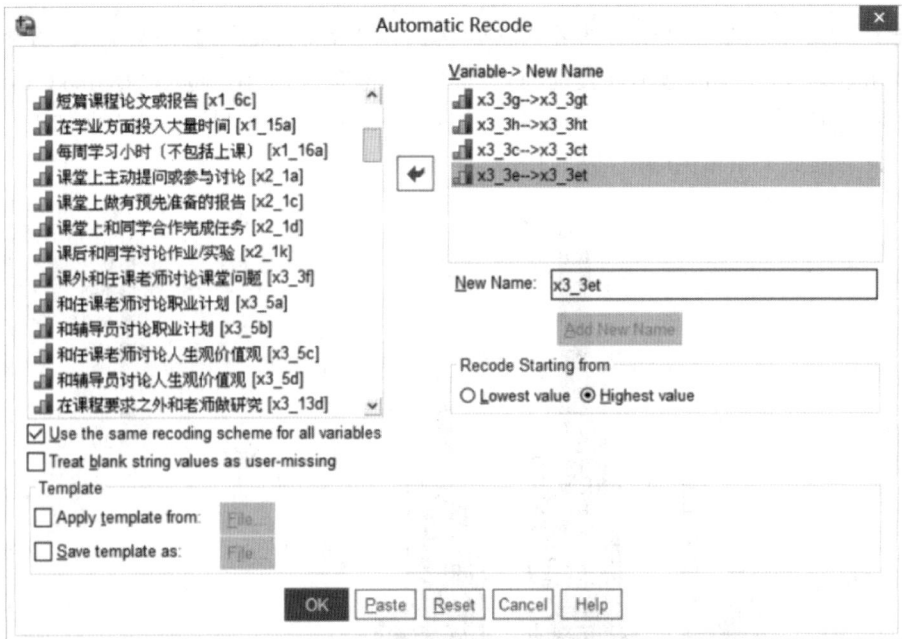

图25-5　指标正向化处理对话框

2.信度分析

信度分析考察研究数据是否真实可靠，即研究样本是否真实回答了问题。运用【Analyze（分析）】→【Scale（刻度）】→【Reliability Analysis（可靠性分析）】命令，将学习性投入和学习收获各个维度的变量逐次选入"Items（项）"框内，设置"Model（模型）"为Alpha。注意应选入正向化处理之后的变量。具体操作过

程如图25-6所示，对学业挑战度的计算结果如图25-7所示，将所有10次计算结果
整理到表25-4中。

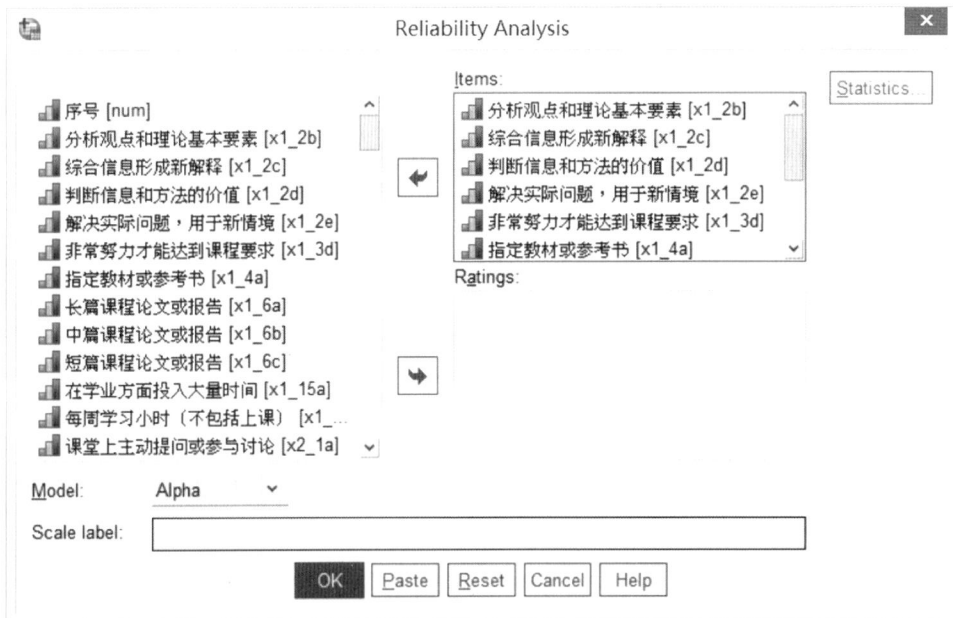

图25-6 学业挑战度信度分析对话框

Reliability Statistics

Cronbach's Alpha	N of Items
.624	11

图25-7 学业挑战度信度分析输出结果

表25-4　　　　　学习性投入与学习收获信度分析输出结果

变量名	因子	题项数	Cronbach's a 系数	Cronbach's a 系数
学习性投入	学业挑战度	11	0.624	0.889
	主动合作学习	4	0.589	
	生师互动	10	0.873	
	教育经验丰富度	14	0.684	
	校园环境支持度	8	0.822	
学习收获	知识收获	2	0.717	0.929
	能力收获	8	0.894	
	自我收获	4	0.875	

由表25-4结果可见，学习性投入和学习收获的Cronbach's a系数分别为0.889和0.929，大多数因子的Cronbach's a系数在0.6以上。说明本实验数据的一致性和稳定性均处于理想水平，数据可靠。

3.效度分析

效度分析用于考察题目是否有效地表达研究变量或维度的概念信息，即题目是否合理，或题目表示某个变量是否合适。效度分析包括对内容效度和结构效度的测算。前者使用文字描述量表设计的合理性，后者要计算KMO值和进行Bartlett球度检验。

本实验题目来自专业量表，有较好的理论依据，满足对内容效度的要求。为了计算结构效度，点击【Analyze（分析）】→【Dimension Reduction（降维）】→【Factor（因子）】，在"Descriptives（描述）"功能中选择"KMO and Bartlett's test of sphericity"，将学习性投入和学习收获各个维度中的变量逐次选入"Variable(s)（变量）"框内。同样注意应选入正向化处理之后的变量。具体操作过程如图25-8所示，对学业挑战度的计算结果如图25-9所示，将所有10次计算结果整理到表25-5中。

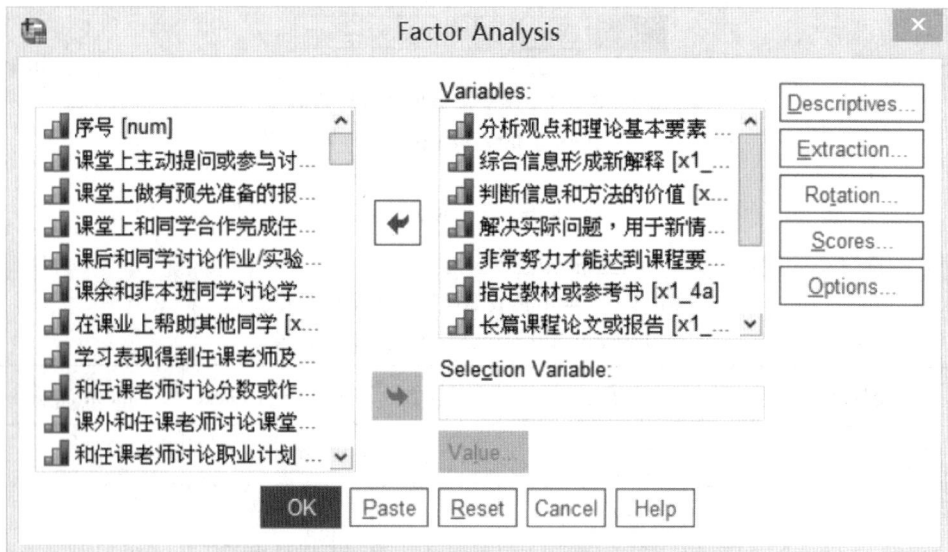

图25-8　学业挑战度效度分析对话框

KMO and Bartlett's Test

Kaiser-Meyer-Olkin Measure of Sampling Adequacy.		.765
Bartlett's Test of Sphericity	Approx. Chi-Square	1680.592
	df	55
	Sig.	.000

图25-9　学业挑战度效度分析输出结果

表25-5 学习性投入与学习收获效度分析输出结果

量表	KMO检验	Bartlett球度检验		
		近似卡方	自由度	P值
学习性投入	0.886	12 513.851	1 081	<0.001
学业挑战度	0.765	1 680.592	55	<0.001
主动合作学习	0.693	232.971	6	<0.001
生师互动	0.880	3 421.809	45	<0.001
教育经验丰富度	0.706	1 566.213	91	<0.001
校园环境支持度	0.841	2 161.387	28	<0.001
学习收获	0.943	5 594.909	91	<0.001
知识收获	0.500	254.569	1	<0.001
能力收获	0.910	2 760.621	28	<0.001
自我收获	0.820	1 432.525	6	<0.001

从表25-5可知,学习性投入和学习收获的KMO大多在0.8以上,Bartlett球度检验均拒绝原假设。学业挑战度等三级指标的KMO大多在0.7以上,Bartlett球度检验均拒绝原假设。由此说明,本实验所用数据具有较好的结构效度,题目能够较好地表达研究维度的概念信息,适合利用因子分析进行降维处理。

【实验步骤四】

本步骤操作
视频

利用SPSS进行因子分析。点击【Analyze(分析)】 → 【Dimension Reduction(降维)】 → 【Factor(因子)】命令,在"Extraction(提取)"中选择"Principal components(主成分)"方法,依据累计方差贡献率大于85%的标准确定保留因子的个数,并在"Fixed number of factors(因子的固定数目)" → "Factors to extract(要提取的因子数)"中填写因子个数。在"Rotation(旋转)"中选择"Varimax(最大方差法)"方法。在"Scores(得分)"中勾选"Save as Variables(保存为变量)"中的"Regression(回归)"方法和"Display factor score coefficient matrix(显示因子得分系数矩阵)"。由此得到各个三级指标的因子得分,并结合因子旋转后的方差贡献率,计算得到各个三级指标的综合得分,定义变量名标签。

【实验步骤五】

点击【Analyze（分析）】→【Correlate（相关）】→【Bivariate（双变量）】，将变量选入"Variables（变量）"框中，对8个三级指标的因子得分f1-f8进行相关分析。结果如图25-10所示。

Correlations

		学业挑战度	主动合作学习	生师互动	教育经验丰富度	校园环境支持度	知识收获	能力收获	自我收获
学业挑战度	Pearson Correlation	1	.513**	.466**	.437**	.412**	.369**	.411**	.325**
	Sig. (2-tailed)		<.001	<.001	<.001	<.001	<.001	<.001	<.001
	N	683	683	683	683	683	683	683	683
主动合作学习	Pearson Correlation	.513**	1	.554**	.453**	.360**	.367**	.435**	.343**
	Sig. (2-tailed)	<.001		<.001	<.001	<.001	<.001	<.001	<.001
	N	683	683	683	683	683	683	683	683
生师互动	Pearson Correlation	.466**	.554**	1	.486**	.347**	.309**	.404**	.299**
	Sig. (2-tailed)	<.001	<.001		<.001	<.001	<.001	<.001	<.001
	N	683	683	683	683	683	683	683	683
教育经验丰富度	Pearson Correlation	.437**	.453**	.486**	1	.396**	.349**	.462**	.398**
	Sig. (2-tailed)	<.001	<.001	<.001		<.001	<.001	<.001	<.001
	N	683	683	683	683	683	683	683	683
校园环境支持度	Pearson Correlation	.412**	.360**	.347**	.396**	1	.431**	.494**	.410**
	Sig. (2-tailed)	<.001	<.001	<.001	<.001		<.001	<.001	<.001
	N	683	683	683	683	683	683	683	683
知识收获	Pearson Correlation	.369**	.367**	.309**	.349**	.431**	1	.689**	.545**
	Sig. (2-tailed)	<.001	<.001	<.001	<.001	<.001		<.001	<.001
	N	683	683	683	683	683	683	683	683
能力收获	Pearson Correlation	.411**	.435**	.404**	.462**	.494**	.689**	1	.695**
	Sig. (2-tailed)	<.001	<.001	<.001	<.001	<.001	<.001		<.001
	N	683	683	683	683	683	683	683	683
自我收获	Pearson Correlation	.325**	.343**	.299**	.398**	.410**	.545**	.695**	1
	Sig. (2-tailed)	<.001	<.001	<.001	<.001	<.001	<.001	<.001	
	N	683	683	683	683	683	683	683	683

**. Correlation is significant at the 0.01 level (2-tailed).

图 25-10 学习性投入与学习收获相关分析输出结果

由图25-10中相关分析结果可知，学习收获3个方面与学习性投入5个方面均有一定的线性相关关系，相关系数均为正，且在0.05的显著性水平上显著。

【实验步骤六】

点击【Analyze（分析）】→【Regression（回归）】，以学习性投入5个三级指标综合得分为自变量，对学习收获的知识收获维度进行回归分析，用以探索学习性投入对知识收获的影响效应。回归结果见图25-11至图25-13。进一步地，分别以能力收获和自我收获作为因变量进行回归分析。将回归结果整理到表25-6中。

Model Summary

Model	R	R Square	Adjusted R Square	Std. Error of the Estimate
1	.512[a]	.263	.257	.60948

a. Predictors: (Constant), 校园环境支持度, 生师互动, 学业挑战度, 教育经验丰富度, 主动合作学习

图25-11 知识收获回归拟合优度输出结果

ANOVA[a]

Model		Sum of Squares	df	Mean Square	F	Sig.
1	Regression	89.521	5	17.904	48.200	<.001[b]
	Residual	251.479	677	.371		
	Total	341.000	682			

a. Dependent Variable: 知识收获

b. Predictors: (Constant), 校园环境支持度, 生师互动, 学业挑战度, 教育经验丰富度, 主动合作学习

图25-12 知识收获回归F检验输出结果

Coefficients[a]

Model		Unstandardized Coefficients		Standardized Coefficients	t	Sig.
		B	Std. Error	Beta		
1	(Constant)	5.684E-17	.023		.000	1.000
	学业挑战度	.225	.076	.123	2.964	.003
	主动合作学习	.200	.061	.141	3.276	.001
	生师互动	.037	.066	.024	.555	.579
	教育经验丰富度	.242	.089	.110	2.716	.007
	校园环境支持度	.413	.057	.277	7.307	<.001

a. Dependent Variable: 知识收获

图25-13 知识收获回归系数与t检验输出结果

由表25-6可知，从方程的拟合优度来看，回归方程调整 R^2 分别为0.257、0.368和0.247，代表被解释变量中的25.7%、36.8%和24.7%的信息能够被回归方程所解释。回归方程拟合优度数值较低，一方面是因为利用微观数据的回归分析，其拟合优度普遍低于宏观数据，另一方面说明可能有其他重要解释变量没有纳入回归

方程之中，有待进一步的检验。

表25-6　　　　　　　　　　　学习收获回归分析输出结果

	（1）知识收获	（2）能力收获	（3）自我收获
学业挑战度	0.225** (2.964)	0.105* (2.288)	0.094 (1.472)
主动合作学习	0.200** (3.276)	0.136** (3.706)	0.137** (2.671)
生师互动	0.037 (0.555)	0.081* (2.053)	0.021 (0.371)
教育经验丰富度	0.242** (2.716)	0.286** (5.321)	0.387** (5.152)
校园环境支持度	0.413** (2.716)	0.291** (8.524)	0.317** (6.647)
截距	5.684×10^{-17} (0.000)	-1.147×10^{-16} (0.000)	-2.165×10^{-16} (0.000)
R^2	0.263	0.372	0.253
Adj R^2	0.257	0.368	0.247
F	48.200	80.331	45.761
p	<0.001	<0.001	<0.001

注：括号为t统计量，**代表在0.01水平上显著，*代表在0.05水平上显著。

从方程整体回归情况来看，F统计量分别为48.200、80.331和45.761，均在0.01水平上显著。这说明三个方程都通过了显著性检验。

从方程回归系数来看，学业挑战度、主动合作学习、教育经验丰富度和校园环境支持度显著影响知识收获，其回归系数分别为0.225、0.200、0.242和0.413，其中校园环境支持度的影响效应最大。学业挑战度、主动合作学习、生师互动、教育经验丰富度和校园环境支持度显著影响能力收获，其回归系数分别为0.105、0.136、0.081、0.286和0.291，校园环境支持度和教育经验丰富度的影响较大。主动合作学习、教育经验丰富度和校园环境支持度显著影响自我收获，其回归系数分别为0.137、0.387和0.317，同样是教育经验丰富度和校园环境支持度的影响效应更大。

【问题思考】

1.本实验中，我们针对给定数据演示了部分变量的描述统计和推断统计结果。您是否还对其他变量感兴趣？尝试一下对其他变量进行描述统计和推断统计。

2.在步骤三中，如果不进行指标正向化处理，Cronbach's a系数和因子分析结果会有什么变化？

3.在因子分析中，如果以特征根大于1作为条件判断因子个数，回归结果会有什么变化？

4.在步骤五中，不同回归方程是否存在多重共线性的问题？试用容忍度和VIF指标进行判断。

【实验总结】

本实验采用微观调查数据进行分析。首先利用调查问卷结果计算出综合变量，其次利用回归模型研究综合变量之间的关系。在微观调查数据研究中，需要注意如下几点。第一，将微观调查数据录入SPSS数据集中，应尽量完善变量属性，尤其是变量名、数据类型、变量值标签、测量尺度等主要属性。第二，在获得微观调查数据之后需要进行数据清理，审核数据的准确性、完整性和及时性，进行必要的更正和筛选。第三，在实际研究中，如何将调查问卷中的问题对应到模型维度，应广泛查找文献并依据现有理论。

【参考文献】

[1] 邓双.民办高校本科生学习性投入对学习收获影响研究 [D].成都：四川师范大学，2021.

［2］黄美娟．美国"全国大学生学习性投入调查（NSSE）研究"［D］．上海：上海师范大学，2014.

［3］薛薇．统计分析与SPSS的应用［M］．6版．北京：中国人民大学出版社，2021.

［4］魏瑾瑞．统计学［M］．2版．北京：中国统计出版社，2022.

综合实验三

【实验目的】

本实验针对时间序列数据，演示如何利用基于传统统计模型和机器学习模型的组合模型提高经济指数的预测精度。

通过本实验的操作，培养和提高学生通过综合考虑不同模型的优缺点，设计组合模型建模策略，达到发挥各模型优势、优化建模效果的能力。

【实验内容】

居民消费价格指数预测

居民消费价格指数（CPI）用于度量在特定时间内城乡居民家庭购买一篮子代表性商品和服务项目的价格水平随时间的推移而变动的情况。该指数能有效反映市场总体供求关系的变动情况，常用来衡量通货膨胀程度和生活成本水平。自我国加入世贸组织以来，经济快速发展的同时也经历了数次物价波动，CPI作为经济发展的晴雨表，发挥了重要的预警作用。综合利用现代统计技术精准预测我国CPI的发展趋势，能够为国家宏观调控提供必要理论依据。

现有研究大多将CPI看作单一时间序列，通过学习该时间序列的前期规律来预测未来发展趋势。ARIMA等传统统计模型能够较好地模拟时间序列的线性特征，而神经网络等机器学习模型更擅长估算非线性特征。本实验建立ARIMA-NN短期预测组合模型，对2002—2022年我国月度同比CPI进行预测研究。

【分析思路】

本实验对 CPI 时间序列数据进行预测分析，将 ARIMA 模型与神经网络模型相结合，充分提炼 CPI 的线性趋势和非线性趋势，分别进行训练和预测，达到提高预测精度的最终目标。基于该研究目标，本实验的实证分析主要包括五个步骤，依次为：

① 在 SPSS 软件中设置序列的时间属性；

② 利用 ARIMA 模型进行拟合，包括选择训练区间、设置 ARIMA 模型参数、进行 ARIMA 函数拟合和得到预测结果；

③ 利用径向基函数对 ARIMA 模型残差序列进行学习和预测，包括设置预测序列、设置径向基函数参数、进行学习和得到预测结果；

④ 将 ARIMA 和径向基函数的预测结果加总得到最终预测结果；

⑤ 利用 MAPE 等指标评估模型预测精度。

【实验步骤一】

本步骤操作
视频

将 2002—2022 年我国月度同比 CPI 数据录入到 SPSS 数据集中，点击【Data（数据）】→【Define data and time（定义日期和时间）】，弹出如图 26-1 所示的对话框，在该对话框中设置数据时间属性，详见数据集 "data26_1.sav"。定义时间输出结果如图 26-2 所示。

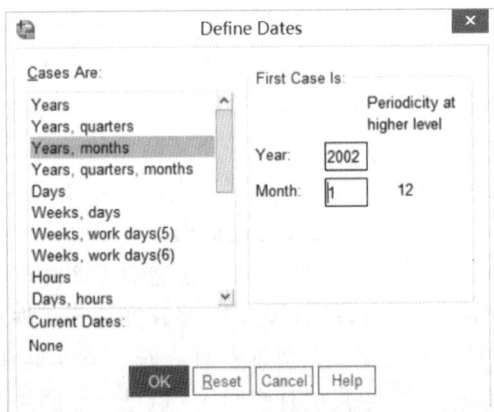

图 26-1　定义时间对话框

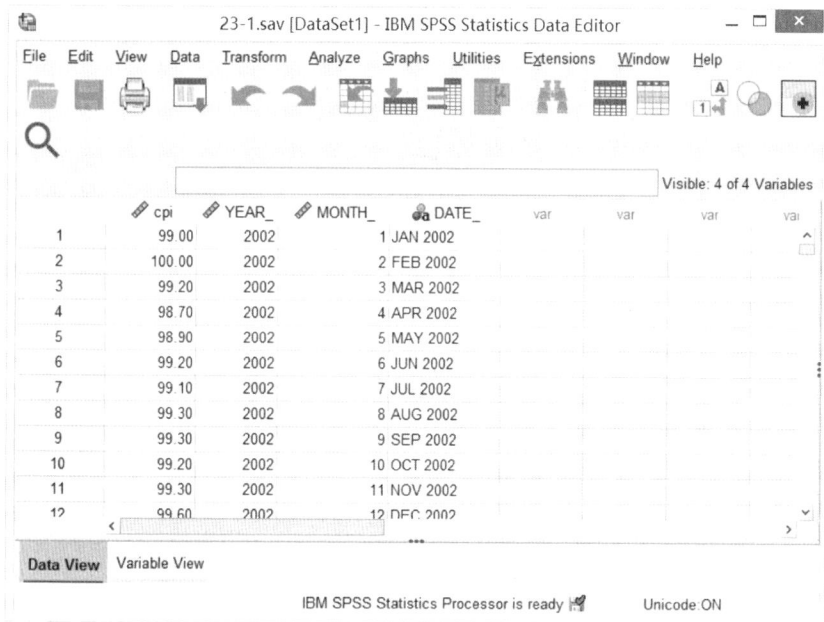

图26-2 定义时间输出结果

【实验步骤二】

本步骤操作
视频

1.确定ARIMA模型参数

本实验以2002—2020年数据作为训练集，以2021—2022年数据作为测试集。首先利用训练集数据选择适合的ARIMA模型参数。

（1）选择训练集数据。

点击【Data（数据）】→【Select Cases（选择观测）】，弹出如图26-3所示的对话框，在该对话框中选择2002年1月至2020年12月的数据，输出选项选择"Filter out unselected cases（过滤掉未选定的观测）"。

（2）确定ARIMA模型参数。

依据已有文献，并进行多次试验对比，确定模型参数为ARIMA（9，0，1）（0，0，2）。点击【Analyze（分析）】→【Forecasting（时间序列预测）】→【Create Traditional Models（创建传统模型）】，弹出如图26-4所示的对话框，在"Method（方法）"中选择ARIMA，在"Criteria（模型）…"中设置模型为ARIMA（9，0，1）（0，0，2），在"Statistics…"中选择"Mean absolutely percentage error"等评价指标，在"Plots（图）…"中选择输出"Residual autocorrelation function（ACF）（偏差自相关函数）"和"Residual partial autocorrelation function（PACF）

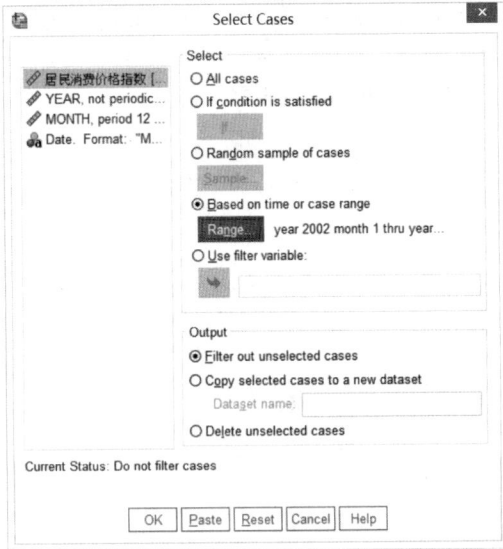

图26-3 选择训练集数据对话框

（偏差偏自相关函数）"，在"Save（保存）"中选择"Predicted Values（预测值）"和"Noise Residuals（噪声残值）"。

图26-5为ARIMA模型预测效果输出结果。图26-6为ARIMA模型预测残差自相关和偏自相关函数图输出结果。由图26-5可见，平稳 R^2 和 R^2 都达到0.942，MAPE达到0.316，由残差的自相关和偏自相关函数图可见残差序列已达到平稳，消除了长期趋势和周期波动。由此说明模型参数选择是合适的。

图26-4 建立ARIMA模型对话框

Model Statistics

| Model | Number of Predictors | Model Fit statistics | | | | | | | | Ljung-Box Q(18) | | | Number of Outliers |
		Stationary R-squared	R-squared	RMSE	MAPE	MAE	MaxAPE	MaxAE	Normalized BIC	Statistics	DF	Sig.	
居民消费价格指数-Model_1	0	.942	.942	.491	.316	.324	3.463	3.429	-1.114	5.604	6	.469	0

图26-5 ARIMA模型预测效果输出结果

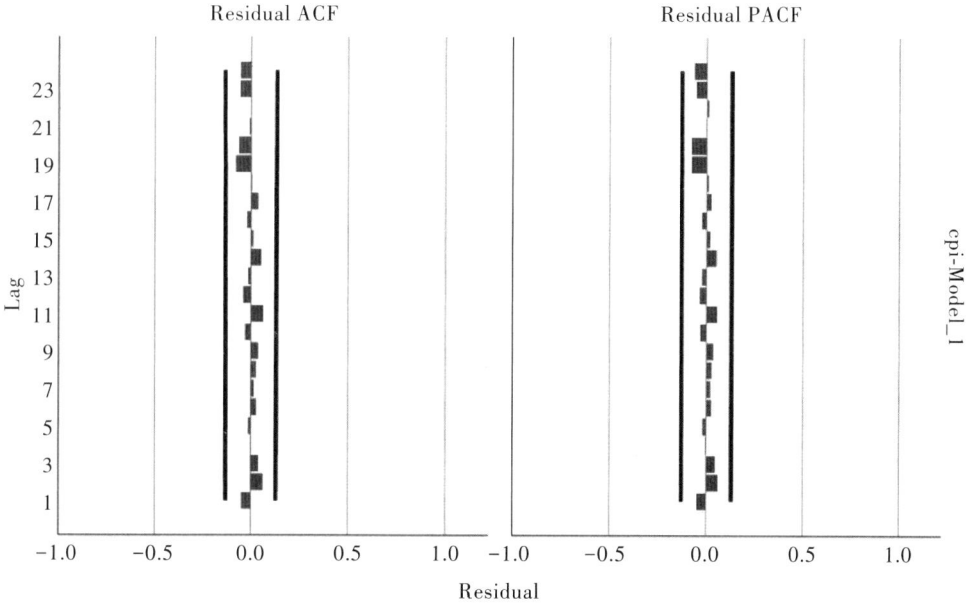

图 26-6　ARIMA 模型预测残差自相关和偏自相关函数图输出结果

2.利用 ARIMA 模型进行预测

依据 ARIMA（9，0，1）（0，0，2）模型，计算 2021—2022 年的预测值。点击【Data（数据）】→【Select Cases（选择观测）】，选择"All cases（所有观测）"选项。选择【Analyze（分析）】→【Forecasting（时间序列预测）】→【Create Traditional Models（创建传统模型）】，仍然按上一步骤设置好模型参数，保存预测值和噪声残值，即得到保存预测结果和残差值的新序列。图 26-7 为 ARIMA 模型预测值与残差输出结果。

图 26-7　ARIMA 模型预测值与残差输出结果

【实验步骤三】

利用神经网络模型对ARIMA模型残差序列进行学习和预测。

1.设置预测序列

本实验设置12期预测1期的预测比例，即用ARIMA预测残差的t-1至t-12期预测第t期。点击【Transform（转换）】→【Create Time Series（创建时间序列）】命令，弹出如图26-8所示的对话框。在该对话框中在"Function（函数）"中选择"Lag（延迟）"选项，"Order（顺序）"为"12"，再将ARIMA预测残差序列用箭头选入右侧框中，即得到残差的1阶滞后序列。利用相同的操作方法，得到残差的2阶至12阶滞后序列。操作过程中应注意各个滞后矩阵需要设置不同的变量名。

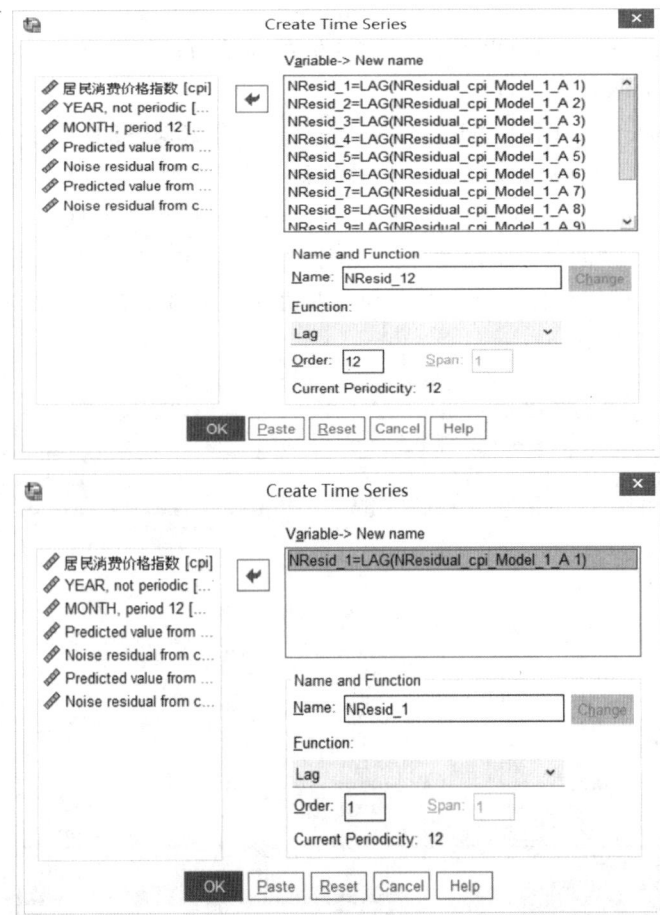

图 26-8　生成ARIMA模型残差值滞后项对话框

2.选择预测数据

点击【Data（数据）】→【Select Cases（选择观测）】命令，弹出如图 26-9 所示的对话框。在该对话框中选择 2003 年 1 月至 2022 年 12 月的数据，输出选项选择"Filter out unselected cases（过滤掉未选定的观测）"。

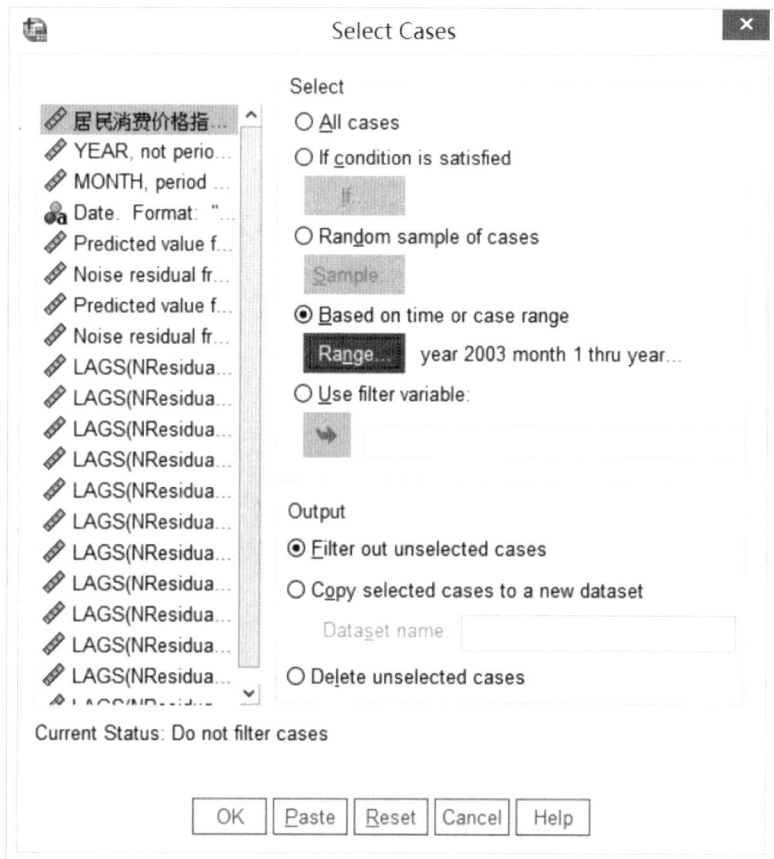

图 26-9　选择径向基函数训练集数据对话框

3.训练径向基函数模型

点击【Analyze（分析）】→【Neural Networks（神经网络）】→【Radial Basis Function（径向基函数）】，弹出如图 26-10 所示的对话框。

在该对话框中在"Variables（变量）"选项卡中，将 ARIMA 残差序列选入"Dependent Variables（因变量）"框中，"Rescaling of Scale Dependent Variables（标度因变量重新标度）"功能选择"None（无）"；将残差的滞后 1 期到滞后 12 期序列选入"Covariates（协变量）"框中，"Rescaling of Covariates（协变量重新标度）"功能选择"Normalized（正态化）"。

在"Partitions（分区）"选项卡中，将 Training（训练）、Test（检验）和 Holdout（坚持）数据按 6：3：1 的比例设置（如图 26-11 所示）。在"Output（导出）"选项卡中，选择所有可选的输出内容。在"Save（保存）"选项卡中，选择

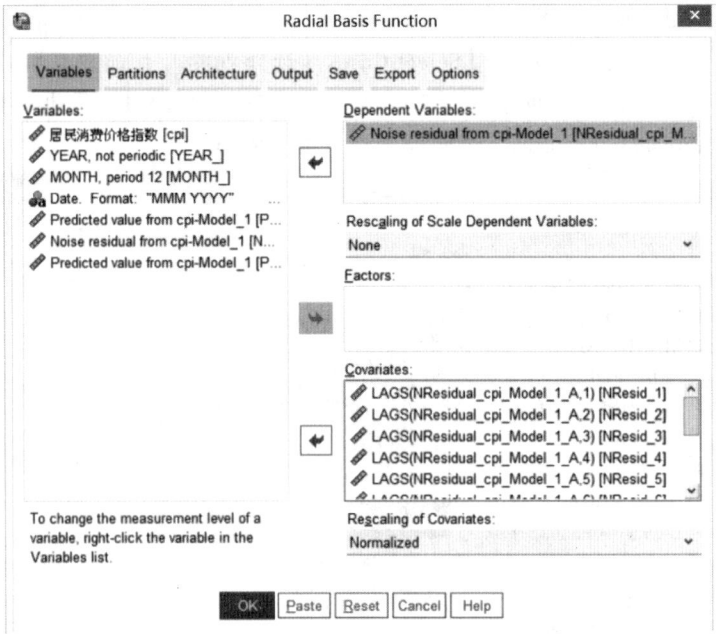

图 26-10　建立径向基函数模型对话框

"Save predicted value or category for each dependent variable（保存每个因变量的预测值或类别）"。图 26-12 为径向基函数模型输出结果。图 26-13 为径向基函数模型结构输出结果。图 26-14 为径向基函数模型训练效果输出结果。图 26-15 为径向基函数模型输入变量贡献度输出结果。

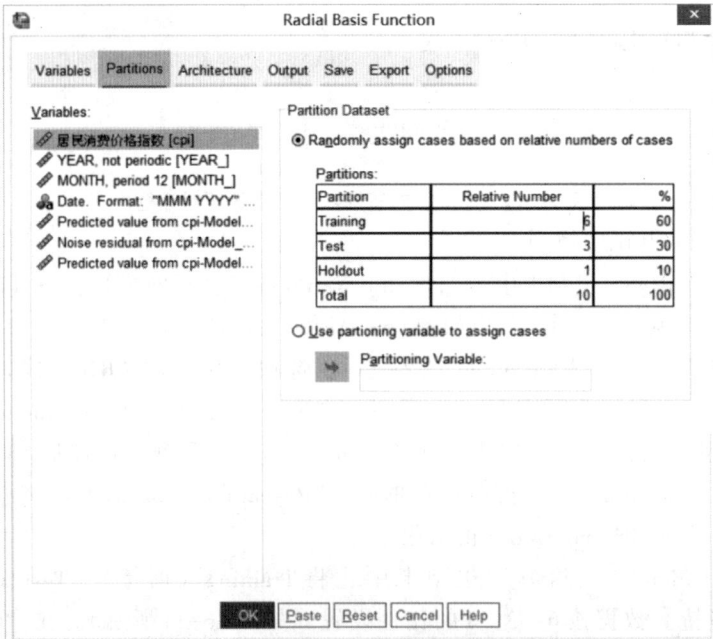

图 26-11　选择径向基函数模型训练比例对话框

Network Information

Input Layer	Covariates	1	LAGS(NResidual_cpi_Model_1_A,1)
		2	LAGS(NResidual_cpi_Model_1_A,2)
		3	LAGS(NResidual_cpi_Model_1_A,3)
		4	LAGS(NResidual_cpi_Model_1_A,4)
		5	LAGS(NResidual_cpi_Model_1_A,5)
		6	LAGS(NResidual_cpi_Model_1_A,6)
		7	LAGS(NResidual_cpi_Model_1_A,7)
		8	LAGS(NResidual_cpi_Model_1_A,8)
		9	LAGS(NResidual_cpi_Model_1_A,9)
		10	LAGS(NResidual_cpi_Model_1_A,10)
		11	LAGS(NResidual_cpi_Model_1_A,11)
		12	LAGS(NResidual_cpi_Model_1_A,12)
	Number of Units		12
	Rescaling Method for Covariates		Normalized
Hidden Layer	Number of Units		2[a]
	Activation Function		Softmax
Output Layer	Dependent Variables 1		Noise residual from cpi-Model_1
	Number of Units		1
	Rescaling Method for Scale Dependents		None
	Activation Function		Identity
	Error Function		Sum of Squares

a. Determined by the testing data criterion: The "best" number of hidden units is the one that yields the smallest error in the testing data.

图 26-12　径向基函数模型输出结果

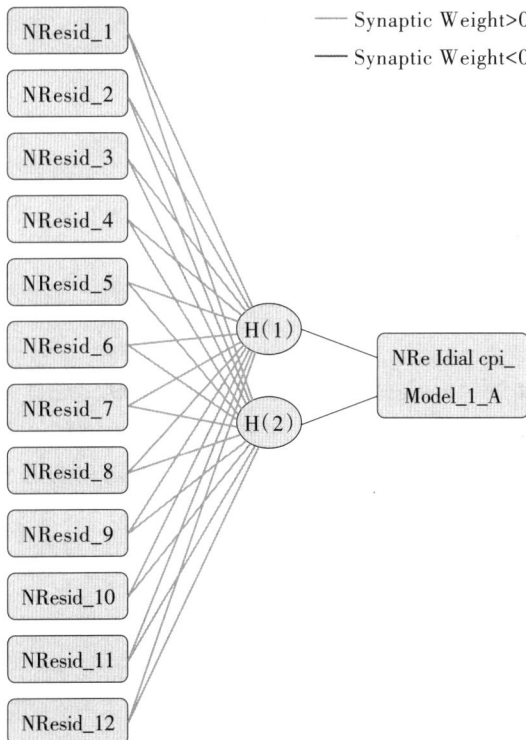

图 26-13　径向基函数模型结构输出结果

Hidden layer activation function：Softmax

Output layer activation function：Identity

Model Summary

Training	Sum of Squares Error	11.624
	Relative Error	.961
	Training Time	0:00:00.16
Testing	Sum of Squares Error	5.440[a]
	Relative Error	1.093
Holdout	Relative Error	1.188

Dependent Variable: Noise residual from cpi-Model_1

a. The number of hidden units is determined by the testing data criterion: The "best" number of hidden units is the one that yields the smallest error in the testing data.

图26-14 径向基函数模型训练效果输出结果

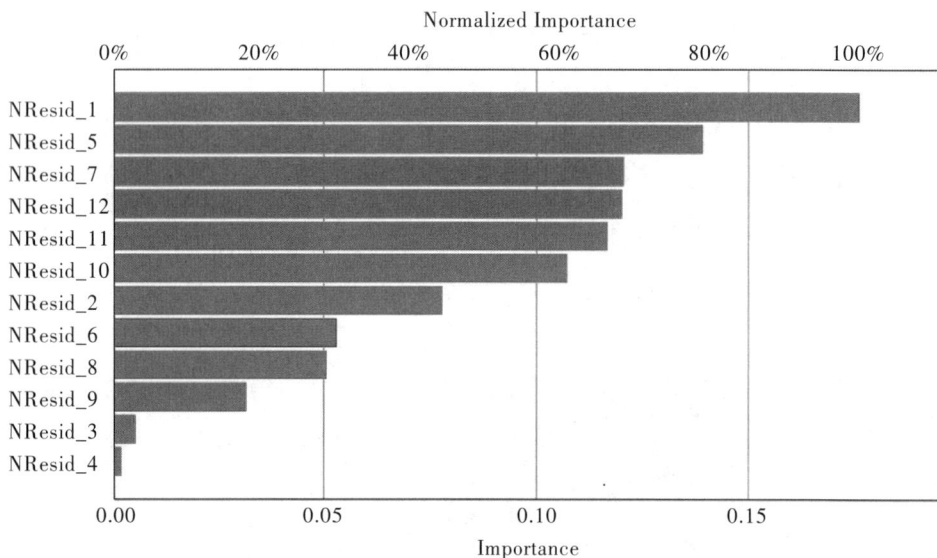

图26-15 径向基函数模型输入变量贡献度输出结果

从预测效果可知，Training、Test 和 Holdout 数据集的预测相对误差分别为 0.961、1.093 和 1.188。从贡献度来看，残差的滞后 1 期和滞后 5 期对预测的贡献度最大。

【实验步骤四】

将 ARIMA 预测结果和神经网络预测结果求和，得到最终预测结果。点击

本步骤操作视频

【Transform（转换）】→【Compute Variable（计算变量）】，弹出如图26-16所示的对话框，在该对话框中将新变量命名为"Predict"，在"Numeric Expression（数字表达式）"框中输入对两次预测结果进行求和的表达式。由此得到ARIMA-NN组合模型的预测结果。

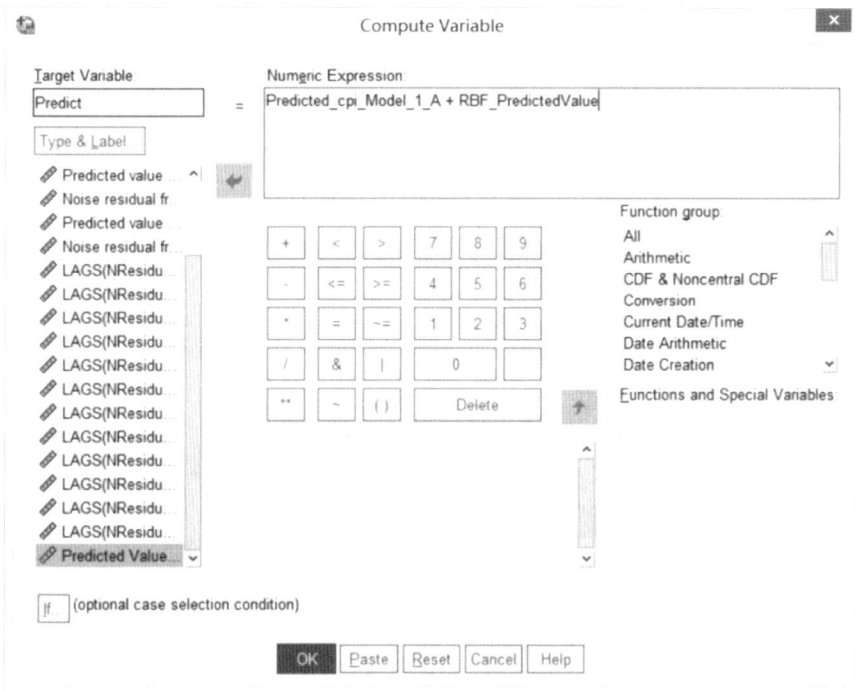

图26-16　计算组合模型预测值对话框

【实验步骤五】

本步骤操作
视频

评估组合模型预测精度。

1.选择评估数据范围

利用训练集数据的预测结果来评估模型预测精度。点击【Data（数据）】→【Select Cases（选择观测）】，弹出如图26-17所示的对话框，在该对话框中选择2021年1月至2022年12月的数据，输出选项选择"Filter out unselected cases（过滤掉未选定的观测）"。

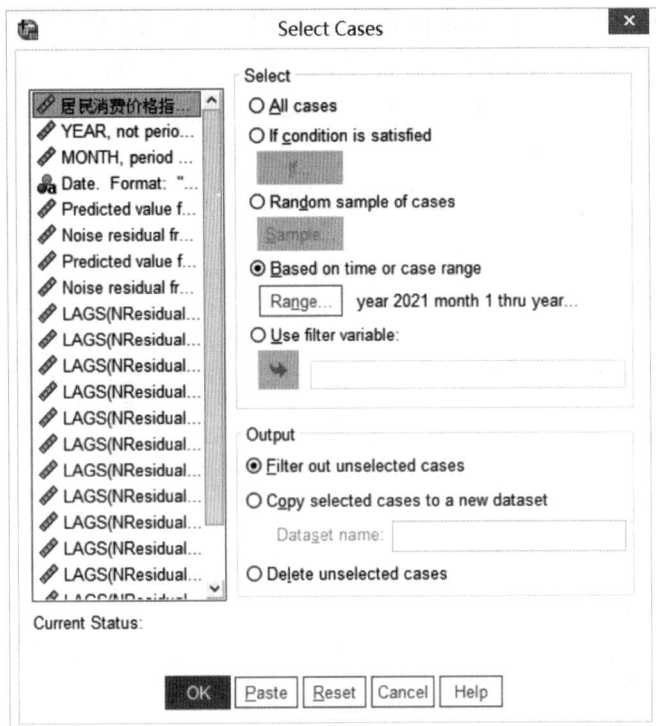

图 26-17　选择预测效果评估数据对话框

2.计算 MAPE 值

点击 【Analyze（分析）】 → 【Descriptive Statistics（描述统计）】 → 【Frequencies（频率）】，弹出如图 26-18 所示的对话框，在该对话框中计算变量 "MAPE_ARIMA" 和 "MAPE_ARIMANN" 的均值。图 26-19 为组合模型预测值 MAPE 指标输出结果。

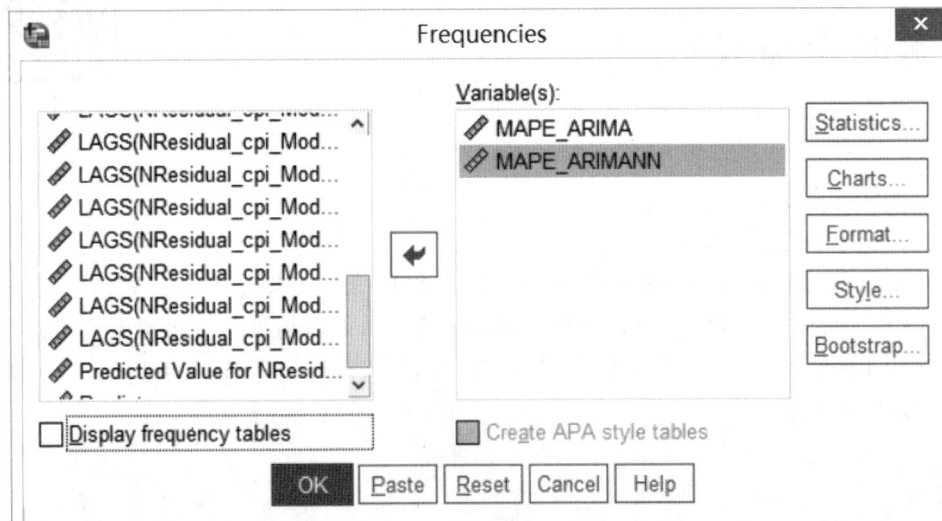

图 26-18　计算 MAPE 指标对话框

Statistics

		MAPE_ARIMA	MAPE_ARIMA NN
N	Valid	24	24
	Missing	0	0
Mean		.0029	.0026

图26-19 组合模型预测值MAPE指标输出结果

由图22-19可知，用ARIMA模型进行预测的MAPE为0.29%，用ARIMA-NN组合模型进行预测的MAPE为0.26%。由此看来，利用组合模型的预测精度有所提高。如需要计算其他评估预测效果的指标，可利用相同的方法进行计算。需要指出的是，机器学习模型结果受模型参数影响较大，且不同次预测结果会有波动，实际研究中可以对不同模型参数进行比较，选择预测效果最好的设置方法，同时需要多次预测得到模型的稳健性测试结果。

【问题思考】

1.本实验选择利用径向基函数建立神经网络模型。SPSS的神经网络方法中还有多层感知器方法，尝试利用ARIMA和多层感知器神经网络建立组合模型进行预测，并评价预测效果。

2.在建立径向基函数神经网络模型过程中，本实验基本保持训练参数的默认设置，如果改变其中的参数设置，预测效果会有什么变化？

3.尝试利用组合模型进行多次预测，将多次预测的MAPE画在以训练序号为横坐标、以MAPE为纵坐标的坐标系中，观察预测效果的稳定程度。

4.更换预测时间，比较预测效果。

【实验总结】

在经济指数预测研究中，传统时间序列模型能够较好地提炼时间序列的线性趋势，而机器学习模型更擅长拟合非线性趋势。将两种方法结合能够取长补短，有益于提高模型预测精度。在建模过程中，需要注意如下几点：

首先，SPSS提供了多层感知机和径向基函数两种具体的神经网络方法，二者在隐层个数、神经元模型、线性和非线性回归模型选择等方面存在差异。实际研究中，应结合实际研究问题和预测效果进行选择。

其次，SPSS设置了神经网络模型参数的默认值。在实际研究中，可以根据相似研究设置情况和预测效果进行比较和优化。

最后，要注意训练集和测试集的设置。在一般情况下，训练集和测试集并不重叠，训练集用于训练模型，测试集用于评估模型效果。在本实验中，ARIMA和神经网络模型的训练集与测试集时间划分应该相同。

【参考文献】

［1］张文彤．SPSS统计分析基础教程［M］．3版．北京：高等教育出版社，2017．

［2］董寒青．多选题的统计分析及其SPSS实现［J］．统计与决策，2013（10）．

［3］路庆，张天成，唐艳明，等．Excel和SPSS软件对多选题资料的录入及统计分析中的应用［J］．现代预防医学，2017，44（1）．

［4］姚汝铖，郑军，姚友平．SPSS对有序分类资料的统计分析方法［J］．现代预防医学，2013，40（16）．

［5］薛薇．统计分析与SPSS的应用［M］．6版．北京：中国人民大学出版社，2021．

附录1 课程思政设计

	实验内容		课程思政设计
基础实验	实验一 建立数据集	某大学本科毕业生就业质量调查数据录入	通过介绍数据录入过程及相关实践操作，引导学生运用新技术、新手段、新理念，将理论知识与社会实践需求相结合，培养其创新意识。案例选取毕业生就业质量调查，帮助学生树立正确就业理念，将个人理想追求融入社会主义现代化国家新征程，实现自我价值和社会价值有效融合
	实验二 数据集的预处理	某市住户收支与生活状况调查数据预处理	通过介绍数据预处理过程及相关实践操作，培养学生严谨的科学态度和实事求是的科学素养。案例选取居民收支与生活状态调查，引导学生关注民生热点问题，了解国情、党情、民情，增进民生福祉，提高人民生活品质
	实验三 品质型数据的图表描述	高校不同学科学生规模的图表描述	通过介绍制作图表和描述图表的过程，提高学生用统计工具分析、解释现实问题的能力。案例着眼于高校不同学科学生规模情况，鼓励学生树立终身学习的理念，追求卓越的工匠精神，实现学以养德、学以增智、学以致用，投身中国特色社会主义建设的伟大事业
	实验四 数值型数据的图表描述	居民收支情况的图表描述	在制作图表和描述图表的过程中，让学生在实践中体会图表的简洁性和高效性，提升学生分析思辨力。案例着眼于居民收支情况，培养学生对现实问题的观察力和分析思辨力，拓宽学生的思维视野与决策边界，引导学生增强家国情怀、勇担社会责任
	实验五 统计量描述	省际水资源供需情况分析	在选取统计量和描述统计量的过程中，培养学生对现实问题的观察力和分析思辨力，拓宽学生的思维视野与决策边界。案例以水资源供需问题为切入点，让学生牢固树立和践行"绿水青山就是金山银山"的理念，深入贯彻新时代中国特色社会主义生态文明思想，以绿色发展引领经济高质量发展

实验内容		课程思政设计
基础实验	实验六 单样本t检验	从事铅作业工人血红蛋白含量是否与其他人不同?	通过研究具有实际背景和具体意义的数据,培养学生的定量分析能力、批判性思维和敏锐的观察力。案例关注从事铅作业工人血红蛋白含量检测,培养学生探索未知、追求真理、勇攀科学高峰的责任感和使命感,以及精益求精的大国工匠精神
	实验七 两个独立样本t检验	职工工资是否存在性别差异?	通过介绍两个独立样本t检验过程及操作,培养学生主动利用统计方法解决身边实际问题的研究意识。案例关注职工工资的性别差异,让学生了解市场与政府在不同分配方式中的不同作用,引导学生辩证看待市场配置资源的优势和弊端,体会社会主义市场经济体制的优越性
	实验八 两个配对样本t检验	减肥药是否有效?	在介绍两个配对样本t检验的过程中,培养学生透过数据、模型和现象看透问题本质的统计学素养。案例选取减肥药有效性检验,培养学生发现和解决身边实际问题的能力,引导学生养成严谨、求实、创新的科学研究习惯
	实验九 列联分析	性别与学习效果的关联关系分析	在介绍列联分析的过程中,引导学生在统计研究中注意分辨和采用适当的方法。案例关注性别与学习效果的联系,推动学生思考如何有效提高学习效果和学习能力,培养学生塑造正确的世界观、人生观、价值观,帮助学生增强"四个意识"、坚定"四个自信"、做到"两个维护"
	实验十 单因素方差分析	豆粕现货价格是否存在地区差异?	本实验关注豆粕现货价格的地区差异,以期使学生了解我国期货市场的建立和发展过程,以及不同地区期货市场的主要特征与区别联系。在此过程中,引导学生了解我国在期货市场改革与发展方面做出的卓绝努力和取得的巨大成就,引导学生树立博学济世的理念
	实验十一 多因素方差分析	幸福感、宗教活动频率对体重的影响分析	本实验关注幸福感、宗教活动对体重的影响,在过程中注重引导学生深刻理解社会主义核心价值观,深入了解其内涵,自觉践行其中的具体要求,培养学生具备远大理想和良好道德品质
	实验十二 协方差分析	不同地区现货价格是否对期货价格有显著影响	本实验关注不同地区现货价格对期货价格影响情况,引导学生思考和了解中国期货市场建立和发展的内生动力,通过对比各国期货市场制度和市场进程,培养和提升学生思辨力

续表

实验内容			课程思政设计
基础实验	实验十三 相关分析	不同农产品期货价格的相关关系分析	本实验着眼于农产品期货价格，以期使学生理解期货市场在社会经济发展中的重要作用，了解期货市场对国计民生的重要意义，帮助学生理解我国期货市场制度安排的原因和目的，培养学生的道路自信和制度自信
	实验十四 简单线性回归分析	玉米期货价格对玉米淀粉期货价格的影响分析	本实验在介绍简单线性回归分析的过程中，结合发展辩证法，探讨在数据分析中常常出现的互为因果的现象，培养学生的批判性思维和敏锐的观察力，引导学生以公正和客观的态度来认识事物和看待问题
	实验十五 多元线性回归分析	消费者信心指数影响因素分析	本实验着眼于消费者信心指数，以期在实践过程中引导学生了解改革开放至今中国经济的发展和市场格局的转变，指导学生在分析过程中充分结合问题背景，增强学生对我国所处发展阶段的认识，提高学生的解答时政热点的能力
	实验十六 曲线估计	税收收入预测	本实验着眼于税收收入，以期在实践过程中引导学生关注国民经济和社会发展现实，养成自觉关心国家大事、正确理解和拥护党和国家方针政策的良好习惯，提升正确剖析社会问题的认知能力
	实验十七 时间序列分析	就业总量预测	本实验着眼于就业问题，以期在实践过程中引导学生认识民生状况，了解社会政策实施在改善民生的效果评价中所占的重要地位，提高学生对国家政策和社会现状的关注度，增强学生的社会责任感和使命感
	实验十八 层次聚类	省际现代化水平分类分析	本实验聚焦于省际现代化水平，以期引导学生理解我国高质量发展的理论意义和科学内涵，帮助学生理解经济发展质量变革、效率变革、动力变革的新发展理念，加强学生对于中国特色社会主义的道路自信、理论自信、制度自信、文化自信的认识
	实验十九 K-Means 聚类	居民消费结构分类分析	本实验聚焦于居民消费结构，以期通过对分配方式及不同经济效果的比较分析，引导学生深入理解“共同富裕”政策的重要性，鼓励学生培养健康、正确、积极的消费观念，为构建以国内大循环为主体、国内国际双循环相互促进的新发展格局助力
	实验二十 因子分析	毕业生求职看重因素的因子分析	本实验选取毕业生就业质量调查中的部分数据，引导学生建立正确的就业观，鼓励学生坚定理想信念、志存高远、脚踏实地，成为国家发展和社会进步所需要的专业人才

	实验内容		课程思政设计
高级实验	实验二十一 非参数检验	平均相对湿度的地区差异性检验	本实验着眼于生态经济学，引导学生充分理解生态经济学重视"生态价值"和"生态约束"的内在要求，培养学生的批判性思维和辩证分析能力，以及提升学生把握时代核心问题和力争理论创新的核心能力
	实验二十二 Logistic回归分析	高血压的影响因素分析	本实验通过构建Logistic回归分析模型，引导学生在充分解读数据的基础上进一步挖掘数据背后的价值，发挥数据优势，提升将理论模型应用于实际问题的能力；同时引导学生将各种分析方法和思维方式结合起来，培养整体一贯性解决问题的能力
	实验二十三 神经网络分析	北京市户籍人口预测	本实验着眼于人口问题，引导学生全面认识、正确看待我国人口发展新形势，以全面的视角把握人口变化，以辩证的思维看待人口变化对经济社会发展的影响，既要抓住主要矛盾和矛盾的主要方面，也要看全局、看趋势、看长远
综合实验	综合实验一	省际双循环发展水平测度与分析	本实验通过构建测度我国省际层面的双循环发展统计指标体系，培养学生树立合作、发展、共赢的理念，培养学生的大局意识、政治意识，引导学生深刻理解改革和创新是历史发展的鲜明主题，深刻认识在国内外环境发生巨大复杂变化的背景下中国共产党坚定不移推进改革开放的正确性和紧迫性
	综合实验二	学习性投入对学习收获的影响分析	本实验综合因子分析、相关性分析和回归分析三种方法，聚焦学习性投入对学习收获的影响，增强学生对现实问题的思考，培养学生运用统计理论解决具体问题的能力，引导学生以实际行动坚定共产主义远大理想和中国特色社会主义共同理想，将经世济民、奉献祖国的远大理想内化为精神追求、外化为自觉行动
	综合实验三	居民消费价格指数预测	本实验着眼于居民消费价格指数，在对比传统时间序列模型和机器学习模型的优劣势基础上，综合运用两种模型进行经济指数预测研究，引导学生在实践时充分发挥各模型比较优势，各扬所长，有机结合，优势互补。同时培养学生树立起统计学的科学理念，从数据中挖掘规律，服务于经济建设

附录2　某大学本科毕业生就业情况调查问卷

亲爱的校友您好！我们受招生就业处的委托，正在进行一项关于毕业校友就业情况的调查，希望得到您的真实想法和宝贵意见，恳请您花 5~10 分钟时间帮忙填写。问卷匿名填写，您所提供的一切信息我们将予以保密。请您根据自身实际情况，回答下列问题，感谢您的支持和参与！

A：本科毕业生筛选调查

A_1.您是否为某大学毕业生：

1.是

2.否【结束问卷】

A_2.您在某大学毕业时所获得的最高学位是：

1.学士（本科）【跳至 B 部分】

2.硕士（含全日制、非全日制）【结束问卷】

3.博士（含全日制、非全日制）【结束问卷】

4.其他_____【请填写】【结束问卷】

B：就业情况调查

B1：基本情况

B1_1.您的性别是：

1.男

2.女

B1_2.您本科入学的年份为_____？（下拉菜单）

B1_3.您本科毕业的年份为_____？（下拉菜单）

B1_4.您的生源地为____省____市（下拉菜单），属于____（城镇/乡村）。

B1_5.您本科毕业时所属的学院（系）是_____，专业是_____。（以毕业时学院（系）及专业名称为准）

B1_5_1 若您在前面的院系选择中，没有找到特别确切的选项，请在这里补充：学院：_____，专业：_____。

B1_6.您本科毕业时的专业排名位于：

1.排名靠前

2. 中等偏上

3. 中等

4. 中等偏下

5. 排名靠后

B1_7.【可多选】本科就读期间您担任过的学生干部有：

1. 班级班长

2. 班级团支部书记

3. 其他班委

4. 学生会（社团）部长及以上职位

5. 其他学生会（社团）干部

6. 未担任过任何学生干部

B1_8.【可多选】您在本科期间是否通过以下英语考试？【设置为下拉选项】

1. CET4

2. CET6

3. 英语专业四级

4. 英语专业八级

5. 雅思【请填写最高分数】

6. 托福【请填写最高分数】

7. 其他_____【请填写】

8. 均未通过

B1_9.【可多选】您在本科期间是否有过以下经历：

1. 获得奖学金

2. 参加学科竞赛【跳至 B1_9_2】

3. 考取专业证书【跳至 B1_9_3】

4. 参与教师的科研项目【跳至 B1_9_4】

5. 无上述经历

B1_9_1. 本科期间您获得的最高等级奖学金是：

1. 国家级

2. 省级

3. 市级

4. 商业奖学金/校级及以下

B1_9_2. 您在本科期间获得省级及以上学科竞赛奖项的情况是：（如市场调查与分析大赛、大学生创新创业大赛等）

1. 0 次

2. 1~3 次

3. 4~6 次

4. 7~9 次

5. 10 次及以上

B1_10.【可多选】您在本科期间是否有考取以下相关专业证书的经历？

证书名称（空格一）	通过门次或级别（空格二）
ACCA（国际注册会计师）	（下拉菜单，1-15）
CPA（注册会计师）	（下拉菜单，1-7）
CMA（美国注册管理会计师）	（下拉菜单，1-2）
CFA（特许金融分析师）	（下拉菜单，1-3）
FRM（金融风险管理师）	（下拉菜单，1-2）
无考取上述相关证书的经历	无下拉菜单

B1_11. 您在本科期间各项能力水平情况如何：（请在对应位置上打"√"）

序号	评价项目	很低	较低	一般	较高	很高
1	专业知识及技能的掌握情况					
2	表达沟通能力					
3	社交能力					
4	创新能力					
5	团队协作能力					

B1_12. 您本科毕业后半年内的去向是：

1. 攻读硕士研究生【跳至 C 部分】

2. 备战考研【跳至 C 部分】

3. 备战考研外的其他考试【跳至 C 部分】

4. 出国留学【跳至 C 部分】

5. 自主创业【跳至 C 部分】

6. 就业【跳至 C 部分】

7. 准备就业，求职中【跳至 B1_12_2】

8. 暂无就业意向【跳至 B1_12_3】

B1_12_1. 您是否以某大学本科毕业为最高学历获得过正式工作：

1. 是【跳至 C 部分】

2. 否

B1_12_1_1. 您在本科毕业后多久找到了第一份工作：【跳至 C 部分】

1. 半年（含）到一年

2. 一年（含）到三年

3.三年及以上

B1_12_2.您本科毕业后半年内暂无就业意向的原因是：【跳至 C 部分】

1.身体原因

2.家庭因素

3.自身意愿

4.突发情况（如新冠疫情等）

5.其他_____【请填写】

C：工作情况调查

C1：目前的工作情况

C1_1.您目前的状态是：

1.正在工作

2.未正在工作【跳至 D2 部分】

C1_2.您的就业类型是：

1.协议就业

2.灵活就业

3.定向委托培养

4.签订劳动合同

C1_3.您是通过何种方式获取该工作信息的：

1.亲人或朋友推荐

2.学校或老师推荐

3.媒体或网络招聘信息

4.本校校园招聘会及就业信息

5.外校校园招聘会

6.社会招聘会

7.其他_____【请填写】

C1_4.【排序题】选择该工作时，对您的选择影响最大的因素有：（请选择您认为最重要的四个因素并排序）：

1.单位所处地理位置

2.单位性质和规模

3.单位社会声誉

4.薪资福利

5.发展前景

6.工作的安全性和稳定性

7.与自身兴趣符合度

8.与本科专业的契合度

9.周边经济环境

10.企业文化

11. 其他_____【请填写】

C1_5. 您的工作单位所在地域是____省____市。

C1_6. 您的单位性质是：

1. 党政机关

2. 事业单位

3. 国有企业

4. 外资（合资）企业

5. 民营企业

6. 其他股份制企业

7. 军队【跳至 C2 部分】

8. 其他_____【请填写】

C1_7. 您的行业类型是：【设置为下拉菜单】

1. 制造业

2. 建筑业

3. 批发和零售

4. 交通运输、仓储和邮政业

5. 住宿和餐饮业

6. 信息传输、软件和信息技术服务业

7. 金融业

8. 房地产业

9. 租赁和商务服务业

10. 水利、环境和公共设施管理业

11. 教育

12. 居民服务、修理和其他服务业

13. 科学研究和技术服务业

14. 卫生和社会工作

15. 农、林、牧、渔业

16. 采矿业

17. 电力、热力、燃气及水生产和供应业

18. 文化、体育和娱乐业

19. 公共管理、社会保障和社会组织

20. 国际组织

C1_8. 该工作与您本科所学专业（含第二学位）的对口程度：

1. 完全不对口

2. 不完全对口

3. 一般

4. 比较对口

5. 完全对口

C1_9. 您的岗位类型是：

1. 管理岗

2. 专业技术岗

3. 工勤技能岗

4. 其他_____【请填写】

C1_10. 您的岗位在您的单位中的等级是：

1. 基层

2. 基层以上中层以下

3. 中层

4. 中层以上高层以下

5. 高层

C1_11. 您现在的税后月薪为（包含工资、奖金、业绩提成、现金福利补贴等所有的现金收入）是：

1. 300 0 元以下

2. 300 0~4 999 元

3. 5 000~6 999 元

4. 7 000~9 999 元

5. 100 00~19 999 元

6. 200 00~49 999 元

7. 50 000~99 999 元

8. 10 万元及以上

C1_12. 请您对现就业单位各方面的满意程度进行选择（请在对应位置上打"√"）：

序号	评价项目	非常满意	比较满意	一般	不太满意	非常不满意
1	薪酬福利					
2	晋升与发展机会					
3	工作稳定性					
4	工作强度					
5	与自身兴趣爱好符合度					
6	单位性质和规模					
7	地理位置					
8	周边经济环境					

9	企业文化					
10	劳动合同规范合理					
11	此题选"不太满意"					

C1_13.【排序题】从您的工作经历和经验来看，毕业生求职过程中下列各因素的重要程度为：（请选择您认为最重要的四个因素并排序）：

1. 毕业院校知名度

2. 学历水平

3. 家庭因素和社会关系

4. 专业知识

5. 外语应用能力

6. 计算机水平

7. 写作能力

8. 在校课程成绩

9. 学科竞赛成绩

10. 学术论文发表

11. 学生干部及社团活动

12. 实习实践经历

13. 专业技能证书

14. 人际沟通交往能力

15. 其他_____【请填写】

C2：工作选择影响因素

C2_1.【排序题】倘若需要你进行一次工作选择，对您的选择影响最大的因素有：（请选择您认为最重要的四个因素并排序）：

1. 单位所处地理位置

2. 单位性质和规模

3. 单位社会声誉

4. 薪资福利

5. 发展前景

6. 工作的安全性和稳定性

7. 与自身兴趣符合度

8. 与本科专业的契合度

9. 周边经济环境

10. 企业文化

11. 其他_____【请填写】

D：对本科教育的评价调查

D1. 本科就读期间，您对学校各方面的满意程度如何：（请在对应位置上打"√"）：

序号	评价项目	非常满意	比较满意	一般	不太满意	非常不满意
1	教学活动					
2	师资力量					
3	校园生活环境					
4	学生活动（社团活动等）					
5	就业指导					

D2.【限选 4 项】您认为本科经历对个人能力的提升主要体现在哪些方面：

1. 专业知识

2. 良好行为习惯

3. 团队协作能力

4. 逻辑思维能力

5. 创新能力

6. 研究学习能力

7. 人际交往能力

8. 组织领导能力

9. 其他_____【请填写】

10. 没有体现

D3.【限选 3 项】您认为就读期间学校开展的下列哪些活动对就业有较大促进作用：

1. 开设就业相关课程与讲座

2. 就业相关法律法规及政策指导

3. 组织各类型招聘会

4. 建立实时招聘信息发布平台

5. 提供专业实习实践机会

6. 举办优秀毕业生经验分享会

7. 企业人员参与教学或开展讲座

8. 开展专业的职业咨询活动

9. 其他_____【请填写】

D4. 您在本科阶段所学的知识和技能是否符合社会的需求：

1. 非常符合

2. 比较符合

3. 一般

4. 不太符合

5. 非常不符合

D5. 您是否推荐其他人报考本校？

1. 非常乐意推荐

2. 会推荐

3. 一般

4. 不会推荐

5. 非常不愿意推荐

D6. 请结合您的自身经历对学校声誉进行评分：（1~5 分，5 分最高）

1. 1 分

2. 2 分

3. 3 分

4. 4 分

5. 5 分

D7.【可多选】您毕业以后，某大学校友会为您提供的便利/服务有：

1. 提供就业机会

2. 为日后积累人脉资源

3. 了解及查询各行业最新信息

4. 了解及查询学校信息

5. 了解及查询其他校友信息

6. 收到学校纪念品

7. 使用学校各类设施及图书馆资料

8. 为下一代教育提供方便

9. 提供参加文化交流活动的机会

10. 提供参加学术交流活动的机会

11. 提供参加校友联谊活动的机会

12. 其他_____【请填写】

13. 没有获得过便利/服务

D8.【系统设为选填】对于今后校友会工作的开展，您的建议为：_____

D9.【系统设为选填】您对学校本科人才培养工作的主要意见或建议：_____

问卷到此结束，衷心感谢您的参与和支持！

附录3 某大学本科生学习性投入调查问卷

亲爱的同学，感谢你参与此次调查！自从我国实施大学扩招政策以来，大学教育质量的问题便备受关注。虽然在该领域已经有不少相关研究出现，但是来自学生的声音还很缺乏，本次调查便是要弥补这一重大缺憾。你的回答将有助于你所在的大学了解你的切实需求，以便为你创造一个更有帮助的学习环境。谢谢！对你填答的信息，课题组将严格遵守《中华人民共和国统计法》予以保密。

1.本学年，你进行以下活动的频率如何？（请在对应位置上打"√"）

项目	很经常	经常	有时	从未
a.课堂上主动提问或参与讨论				
b.课堂上积极回答/思考老师没有既定答案的提问				
c.课堂上就某一研究主题做有预先准备的报告				
d.课堂上和同学合作完成老师布置的任务				
e.反思并对自己的学习过程进行自我评价				
f.上课前没有完成规定的阅读或作业				
g.课堂上质疑老师的观点				
h.课堂上有侧重地做笔记				
i.课堂上集中精力听老师的讲解				
j.做作业或讨论时，能融合不同课程所学的观点或概念				
k.课后和同学讨论作业/实验				
l.使用网络媒介讨论或完成作业（如网络学堂、网络论坛、聊天工具等）				

2.本学年，你修的课程是否强调以下方面？（请在对应位置上打"√"）

项目	非常强调	强调	有点强调	不强调
a.记忆课堂或阅读中的事实、观点或方法				
b.分析某个观点、经验或理论的基本要素，了解其构成				
c.综合不同观点、信息或经验，形成新的或更复杂的解释				
d.判断信息、论点或方法的价值（例如，考察他人如何收集、解释数据，并评价其结论的可靠性）				
e.运用理论或概念解决实际问题，或将其运用于新的情景				

3.本学年，你进行以下活动发生的频率如何？（请在对应位置上打"√"）

项目	很经常	经常	有时	从未
a.去图书馆/自习室学习				
b.去听感兴趣的讲座或报告				
c.学习表现得到任课老师及时的反馈（口头/书面）				
d.非常努力学习才能达到课程的要求				
e.和任课老师讨论分数或作业				
f.课外和任课老师讨论课堂或阅读中的问题				
g.课余和非本班的同学、朋友讨论学习中的观点和问题				
h.在课业上帮助其他同学				

4.一般来说，本学年你的阅读量有多少？（请在对应位置上打"√"）

项目	0	1~4	5~10	11~20	21及以上
a.指定的教材或参考书（本）					
b.学术论文/研究报告（篇）					
c.非指定的书籍（本）（拓宽知识面或休闲）					

5.本学年，你和老师的交流情况如何？（请在对应位置上打"√"）

项目	很经常	经常	有时	从未
a.和任课老师讨论自己的职业计划				
b.和辅导员/班主任讨论自己的职业计划				
c.和任课老师讨论人生观和价值观等问题				
d.和辅导员/班主任讨论人生观和价值观等问题				
e.和任课老师一起参与课程以外的工作（比如社团活动、入学教育等）				

6.本学年，你的写作量大致有多少？（请在对应位置上打"√"）

项目	0	1~4	5~10	11~20	21及以上
a.长篇课程论文/报告（篇）（5 000字以上）					
b.中篇课程论文/报告（篇）（2 000~5 000字）					
c.短篇课程论文/报告（篇）（2 000字以下）					

7.本学年，你所写作的课程论文/报告是否（请在对应位置上打"√"）

项目	很经常	经常	有时	从未
a.提出自己的观点或想法并进行讨论				
b.和老师/同学反复讨论				
c.广泛收集和查阅资料				
d.深入引证大量相关文献和数据				

8.本学年，你进行以下活动的频率如何？（请在对应位置上打"√"）

项目	很经常	经常	有时	从未
a.参观展览，观看戏剧、舞蹈等演出				
b.反思并评价自己的学习过程				
c.通过学习，改变了对某个问题/概念的理解				
d.挑战自己对问题的已有看法				
e.通过换位思考更好地理解他人观点				
f.在课堂讨论或完成作业时能从不同的视角综合考虑问题				
g.在完成论文或项目时需要整合不同来源的信息和观点				
h.与城乡背景、民族背景和自己不同的学生深入交谈				
i.与宗教观、政治观或人生观很不同的学生深入交谈				

9a.本学年的课程考核方式在多大程度上能激发你更好地学习？（请在对应位置上打"√"）

项目	1：很小	2	3	4	5	6	7：很大
a.考试							
b.论文							
c.实验报告							
d.个人独立完成的课程作业							
e.小组合作完成的课程作业							

9b.本学年，考试的主要内容是（请在对应位置上打"√"）

项目	很经常	经常	有时	从未
a.划定的范围/重点，且只需背诵记忆				
b.划定的范围/重点，但需理解和运用				
c.不划定范围/重点，且只需背诵记忆				
d.不划定范围/重点，但需理解和运用				

10.本学年，你的学习动力如何？（1~7分，7分最高）

1.1分

2.2分

3.3分

4.4分

5.5分

6.6分

7.7分

11.本学年，你学习动力在以下来源的状况如何？（请在对应位置上打"√"）

项目	很强	强	弱	很弱
a.探索事物/知识的兴趣				
b.就业/升学				
c.父母和老师的期望				
d.学校氛围和同学的影响				
e.挑战/提升自我				
f.国家和社会的使命感				

12.你是否同意以下关于你学习的描述？（请在对应位置上打"√"）

项目	非常同意	同意	有点同意	不同意
a.我喜欢学习因为它使我不断成长				
b.学习遇到困难时我总是会想尽办法克服				
c.我专心致志学习时内心充满了快乐				
d.很多时候我不知道我所学的东西对我而言到底有什么意义				

13.以下哪些活动是你已经做了，或者打算在毕业之前做的？（请在对应位置上打"√"）

项目	已经做了	打算做	不打算做	还没决定
a.实习、社会实践或田野调查				
b.社区服务或志愿者				
c.组织或参与某个社团或学习团体				
d.在课程要求以外，和老师一起做研究				
e.课程要求以外的语言学习（如上新东方、修二外等）				
f.海外学习（短期或长期）				
g.参加各种学术、专业或设计竞赛				
h.报考专业资格证书/技能等级证书				
i.辅修第二学位/专业				
j.向专业学术期刊/学术会议等投稿				

14.请在以下选项中，选择最能表述你在大学中与他人关系的选项（1~7分，7分最高）

14 a.与其他学生的关系

1.1分

2.2分

3.3分

4.4分

5.5分

6.6分

7.7分

14 b.与任课教师的关系

1.1分

2.2分

3.3分

4.4分

5.5分

6.6分

7.7分

14 c.与班主任/辅导员的关系

1.1分

2.2分

3.3分

4.4 分

5.5 分

6.6 分

7.7 分

14 d.与办公室行政人员（如教务处等）的关系

1.1 分

2.2 分

3.3 分

4.4 分

5.5 分

6.6 分

7.7 分

15.你就读的大学是否强调以下方面？（请在对应位置上打"√"）

项目	非常强调	强调	有点强调	不强调
a.在学业方面投入大量时间				
b.为你的学业提供支持与帮助				
c.帮助你应对人际关系或情感问题				
d.鼓励来自不同城乡、民族、家庭背景的学生相互接触				
e.组织集体活动，使你更好地融入大学生活				
f.在学业中使用计算机				
g.帮助你应对经济问题，完成学业				

16.一般来说，本学年一周7天你花在以下活动上的时间分别是多少？（每周小时总数）（请在对应位置上打"√"）

项目	0	1~5	6~10	11~15	16~20	21~25	26~30	31 及以上
a.学习（不包括上课，但包括预习、复习、读相关文献或专业期刊、做作业/实验等）								
b.兼职、打工（校内/校外）								
c.参加课外活动（如校园刊物、学生会/团委、社团活动、校内外运动比赛等）								
d.玩游戏、看视频等								
e.健身、锻炼等								

17.大学的学习生活经历是否使你在以下方面得到提高？（请在对应位置上打"√"）

项目	极大提高	较大提高	有点提高	没有提高
a.广泛涉猎各个知识领域				
b.深厚的专业知识与技能				
c.良好的口头表达能力				
d.良好的书面表达能力				
e.组织领导能力				
f.熟练运用信息技术的能力				
g.批判性思维				
h.与他人有效合作				
i.解决现实中的复杂问题				
j.自主学习				
k.认识自我				
l.个人人生观、价值观的确立				
m.明确自己未来的发展规划				
n.理解不同群体的文化和价值观				

18.你是否同意以下关于你的描述？（请在对应位置上打"√"）

项目	同意	不同意
a.说真的，我从来没有讨厌过谁。		
b.我从来没有嫉妒过比我好的同学。		
c.我从来没有为自己的过错找过借口/推诿给他人。		
d.只要犯了错误，我总是愿意承认。		
e.我总是言出必行。		
f.即使对难以相处的人，我也总是彬彬有礼。		
g.当别人说出与我完全不同的意见时，我从来没有厌烦之感。		
h.我几乎从未觉得想要斥责别人。		
i.我总是毫不犹豫地放下自己的事帮助有难处的人。		
j.与多嘴多舌又讨厌的人相处，我并不觉得特别困难。		

19.【填空题】请填写你的学院全称（例如：统计学院）

_____

20.你对目前就读的专业有兴趣吗？

1.非常有兴趣

2.比C兴趣

3.有一点兴趣

4.没兴趣/讨厌

21.你认为所就读的专业对你未来过上满意的生活有帮助吗？

1.非常有帮助

2.比较有帮助

3.有一点帮助

4.没任何帮助

22.【单选题】你自己对未来学业的期望是

1.能顺利毕业

2.国内攻读硕士学位

3.国内攻读博士学位

4.出国攻读硕士/博士学位

5.没想过/走一步算一步

23a.本学年你共修了多少学分？（例如：80）

_____

23b.上学期你的平均成绩是多少？（100为满分，例如：80）

_____

23c.与你同专业的同学相比，你上学期的成绩排名属于：

1.前5%　　　　2.前5%~20%　　　　3.前20%~50%

4.50%~80%　　　5.排名后20%

23d.大学期间，你有过不及格的科目吗？

1.没有

2.有过1门

3.有过2门

4.有过3门

5.有过4门

6.有过5门

7.有过6门及以上

24.【多选题】大学期间，你是否获得过以下证书与奖励？

1.CET4证书

2.CET6证书

3.全国计算机等级证书

4.专业资格证书（如注册会计师、律师等）

5.技能等级证书

6.校级一般奖励

7.校级最高奖学金

8.省/市大奖

9.全国大奖

10.国际大奖

11.从未获得过

25.你是否在下列学生机构或组织中任过职？（请在对应位置上打"√"）

项目	是	否
校团委/学生会		
院（系）团委/学生会		
团支部/班委会		
社团组织		

26.整体来说，这所大学给予你的学业指导（1~7分，7分最高）

1.1分

2.2分

3.3分

4.4分

5.5分

6.6分

7.7分

27.整体来说，你在这所大学的就读经历（1~7分，7分最高）

1.1分

2.2分

3.3分

4.4分

5.5分

6.6分

7.7分

28.如果可以重新选择，你还会选择这所大学吗？（1~7分，7分最高）

1.1分

2.2分

3.3分

4.4分

5.5 分

6.6 分

7.7 分

问卷到此结束，衷心感谢您的参与和支持！